사도행전(설교)

성령님과 증인들

The Holy Spirit & Witnesses

사도행전(설교) 성령님과 증인들

총편집인	김 의 원
지 은 이	안 오 순
발 행 일	2025년 3월 20일
발 행 처	도서출판 사무엘
등 록	제972127호 (2020.10.16)
주 소	안양시 동안구 관악대로 282 고려빌딩 3층
표 지	김 별 아

ISBN 979-
값 15,000원

성경 교사와 설교자를 위하는 기본과정 201

사도행전(설교)

성령님과 증인들

The Holy Spirit & Witnesses

총편집인 김 의 원
지은이 안 오 순

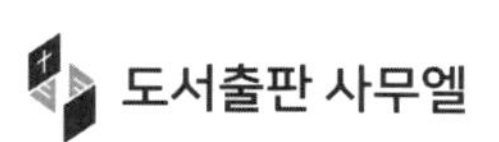

차례

석의의 위기

석의의 위기, 설교의 위기

교회는 세상의 유일한 희망입니다! 세상은 빠르게 변화하고 있습니다. 교회는 이러한 변화에 능동적으로 대응해야 합니다. 시대적 '콘텍스트(context)'와 환경은 변하지만, 성경의 '텍스트(text)'와 진리는 변하지 않기 때문입니다. 변하지 않는 진리를 변화하는 세상 속에 적용하려면, 우리는 교회의 본질을 분명히 해야 합니다.

교회의 중심은 성경입니다. 성경은 역사 속에서 여전히 영혼을 구원하고, 교회를 세우며, 성도를 양육하기 위한 하나님의 도구입니다. 그 도구 중 하나가 설교이며, 설교자는 하나님 말씀을 선포하는 사명을 맡고 있습니다.

한국교회의 강단만큼 설교가 양적으로 풍성한 곳은 세계적으로 드뭅니다. 하지만 최근에는 설교가 성도의 삶을 변화시키지 못할 뿐만 아니라 사회와 국가에도 영향력을 미치지 못하고 있습니다. 그 원인 중 하나는 '석의(釋義)'의 부족에 있습니다. 성경 본문의 의미를 깊이 연구하지 않고 단순히 나열하거나, 반대로 현실적인 문제만 강조하여 성경 말씀이 설교의 구호나 후렴구처럼 전락하는 경우가 많습니다. 이처럼 석의가 부실할 때, 설교자는 영적 영양이 부족한 '부실 음식(junk food)'을 제공하는 것과 같습니다. 그 결과, 교회는 점점 영적으로 허약한 체질로 변하고 있습니다.

건강한 교회는 건강한 설교에서 시작합니다. 설교자의 사명은 성경 본문이 원래 의미했던 바를 정확히 찾아내어, 오늘을 살아가는 성도들에게 그 의미를 적절하게 적용하는 겁니다. 그러나 오늘날 많은 설교자가 성경의 역사적 의미를 깊이 탐구하고, 이를 현대적 상황 속에 적절하게 적용하는 데 어려움을 겪고 있습니다. 결국 설교의 위기는 석의의 위기에서 비롯되었습니다.

적용 또한 중요합니다. 석의가 적용으로 이어지지 않는다면, 그것은 단순한 지적 유희에 불과합니다. 하나님의 말씀은 그 시대의 청중뿐만 아니라, 오늘날 우리에게도 같게 적용할 수 있어야 합니다. 성경은 과거의 기록이면서 동시에 현재 우리의 삶을 위한 말씀입니다. 다시 말해, '그때 그곳(At that time & there)'의 의미를 '오늘 이곳(Now & here)'에 연결하는 겁니다. 적용은 석의의 최종 목적이며, 동시에 설교의 최종 목적이기도 합니다.

이러한 배경에서 우리는 '성경 교사와 설교자를 위한 기본과정' 시리즈를 기획하여, 본문 연구 교재와 이를 바탕으로 한 설교집을 제작하였습니다. 우리는 우리의 설교강단이 영적으로 메마른 광야에서 양 떼가 뛰노는 푸른 초장으로 변화하기를 기대합니다.

2025년 3월 20일

전 총신대학교 총장
AETA(Association of Educators and Trainers in All-tribes) 대표

김의원 박사 (Ph. D.)

제4차 산업혁명 시대의 청중에게 적실한 상호협력적 설교

믿음의 선배들은 극심한 시련 속에서도 매주 강단에서 선포되는 설교를 통해 신앙의 중심을 지켰습니다. 설교를 통해 그들은 삶의 현장에서 '신행일치(信行一致, 믿음과 행함의 일치)'를 실천하며, 세상에 물들지 않는 동시에 세상을 향해 대항하는 대안 공동체로 살아갔습니다. 설교는 그들에게 시련을 이겨내는 힘이었고, 조국과 민족을 위한 헌신뿐만 아니라 세계 선교를 향한 도전의 원동력이 되었습니다.

그러나 오늘날의 현실은 어떻습니까? 많은 설교자가 "성경으로 돌아가자!"라고 외치지만, 제4차 산업혁명 시대를 살아가는 청중은 마치 홍수 속에서 마실 물을 찾지 못하는 사람처럼 설교를 갈망하고 있습니다. 이는 성경을 강조하지만, 정작 설교강단에서 울려 퍼지는 메시지가 성경 본문과 정확히 일치하지 않으며, 동시에 설교 본문이 청중의 삶과도 연결되지 않기 때문입니다.

이러한 문제의 원인은 설교자가 성경 본문을 깊이 석의(釋義)하지 못하고, 청중의 삶의 문제 또한 충분히 연구하지 못하기 때문입니다. 따라서 설교의 위기를 극복하려면, 설교자는 본문을 깊이 연구할 뿐만 아니라, 오늘을 살아가는 청중의 삶을 철저히 이해해야 합니다. 그리고 이를 바탕으로 하나님의 대안적 음성을 청중에게 선포하여 교회가 대안 공동체로 성장하고, 하나님의 영광을 나타내도록 해야 합니다.

이러한 이유로 본문을 회복하고 청중을 회복하는 설교가 절실합니다. 설교자는 올바른 석의를 통해 성경 본문의 의미를 밝히고, 그 의미를 통해 청중의 필요를 채우며, 시대를 뚫고 들어가는 강력한 메시지를 선포해야 합니다. 또한, 이를 통해 대체할 수 없는 예수 그리스도의 정체성과 교회의 공동체성을 선포해야 합니다. 필자는 이를 '상호협력적 설교'라고 부릅니다.

이 설교문은 이러한 문제의식을 바탕으로, 실제 사역 현장에서 선포한 내용을 정리한 겁니다. 필자는 이 설교문이 제4차 산업혁명 시대를 살아가는 청중에게 변화를 일으키고, 건강한 대안 공동체를 형성하는 데 기초가 되기를 바랍니다. 그리고 그 생명력이 대한민국을 넘어 전 세계로 널리 퍼져 나가기를 간절히 소망합니다.

2025년 3월 20일

AETA 학교장 위원장
Hessed Bible Seminary 원장
한남교회 담임 목사

안오순 박사 (Ph. D.)

01

내 증인이 되리라

본문 사도행전 **1:1-11**
요절 사도행전 **1:8**
찬송 **505, 515**장

"오직 성령이 너희에게 임하시면 너희가 권능을 받고 예루살렘과 온 유대와 사마리아와 땅끝까지 이르러 내 증인이 되리라 하시니라."

우리는 누가복음에 이어 사도행전 공부를 시작합니다. 사도행전의 첫 번째 메시지는 무엇입니까?

1절과 2절을 보십시오. "데오빌로여 내가 먼저 쓴 글에는 무릇 예수께서 행하시며 가르치시기를 시작하심부터, 그가 택하신 사도들에게 성령으로 명하시고 승천하신 날까지의 일을 기록하였노라." '데오빌로'는 '하나님(θεός, *theos*)'과 '사랑하는' 또는 '친구(φίλος, *philus*)'에서 유래했습니다. 즉 '하나님께 사랑을 받는 사람', '하나님의 친구'를 뜻합니다. 그는 누가복음과 사도행전을 처음 들었던 청중이었습니다(눅 1:3). 그는 한 개인을 말하면서 동시에 '하나님께 사랑을 받는 사람', 즉 이방 교회 공동체를 말합니다. 그들 중에는 부유층과 교육 수준이 높은 사람도 있었습니다. 하지만 그들 신앙의 수준은 초보 단계였습니다.

누가는 먼저 쓴 글, 즉 누가복음에서는 예수님께서 세상에 오셔서 여러 일을 하시고 가르치신 일을 기록했습니다. 그리고 그분이 택하신 사도들에게 성령님으로 명령하시고, 승천하신 날까지의 일을 기록했습니다. '승천'은 예수 그리스도 사역의 두 국면을 가르는 분기점입니다. 누가복음은 승천으로 끝을 맺었습니다(눅 24:51). 사도행전은 승천으로부터 시작합니다(행 1:9). 예수님은 승천을 전후하여 이 땅에서 행하신 사역을 끝맺고, 하늘에서 사역을 시작하십니다.

그런데 예수님은 친히 살아 계심을 어떻게 나타내셨습니까? 3절입니다. "그가 고난받으신 후에 또한 그들에게 확실한 많은 증거로 친히 살아 계심을 나타내사 사십 일 동안 그들에게 보이시며 하나님 나라의 일을 말씀하시니라." 예수님은 십자가에서 돌아가신 후에 사도들에게 확실한 많은 증거로 친히 살아 계심을 나타내셨습니다. 예수님은 하나님 나라로 가실 때까지 40일 동안 세상에 계셨습니다. 예수님은 보이시며 말씀하시며 나타나셨습니다.

그 핵심은 하나님 나라의 일이었습니다. '하나님의 나라'는 하나님께서 다스리는 왕국입니다. 그 나라는 장소 개념보다는 다스림, 즉 통치 개념입니다.

세상에는 많은 나라가 있습니다. 하지만 성경의 렌즈로 보면 두 개의 나라만 있습니다. 세상 나라와 하나님 나라입니다. 그러므로 세상에는 두 백성만 있습니다. 세상 백성과 하나님 백성입니다. 어느 나라, 어느 백성인가에 따라서 그 삶이 다릅니다. 그래서 예수님은 세상에 오셨을 때부터, 그리고 살아나신 후에도 하나님 나라를 계속해서 가르치셨습니다.

예수님의 살아 계심과 하나님의 나라는 어떤 연관성이 있습니까? 예수님의 살아 계심과 하나님의 나라는 같은 뜻입니다. 따라서 예수님을 선포하는 그것과 하나님의 나라를 선포하는 그것은 같습니다. 예수님을 믿음은 곧 하나님의 다스림 받음을 뜻하기 때문입니다. 사도행전의 핵심은 하나님 나라에 관한 것이고, 그것은 예수님의 살아나심에 기초합니다.

살아나신 예수님은 사도에게 무슨 방향을 주셨습니까? 살아나신 예수님은 사도와 함께 식사했습니다(4). 그때 예수님은 사도에게 "예루살렘을 떠나지 말라."라고 하셨습니다. '예루살렘'은 예수님이 돌아가신 곳이고, 제자의 삶을 실패한 곳입니다. 그래서 떠나고 싶은 곳입니다. 하지만 그들은 떠나지 말고 아버지께서 약속하신 그것을 기다려야 합니다.

그것은 무엇입니까? 요한은 물로 세례를 베풀었습니다(5). 하지만 사도는 몇 날이 못 되어 성령님으로 세례를 받습니다. 아버지께서 약속하신 그것은 성령님의 오심, 성령님으로 세례받음입니다(요 14:26). 사도는 '물 뿌림' 대신에 '성령님의 함께하심'을 체험합니다.

그런데 그들은 예수님께 무엇을 물었습니까? 6절을 보십시오. "그들이 모였을 때에 예수께 여쭈어 이르되 주께서 이스라엘 나라를 회복하심이 이 때니이까 하니." '나라를 회복하심'이란 '나라를 다시 세운다.'라는 뜻입니다. 사도들은 성령님의 함께하심을 체험할 때, 이스라엘 나라를 다시 세울 수 있을지를 물었습니다.

그들은 왜 물었을까요? 첫째로, 그들은 하나님의 나라를 이스라엘이 정치적으로 해방하는 것으로 오해했기 때문입니다. 그들은 하나님 나라를 이스라엘이라는 영토와 백성에게 제한했습니다.

둘째로, 그들은 예수님의 죽으심과 살아나심을 통하여 이스라엘 백성의 개념이 바뀐 것을 몰랐기 때문입니다. 그들은 "예수님의 이름으로 죄 사함을 받게 하는 회개가 예루살렘에서 시작하여 모든 족속에게 전파될 것"을 몰랐습니다(눅 24:47). 예수님은 유대인만이 아닌 온 세상 만민을 구원하기 위해 십자가에서 죽으시고 살아나셨습니다. 그런데 그들은 자기 나라, 자기 민족을 벗어나지 못했습니다.

예수님은 무엇이라고 대답하셨습니까? 7절입니다. "이르시되 때와 시기는 아버지께서 자기의 권한에 두셨으니 너희가 알 바 아니요." 이스라엘을 다시 세울 때와 시기는 아버지의 권한으로 정하셨습니다. 따라서 사도가 신경 쓸 일이 아닙니다.

그러나 그들은 무엇을 신경 써야 합니까? 8절을 읽읍시다. "오직 성령이 너희에게 임하시면 너희가 권능을 받고 예루살렘과 온 유대와 사마리아와 땅끝까지 이르러 내 증인이 되리라 하시니라." 이 말씀에서 우리는 세 가지를 생각할 수 있습니다.

첫째로, '성령님이 오시면'입니다. 예수님의 돌아가심과 살아나심을 통해 예수님과 성령님의 관계에 획기적인 전환이 일어났습니다. 그동안 하나님 나라의 일은 육신을 입고 세상에 오신 예수님을 통해서 일어났습니다. 하지만 이제부터 하나님 나라에 관한 일은 성령님을 통해서 일어납니다.

그러므로 사도들은 성령님의 오심에 신경을 써야 합니다. 그들은 성령님이 오시면 능력을 덧입습니다. 그들은 이제부터 자기 능력으로 일하지 않고 성령님의 능력으로 일합니다. 그래서 '사도행전'이라고 쓰고 '성령행전(The Acts of the Holy Spirit)'으로 읽습니다. 사도행전은 성령님께서 사도들을 쓰셔서 하신 사역의 기록입니다.

둘째로, '땅끝까지'입니다. 그들이 능력을 덧입으면 예루살렘과 온 유대와 사마리아와 땅끝까지 예수님의 증인이 됩니다. 사도행전은 하나님의 나라가 예루살렘(1:1-7:60), 유대와 사마리아(8:1-12:25), 그리고 땅끝으로(13:1-28:31) 어떻게 전파되었는지를 기록했습니다.

사도들은 '이스라엘'을 생각했는데, 예수님은 '땅끝'을 말씀하십니다. 예수님은 편협한 지역주의를 뛰어넘습니다. 하나님 나라의 거센 물결은 예루살렘과 유대라는 지역을 힘차게 넘어서서 유대인이 무시했던 사마리아, 그리고 온 땅을 향하여 확장할 겁니다. 하나님의 나라가 전파되면 인종과 국가의 장벽, 빈부의 차이, 지역감정, 그리고 이념의 갈등이 무너질 겁니다.

셋째로, '내 증인이 되리라.'입니다. 이 말은 '예수님에 관해', '예수님을 위해' 증인으로 산다는 뜻입니다. '증인'은 기억이나 회상으로 어떤 것에 대하여 알고 있고, 그것을 말할 수 있는 사람을 뜻합니다. 당시 로마는 새 황제가 즉위하면 전령을 서쪽으로는 스페인, 북쪽으로는 영국, 남서쪽으로는 이집트까지 보내서 그 소식을 알렸습니다. 이처럼 성령님은 증인을 땅끝까지 보내서 하나님 나라의 일을 알리십니다. 증인은 예수님을 모르는 사람은 예수님을 알고 믿도록 돕고, 예수님을 알지만, 확신이 없는 사람은 확신하도록 돕습니다. 증인은 세상 사람에게 하나님의 나라가 임하도록 힘씁니다. 하나님 나라의 전파와 확장은 군인이 아니라, 증인에 의해서 이루어집니다. 그러므로 지금 사도가 신경 써야 할 일은 증인으로 사는 겁니다.

그러면 증인이 전해야 하는 핵심은 무엇입니까? 예수님의 죽으심과 살아나심, 그리고 용서의 사랑입니다. 예수님은 십자가에서 기도하셨습니다. "아버지 저들을 사하여 주옵소서 자기들이 하는 것을 알지 못함이니이다"(눅 23:34). 또 예수님은 두 제자에게 성경을 깨닫게 하려고 마음을 여시며 말씀하셨습니다. "또 그의 이름으로 죄 사함을 받게 하는 회개가 예루살렘에서 시작하여 모든 족속에게 전파될 것이 기록되었으니"(눅 24:47). 인류의 본질 문제는 죄이고, 그 죄를 해결할 길은 오직 예수님의 용서뿐입니다. 세상을 향한 하나님의 변함없는 사랑뿐입니다. 하나님의 사랑만이 죄인을 용서하고, 새 사람으로 만듭니다. 예수님의 증인은 그 용서의 사랑을 땅끝까지 증언합니다.

예전에도 말했었는데, '사람의 영혼을 가진 꽃'이라는 뜻을 지닌 '유추프라카치아(Yutzpracachia)'는 아프리카 밀림에서 사는 음지식물입니다. 이 식물은 결벽증이 강해 지나가는 생물체가 살짝 건드리기만 해도 시름시름 앓다가 죽는다고 합니다. 그런데 최근 연구를 통해 이 식물은 한 번 만지면 죽지만, 같은 사람이 계속해서 만져주면 죽지 않는다는 겁니다. 그래서 이 식물을 '결벽증'이 아니라, 누군가의 지속적인 관심과 사랑이 있어야 하는 '애정 결핍증'으로 불렀습니다.

이 식물의 이름으로 연극도 만들었습니다. 그 연극은 실화를 바탕으로 했는데, 미국 남북전쟁 직후에 태어난 '애니(Annie)'라는 여주인공의 굴곡진 삶을 그렸다는군요. 그녀는 전쟁으로 동생과 함께 병원에 버려졌습니다. 얼마 후 동생도 죽었습니다. 그녀는 '철저하게 버림받았다.'라는 충격으로 세상을 포기하며, 모든 사람의 손길을 철저히 거부했습니다. 그런데 그곳에서 한 간호사가 그 애니를 사랑으로 끌어안았습니다. 그녀는 이렇게 말했습니다. "내가 눈물 흘릴 때 더 마음 아파서 우는 분이 계셔, 내가 죽고 싶을 때 곁에서 슬퍼하는 분이 계셔, 우리가 인정하든 하지 않든 하나님은 끊임없이 사랑하고 계신단다." 하나님의 사랑이 그 간호사의 마음에 비췄고, 그 사랑으로 애니를 끝까지 포기하지 않고 사랑으로 감싸안았습니다.

오늘도 '애니'처럼 사랑에 굶주렸으면서도 사람의 손길을 철저히 거부하는 사람이 있습니다. 그들은 외로움과 절망으로 죽음에 이르는 병을 앓고 있습니다. 대한민국의 자살률은 일본보다 약 1.5배 높고, 미국보다 2배 높습니다. 10대와 30대의 사망 원인 1위입니다. 젊은이의 사망 원인 1위가 자살인 이유는 선진국이면 당연한 일입니다. 왜냐하면 건강, 사회 복지 수준이 좋아지면서 젊은이는 자살 외에는 죽을 일이 적기 때문입니다. 이런 좋은 환경에서 극단적 선택을 하는 가장 큰 이유는 외로움입니다. 그 외로움은 절망으로 이어지고, 절망은 죽음에 이르는 병입니다.

이런 내적 병과 함께 외적으로도 크고 작은 아픔을 겪습니다. 전염병의 후유증, 전쟁의 후유증, 그리고 사건 사고의 후유증으로 몸살을 앓습니다. 최근에는 중고생조차도 '촛불 시위'를 한다는 소식을 듣습니다. 그들의 삶이 얼마나 힘들면 촛불까지 들까요? 세상은 제4차 산업혁명 시대를 맞아서 놀랍게 발전하는데, 그 세상을 사는 사람의 마음은 어쩌면 이렇게 고달프기만 할까요?

이런 현실 앞에서 교회는 무엇을 해야 합니까? 교회가 이 세상에 희망이어야 합니다. 교회가 세상에 소금과 빛이어야 합니다. 이를 위해 우리는 먼저, 예수님의 사랑만이 세상 문제, 시대 문제를 해결할 수 있음을 믿어야 합니다. 동시에 우리는 예수님한테서 따뜻한 사랑을 받고 있음도 믿어야 합니다. 그러면 '유추프라카치아' 같은 사람에게 따뜻한 사랑을 베풀 수 있습니다. 외로움과 현실 문제로 절망에 이르는 병을 앓고 있는 현대인에게 희망을 줄 수 있습니다. 그들의 생명을 살릴 수 있습니다.

그 연극에서 간호사가 애니에게 한 말이라는군요. "네가 받은 사랑을 다른 사람에게 조건 없이 그대로 나누어 주렴… 사랑은 '내리사랑'이 가장 아름답고 신비한 마법의 이야기를 탄생시킨다." 예수님한테 받은 그 사랑을 다른 사람에게 그대로 나눠주고, 그 사람이 또 다른 사람에게 나눠주므로 죽어 가는 한 영혼이 살아납니다. 이 사랑만이 이 세상을 살릴 수 있습니다. 이 사랑의 실천이 오늘 내가 예수님의 증인으로 사는 길입니다.

예수님은 어디로 올려져 가셨습니까? 9절을 보십시오. "이 말씀을 마치시고 그들이 보는데 올려져 가시니 구름이 그를 가리어 보이지 않게 하더라." 예수님은 사도들이 보는 가운데 하늘로 들려 올라가셨습니다. 그때 구름이 그분을 가리어 보이지 않았습니다. 예수님께서 구름을 타고 하늘로 올라가신 모습은 살아나신 예수님의 영광스러운 모습을 증언합니다. 또 예수님이 구약의 여호와 하나님과 같이 구름을 타고 다니시는 분임을 증언합니다(시 68:4).

그때 제자들이 하늘을 자세히 쳐다보는데, 흰옷 입은 두 사람이 그들 곁에 섰습니다(10). '흰옷 입은 두 사람'은 천사입니다(눅 24:4).

천사는 제자들에게 무엇을 말했습니까? 11절을 읽읍시다. "이르되 갈릴리 사람들아 어찌하여 서서 하늘을 쳐다보느냐 너희 가운데서 하늘로 올려지신 이 예수는 하늘로 가심을 본 그대로 오시리라 하였느니라." 천사는 하늘로 올라가신 예수님께 마음을 빼앗기고 있는 제자들의 관심을 다시 오실 예수님께로 돌립니다. 예수님의 살아나심과 관련하여 천사의 말이 중요했듯이(눅 24:5b-6), 예수님의 다시 오심에 관한 천사의 말도 중요합니다. 예수님은 하늘로 올려지신 그대로 다시 오십니다.

'예수님이 다시 오신다.'라는 사실이 사도에게 주는 의미는 무엇입니까? 그들은 예수님의 약속을 기다릴 수 있습니다. 즉 성령님을 기다릴 수 있습니다. 그들은 어떤 어려움과 아픔이 있을지라도 땅끝까지 증인의 길을 갈 수 있습니다.

사도행전의 첫 메시지가 무엇입니까? "내 증인이 되리라"(행 1:8b). 우리가 오늘 캠퍼스와 이 시대에서 예수님의 증인으로 살기를 기도합니다.

02

기도에 힘쓰더라

본문 사도행전 **1:12-26**
요절 사도행전 **1:14**
찬송 **361**장 **368**장

"여자들과 예수의 어머니 마리아와 예수의 아우들과 더불어 마음을 같이하여 오로지 기도에 힘쓰더라."

우리는 지난주에 사도행전의 첫 번째 메시지를 배웠습니다. 오늘은 사도행전이라는 거대한 사역의 첫 출발점을 배울 수 있습니다. 그것은 무엇입니까?

첫째, 한마음으로 기도에 힘썼습니다(12-15a).

제자들은 예수님께서 하늘로 올라가신 것을 본 후에 감람산에서 예루살렘으로 돌아왔습니다(12). '감람산'은 올리브 산입니다. 그 산은 예루살렘에서 가까워 안식일에도 다닐 수 있는 거리였습니다. 안식일에는 1,000m~1,100m만 걷도록 했습니다. 올리브 산에서 예루살렘까지는 안식일 규정을 어기지 않는 거리였습니다. 그래서 그들은 안식일이지만 예루살렘으로 돌아왔습니다.

그들로부터 무엇을 배웁니까? 말씀에 대한 순종입니다. 그들은 "예루살렘을 떠나지 말라."(1:4)라는 말씀에 순종했습니다. 그런데 그 일은 쉽지 않았습니다. 왜냐하면 예루살렘은 제자들이 영적으로 실패한 곳이기 때문입니다. 예수님이 돌아가신 곳이기 때문입니다. 종교 지도자의 압력을 계속해서 받는 곳이기 때문입니다. 그런데도 그들은 말씀에 순종했습니다.

제자들은 어디로 갔습니까? 그들은 성안으로 들어가 자기들이 머물던 다락방으로 올라갔습니다(13). 그들은 베드로, 요한, 야고보, 안드레와 빌립, 도마와 바돌로매, 마태와 및 알패오의 아들 야고보, 셀롯인 시몬, 야고보의 아들 유다였습니다. 예수님을 배반한 가룟 유다를 제외한 열한 사도가 그곳에 있었습니다.

그들은 그곳에서 무엇을 했습니까? 14절을 읽읍시다. "여자들과 예수의 어머니 마리아와 예수의 아우들과 더불어 마음을 같이하여 오로지 기도에 힘쓰더라."

첫째로, 그들은 마음을 같이했습니다. '여자들'은 갈릴리에서부터 예수님을 따라다녔고(눅 23:55), 안식 후 첫날 새벽에 향품을 가지고 무덤에 간 그 여인들(눅 24:1)입니다. '예수님의 아우들'은 예수님의 살아나심과 40일간의 부활 증언을 통하여 믿음의 사람이 되었습니다(고전 15:7). 제자들이 여인들, 어머니, 그리고 동생들과 함께 마음을 같이하는 일은 쉽지 않았습니다. 왜냐하면 제자들의 허물이 컸기 때문입니다.

여인들은 예수님의 십자가 밑에서도 끝까지 믿음의 중심을 지켰는데, 제자들은 어디론가 사라졌습니다. 여인들은 이른 새벽부터 예수님의 무덤으로 갔는데, 제자들은 두려움에 떨고만 있었습니다. 여인들은 천사의 말을 듣고 예수님의 살아나심을 믿었는데, 제자들은 여인의 말을 허튼소리로 여기며 예수님의 살아나심을 믿지 않았습니다. 그런 모습 앞에서 여인들이 제자들과 마음을 함께하는 일은 쉽지 않습니다. 그런데도 그들은 마음을 함께했습니다. 아마도 여인들이 제자들 앞에서 '우리는 당신과는 다르다.' '우리는 당신보다 특별하다.'라는 생각을 하지 않았기에 가능한 일이 아니었을까요?

미국의 풍자 작가 케일러(Garrison Keillor)가 만든 가상 마을이 있는데, '워비곤 호수(Lake Wobegon)'입니다. 영어 'Wobegon'은 'Woe(고뇌)' + 'Be Gone(사라진)'에서 나왔습니다. '고뇌가 사라진 호수'라는 뜻입니다. 그 마을 사람은 모두 자기 잘난 맛에 삽니다. 좀 전문적인 표현으로는 "자기 과신의 오류에 빠져서 산다."라고 말합니다. 예를 들면 "나보다 느리게 운전하는 사람은 멍청이고, 빠르게 운전하는 사람은 미친놈이다."라고 생각하는 겁니다. 모든 기준을 '나'에게 두는 겁니다. 심리학자 길로비치(Tom Gilovich)는 이런 현상을 '워비곤 호수 효과(Lake Wobegon Effect)'라고 불렀습니다.

만일 교회 공동체에 이런 '자기 과신의 오류'에 빠진 사람, 즉 '워비곤 호수 효과'에 빠진 사람이 있다면 어떻게 될까요? 한마음을 품을 수 없습니다. 따라서 한마음을 품으려면 '난 당신과는 다르다.' '나는 당신보다 특별하다.'라는 생각에서 벗어나야 합니다. 그러면 마음을 같이 할 수 있고, 다음 단계로 나갈 수 있습니다.

그들은 마음을 같이 한 후에 무엇을 합니까? 기도에 힘씁니다. 마음을 같이 해야 기도에 힘쓸 수 있습니다.

왜 그들은 기도에 힘씁니까? 그들은 아버지 하나님께서 약속하신 성령님의 능력을 덧입어야 하기 때문입니다. 그들은 세상에서 예수님의 증인으로 살아야 합니다. 그런데 세상은 강한데, 그들은 약합니다. 그런 세상에서 증인으로 살려면 성령님의 능력을 덧입어야 합니다. 그들이 지금 할 수 있는 일은 한마음으로 기도하는 일뿐입니다. 어떻게 생각하면 기도는 너무 작은 일처럼 보입니다.

하지만 그 작은 일처럼 보이는 기도는 장차 일어날 영광스럽고 놀라운 생명 사역의 근원입니다. 지금은 그 근원이 작아서 눈으로 볼 수 없을 수 있습니다. 하지만 작은 샘이 큰 강을 만들듯이 작은 기도는 큰 생명의 강을 만듭니다.

우리나라의 젖줄인 한강은 정말 넓고 깊고 많은 물이 언제나 흐릅니다. 어떤 사람은 '이 많은 물이 도대체 어디에서 오는지'에 관해 궁금해합니다. 하지만 한강의 발원지를 아는 사람은 많지 않습니다. 이렇게 대단하고 중요한 한강의 물줄기가 시작되는 곳은 어디일까요? 바로 태백산 검룡소입니다. 사도행전의 대장정, 위대하고 놀라운 생명 사역이 시작되는 그곳은 어디입니까? 바로 제자들이 여인들과 함께 다락방에서 마음을 같이하여 한 기도입니다. 그 점에서 생명 사역을 이루는 일에서 기도를 아무리 강조해도 지나치지 않습니다.

1806년 미국 윌리엄스 대학(Williams College)의 사무엘 밀즈(Samuel J. Mills, 1783~1818)는 어느 날 정원에서 학생들과 모여 기도했습니다. 갑자기 소나기가 쏟아졌습니다. 그중 5명은 정원에 있던 건초더미 속으로 들어가 기도를 계속했습니다. 그들은 기도하던 중에 성령님의 감동으로 세계선교의 비전을 품었습니다. 그 기도회를 '건초더미 기도회(Haystack Prayer Meeting)'라고 부릅니다. 이것은 미국 학생선교 운동의 시작이었습니다.

1885년부터 영국 케임브리지 Cambridge) 대학생 7명은 중국 내륙으로 떠나 복음을 전하기 위해 기도했습니다.

1903년 원산지역 주재 선교사들이 모여서 기도했습니다. 그 기도회는 두 명의 이름 없는 선교사로부터 시작했습니다. 그 후에 의료선교사 하디(Robert A. Hardie)에게 '어떻게 하면 효과적으로 기도할 수 있는지'에 관해 강의를 부탁했습니다. 하디는 강의를 준비하는 중에 놀라운 은혜를 경험합니다. 그 기도회는 결국 '평양 대부흥회'의 시작점이 되었습니다.

오늘 우리의 현실을 생각할 때 우리가 할 수 있는 일이 있다면 무엇입니까? 먼저 마음을 같이하고, 기도에 힘쓰는 일입니다. 이 말씀은 우리에게 너무나 당연한 말처럼 들립니다. 하지만 그 당연한 말에 깊은 뜻이 있습니다. "마음을 같이하여 기도에 힘쓰라."라는 말씀은 성령님께서 우리에게 주신 방향입니다.

그 일에 얼마나 많은 사람이 참여했습니까? 모인 사람의 수가 약 120명이나 되었습니다(15a). '120'은 '12×10'인데, 문자적인 숫자를 말하면서 동시에 새롭게 회복할 영적 이스라엘의 열두 지파를 상징합니다.

그런데 그때 베드로는 무엇을 했습니까?

둘째, 새 사도를 세워주시도록 기도했습니다(15b-26).

베드로가 그 형제들 가운데 일어서서 말했습니다(15b). 16절을 보십시오. "형제들아 성령이 다윗의 입을 통하여 예수 잡는 자들의 길잡이가 된 유다를 가리켜 미리 말씀하신 성경이 응하였으니 마땅하도다." 성령님께서 다윗을 통하여 예수님을 배반한 유다에 관해 예언하셨습니다. 그리고 그 예언은 당연히 이루어져야 했습니다.

유다는 본래 사도 가운데 참여하여 직무의 한 부분을 맡았었습니다(17). 그런데 그는 불의의 삯으로 밭을 사고, 후에 몸이 곤두박질하여 배가 터져 창자가 다 흘러나왔습니다(18). 그 일이 예루살렘에 사는 모든 사람에게 알려졌습니다(19). 그들의 말로는 그 밭을 '아겔다마'라 했는데, 그 뜻은 '피 밭'입니다.

그런데 그 내용은 이미 다윗의 입, 즉 시편에서 말했습니다. 시편 69:25는 말씀했습니다. "그의 거처를 황폐하게 하시며 거기 거하는 자가 없게 하소서." 또 시편 109:8은 말씀했습니다. "그의 직분을 타인이 취하게 하소서 하였고." 베드로는 유다의 악함과 죽음의 역사적 배경을 이 말씀에 근거하여 설명했습니다. 그는 성경의 렌즈로 유다 문제를 진단하고 처방했습니다. 사도들이 새 역사를 시작하려고 할 때 배반의 역사는 큰 걸림돌이었습니다. 그래서 베드로는 이 문제를 해결함으로써 새 역사를 시작할 발판을 마련했습니다.

그러므로 그는 이제 무엇을 합니까? 21절과 22절을 봅시다. "이러하므로 요한의 세례로부터 우리 가운데서 올려져 가신 날까지 주 예수께서 우리 가운데 출입하실 때에, 항상 우리와 함께 다니던 사람 중에 하나를 세워 우리와 더불어 예수께서 부활하심을 증언할 사람이 되게 하여야 하리라 하거늘." 베드로는 유다의 빈자리를 채울 수 있는 새사람을 세우려고 합니다.

그 기준은 무엇입니까? 첫째로, 세례 요한이 세례를 주던 때부터 예수님이 하늘로 올라가실 때까지 항상 함께했던 사람입니다. 믿음의 경륜이 있어야 합니다.

둘째로, 예수님의 부활을 증언할 사람입니다. 능력이 있어야 합니다. 새사람은 경륜도 필요하고 능력도 있어야 합니다.

후에 교회는 지도자를 세울 때나 직분자를 세울 때, 이 기준을 기본 원리로 적용했습니다. 그러니까 능력만 보고 영적으로 어린 사람을 세우지 않았고, 경륜만 보고 능력도 없는 사람을 세우지 않았습니다. 경륜과 능력의 조화를 이룬 사람을 세웠습니다.

그 후보자는 누구입니까? 그들이 두 사람을 추천했는데, 한 사람은 바사바라고도 하고 별명은 유스도라고 하는 요셉입니다(23). 이 사람은 '바사바', '유스도', 그리고 '요셉'이라는 이름을 세 개나 가지고 있으니 꽤 유명인처럼 보입니다. 다른 한 사람은 맛디아입니다. 그에 관해서는 아무런 설명이 없습니다.

셋째로, 성령님이 세우시는 사람입니다. 24절과 25절을 봅시다. "그들이 기도하여 이르되 뭇 사람의 마음을 아시는 주여 이 두 사람 중에 누가 주님께 택하신 바 되어, 봉사와 및 사도의 직무를 대신할 자인지를 보이시옵소서 유다는 이 직무를 버리고 제 곳으로 갔나이다 하고." 그들은 기도했습니다. 자기들이 세운 기준으로 사람을 추천했습니다. 그 후에는 유다를 계승하여 봉사와 사도의 직무를 대신할 사람을 성령님께서 친히 세워주시도록 기도했습니다. 그들은 자기들이 세운 기준, 즉 경륜과 능력 위에 성령님의 인도하심을 더했습니다.

누가 뽑혔습니까? 그들이 제비를 뽑았는데, 맛디아를 얻었습니다(26). 그는 열한 사도와 함께 사도가 되었습니다. 성령님께서 그를 열두 번째 사도 세우셨습니다.

여기에는 어떤 뜻이 있습니까? 그들은 자기들이 기준을 세우고, 자기들이 후보자를 추천했지만, 결국에는 성령님의 뜻이 이루어지기를 바랐습니다. 성령님께서 친히 일하시도록 언제나 그 자리를 비웠습니다. 그들은 성령님이 오시도록 그릇을 잘 만들었습니다. 사도행전 대장정의 사역을 시작할 수 있는 준비를 마쳤습니다. 그러나 예수님의 빈자리를 채울 성령님은 아직 오시지 않았습니다.

그러므로 오늘 우리는 무엇을 해야 합니까? 마음을 같이하여 기도에 힘써야 합니다. 사도행전의 대장정은 기도로부터 시작합니다. 우리의 기도를 받으시고, 우리를 쓰셔서 캠퍼스와 세상에 희망의 사역을 이뤄주시도록 기도합니다.

03

성령님의 오심

본문 사도행전 **2:1-13**
요절 사도행전 **2:3**
찬송 **184**장, **185**장

"마치 불의 혀처럼 갈라지는 것들이 그들에게 보여 각 사람 위에 하나씩 임하여 있더니."

예수님은 하나님 나라로 가시기 전에 사도들에게 말씀하셨습니다. "너희는 몇 날이 못 되어 성령으로 세례를 받으리라"(1:5). "오직 성령이 너희에게 임하시면"(1:8a). 사도들은 예수님의 말씀을 믿고 예루살렘으로 돌아와서 성령님의 오심을 기다렸습니다. 그러면 성령님은 언제, 어떻게 오셨습니까? 성령님의 오심이 그들과 오늘 우리에게 주는 의미는 무엇입니까?

1절을 보십시오. "오순절 날이 이미 이르매 그들이 다 같이 한곳에 모였더니." '오순절'은 유월절, 초막절과 함께 구약의 3대 축제입니다. '오순절'은 유월절로부터 50일째 되는 날입니다. 영어로는 '50번째 날'이라는 뜻인 'Pentecost'로 부릅니다. 구약에서는 '칠칠절'로도 불렀는데, 유월절과 오순절 사이에 안식일이 7번이 지나가기 때문입니다(레 23:16). 또 '맥추절'로도 불렀는데, 수고하여 밭에 뿌린 곡식의 첫 열매를 거두었기 때문입니다(출 23:16).

예수님은 유월절에 돌아가셨습니다(막 15:42, 눅 23:54). 예수님은 사흘 후에 살아나셨고, 40일 동안 세상에 계셨다가 하나님 나라로 가셨습니다(1:3, 9). 교회는 예수님이 살아나신 후부터 50일째 되는 날, 예수님이 하나님 나라로 가신 날로부터 10일째 되는 날을 오순절로 지킵니다. 그날을 성령님께서 오신 날, 즉 '성령 강림절(Whitsunday)'로 부릅니다.

그날 사도들은 여인들, 예수님의 어머니와 동생들, 그리고 120명의 동역자와 다 같이 한곳에 모였습니다. 사도들이 예수님의 말씀을 믿고 기다리던 기간이 다 찼습니다.

그때 무슨 일이 일어났습니까? 2절을 보십시오. "홀연히 하늘로부터 급하고 강한 바람 같은 소리가 있어 그들이 앉은 온 집에 가득하며." 갑자기 하늘에서 강력한 바람이 부는 듯한 소리가 났습니다. 그 소리가 온 집에 가득 찼습니다. 귀로 들을 수 있는 모습입니다.

이어서 3절을 보십시오. "마치 불의 혀처럼 갈라지는 것들이 그들에게 보여 각 사람 위에 하나씩 임하여 있더니." 불길이 솟아오를 때 혓바닥처럼 갈라지는 모습이 그들에게 나타났습니다. 그리고 그 불이 각 사람 위에 앉았습니다. 눈으로 볼 수 있는 모습입니다.

그러자 그들은 어떻게 되었습니까? 4절을 읽읍시다. "그들이 다 성령의 충만함을 받고 성령이 말하게 하심을 따라 다른 언어들로 말하기를 시작하니라." 그들이 다 성령님의 충만함을 받았습니다. '성령의 충만함을 받았다.'라는 말은 '과거에는 성령님이 조금밖에 없었는데, 지금 많아졌다.'라는 뜻이 아닙니다. 성령님은 스마트폰의 배터리처럼 '줄었다 늘었다.' 하지 않습니다. 성령님은 인격적인 분입니다. 예수님이 우리 안에 어떨 때는 10%만 계시고, 어떨 때는 100% 계시는 분입니까? 계시면 계시고 안 계시면 안 계시는 분입니다. 따라서 '성령의 충만함을 받았다.'라는 말은 '그곳에 모인 모든 사람이 하나도 빠짐없이 성령님을 받았다.'라는 뜻입니다. 성령님께서 예수님의 약속대로 마침내 그들에게 오셨음을 강조한 말입니다.

오늘 오신 성령님은 누구십니까? 성령님은 한 분 하나님이십니다. 하나님은 한 분이시며 세 인격을 가지십니다. 아버지 하나님, 예수님 하나님, 그리고 성령님 하나님은 한 분이시고, 언제나 함께 계시며 함께 일하십니다. 예수님은 눈에 보이는 하나님이시고, 성령님이십니다. 성령님은 눈에 보이지 않는 예수님이시고, 하나님이십니다. 우리는 이 하나님을 '삼위일체의 하나님'이라고 부릅니다. 성령 하나님은 창조 때는 물론이고, 그 이전에도 계셨습니다. 구약 시대에도, 예수님 시대에도 계셨습니다. 그런데 그분이 지금 오셨습니다.

어떻게 오셨습니까? 그분은 '강력한 바람', '불의 혀처럼 갈라진 혀들'처럼 오셨습니다. 성령님께서 이렇게 오심은 사도들이 그 오심을 귀로 듣고 눈으로 볼 수 있도록 하기 위함이었습니다. 사도들이 청각과 시각으로 성령님께서 실제로 오셨음을 깨닫도록 하기 위함이었습니다.

성령님은 오셔서 그들이 앉은 온 집에 가득했습니다. 각 사람 위에 하나씩 임했습니다. 구약에서 영광의 구름으로 오신 성령님은 성막에 가득했습니다(출 30:4). 그 성령님이 오늘은 사도들 한 사람 위에 인격적으로 오셨습니다. 이제부터 하나님의 집, 즉 성막은 건물이 아닙니다. 성령님이 함께하시는 그 사람입니다. 우리는 그 성전을 '건물 성전'과 대조하여 '인격 성전'으로 부릅니다.

그러면 성령님께서 오심의 의미는 무엇입니까? 첫째로, 성령님의 시대가 열렸습니다. 마치 예수님께서 육신의 몸을 입고 오심으로 예수님의 시대가 열렸던 때와 같습니다. 이제부터 성령님께서 오셔서 모든 사역을 주체적으로 이끄십니다. 성령님은 한 사람에게 말씀을 깨우쳐 예수님을 믿도록 도와주십니다. 성령님은 연약한 사람을 능력 있는 사람으로 키우십니다. 성령님은 그 사람을 예수님의 증인으로 쓰십니다.

둘째로, 성령님의 오심은 역사에서 반복할 수 없는 독특한 사건입니다. 누구든지 죄와 죽음으로부터 구원받으려면 성령님이 오셔야 합니다. 그런데 그 오심은 한 개인의 삶에서 반복하는 일이지, 역사에서 반복하는 일은 아닙니다. 예를 들어, 내가 구원받을 때 성령님을 받고, 또 증인으로 살 때 성령님을 또 받는 그런 반복은 일어나지 않습니다. 내가 예수님을 믿으면 성령님께서 오십니다. 성령님께서 오시니 내가 예수님을 믿습니다. 그 성령님은 영원토록 나와 함께하십니다. 그 성령님 안에서 나는 증인으로 삽니다.

예를 들어, 사도 베드로는 육신으로 오신 예수님을 믿었습니다. 그는 예수님을 부인했습니다. 그는 부활하신 예수님을 만나고 믿음을 회복했습니다. 그런데도 그는 연약했습니다. 하지만 성령님께서 오시니 그는 증인으로 살 만큼 강해졌습니다. 그는 예수님을 믿고 증인으로 살기까지 여러 단계의 신앙 여정을 거쳤습니다.

반면 사도 바울의 신앙 여정은 어떠했습니까? 그는 오직 한 번 부활하신 예수님을 만남으로 그리스도로 믿었습니다. 그는 그때부터 성령님의 함께하심을 믿었습니다. 그 성령님 안에서 그는 평생 부활의 증인으로 살았습니다.

그러므로 성령님의 오심이 오늘 우리에게 주는 의미는 무엇입니까? 우리 안에 성령님께서 이미 오셨음을 믿는 그 믿음이 중요합니다. 우리는 사도 베드로처럼 믿음의 길을 가지 않고, 사도 바울처럼 믿음의 길을 걷습니다. 왜냐하면 우리는 베드로 시대에 살지 않고, 바울 시대에 살기 때문입니다. 그 점에서 오순절에 오신 성령님은 역사에서 반복적으로 오시지 않습니다. 그 일은 마치 예수님께서 십자가에서 죽으심을 역사에서 반복하지 않는 그것과 같습니다. 다만 누구든지 그분의 죽으심과 살아나심을 믿으면, 그 사람 안에서 죄 용서와 증인으로 사는 능력을 덧입습니다.

올해 세계적으로 가장 많이 공유한 말씀은 이사야 41:10였다고 합니다. “두려워하지 말라 내가 너와 함께함이라 놀라지 말라 나는 네 하나님이 됨이라 내가 너를 굳세게 하리라 참으로 너를 도와주리라 참으로 나의 의로운 오른손으로 너를 붙들리라.” 이 말씀이 사랑을 받은 이유는 우리가 고군분투할 때 혼자가 아니라, 하나님이 함께하시며 힘이시라는 사실 때문입니다. 사람들은 전염병과 전쟁이라는 어려운 시기를 보내면서 하나님의 함께하심과 그분의 힘을 믿음으로 불안과 두려움을 이길 수 있음을 믿었기 때문입니다.

그러면 내가 삶에서 연약한 이유는 무엇입니까? 성령님이 오시지 않아서가 아니라, 내가 그 믿음이 흔들리기 때문입니다. 그래서 어떤 사람은 성령님을 다시 받으려고, 또는 더 가득 채우려고 애를 씁니다. 하지만 그런 식의 열정은 자칫 이상한 열정으로 흐를 수 있습니다. 내 안에는 이미 성령님이 충만히 계십니다. 성령님은 이미 내게 능력을 주셨습니다. 증인으로 살 수 있게 하셨습니다. 내 안에 계신 성령님께서 영원히 나와 함께하십니다. 이 시간 우리가 이 말씀에 기초해서 이 믿음을 더욱 확신하기를 바랍니다.

성령님께서 오시자, 사도들에게 어떤 일이 일어났습니까? 그들은 성령님이 말하게 하심을 따라 다른 언어들로 말하기를 시작했습니다(4b). 성령님은 그들에게 다른 언어로 말하는 능력을 주셨습니다. '다른 언어'는 이 세상 사람이 쓰지 않는 이상한 말이 아니라, 외국어입니다. 성령님께서 이런 능력을 주신 이유는 그들이 다른 나라에서 증인으로 살아야 하기 때문입니다.

그때 누가 예루살렘에 있었습니까? 5절입니다. "그 때에 경건한 유대인들이 천하 각국으로부터 와서 예루살렘에 머물러 있더니." '경건한 유대인'은 '하나님을 믿는 독실한 유대인'을 말합니다. '천하 각국'은 '하늘 아래 모든 나라'라는 뜻인데, 흩어진 유대인이 거주했던 나라입니다. 그들은 예루살렘을 잠깐 방문했다기보다는 아예 살려고 돌아온 사람들입니다.

그런데 사도들이 다른 언어로 말하는 소리에 사람들이 모였습니다(6). 그들은 제자들이 자기네 말로 말하는 소리를 듣고 어리둥절했습니다. 그들은 이렇게 말하면서 놀라고 신기하게 여겼습니다(7). "보라, 이 말하는 사람들이 다 갈릴리 사람이 아니냐?" 당시 갈릴리 사람은 다른 지역에 비해 다른 언어를 배울 기회가 적었습니다. 그런데도 그들은 자기들이 태어난 나라의 말로 들었으니, 놀랄 수밖에 없습니다(8).

그들은 어디에서 왔습니까? 바대인과 메대인과 엘람인과 메소보다미아, 유대와 갑바도기아, 본도와 아시아에서 왔습니다(9). 브루기아와 밤빌리아, 애굽과 구레네에 가까운 리비야 여러 지방에 사는 사람들과 로마로부터 온 나그네 곧 유대인과 유대교에 들어온 사람들도 있었습니다(10). 그레데인과 아라비아인들도 있었습니다(11a).

그런데 그들이 놀라는 또 다른 이유는 무엇입니까? 11절을 읽읍시다. “그레데인과 아라비아인들이라 우리가 다 우리의 각 언어로 하나님의 큰일을 말함을 듣는도다 하고.” ‘하나님의 큰일’은 ‘예수님의 이름으로 죄를 용서받음’(눅 24:47)입니다. 그들은 그 일을 그들 나라의 말로 듣습니다. 그들은 서로 물으며 놀랐고, 당황했습니다(12).

사도들이 ‘각 언어로 하나님의 큰일을 말한 데’는 무슨 뜻이 있습니까? 첫째로, 하나님께서는 천하만국이 예수님의 이름으로 죄 용서의 소식을 듣고 구원을 받을 때가 왔음을 알려 주십니다. 예루살렘에서 땅끝까지 죄 용서의 소식을 증언하는 시대가 왔습니다.

둘째로, 바벨탑 사건의 반전을 보여줍니다. 하나님께서 바벨탑을 쌓던 사람의 언어를 혼잡하게 하셨습니다. 그들을 천하 각국으로 흩으셨습니다(창 11:8-9). 그러나 오늘 성령님의 사역을 통하여 흩어졌던 열방이 하나님의 구원 사역의 소식을 듣습니다. 성령님의 오심은 흩어졌던 열방을 모으고 모두가 하나님의 한 백성으로 사는 시대가 왔음을 보여줍니다. 성령님께서 언어의 장벽과 민족과 나라의 경계를 허물어뜨렸습니다. 성령님은 모든 사람을 그리스도 안에서 ‘한 새 사람’으로 만드십니다(엡 2:15).

그러나 어떤 반응도 있었습니까? 어떤 사람은 조롱했습니다(13). “그들이 새 술에 취했다.” ‘새 술’은 달콤한 새 포도주인데, 새 술이 사람을 더 취하게 합니다. 그들은 성령님의 사역을 이해하지 못하니 조롱할 수밖에 없습니다. 그들이야말로 포도주에 취한 사람입니다.

성령님의 오심이 오늘 우리에게 주는 의미는 무엇입니까? 성령님은 우리 안에 이미 오셨습니다. 우리와 지금도 함께하시고, 영원토록 함께하십니다. 그리고 우리에게 필요한 능력을 주십니다. 그러므로 우리는 나와 함께하시는 성령님을 믿고 이 어두운 시대에 희망을 잃지 않습니다. 우리는 더 나아가, 이 어두운 시대에 성령님의 함께하심을 믿고 희망의 메시지를 전하는 증인으로 살기를 기도합니다.

04
주님께서 더하게 하신다

본문 사도행전 **2:14-47**
요절 사도행전 **2:47**
찬송 **251장, 255장**

"하나님을 찬미하며 또 온 백성에게 칭송을 받으니 주께서 구원받는 사람을 날마다 더하게 하시니라."

라틴어로 '아드 폰테스(*Ad Fontes*)'라는 말이 있는데, "기본으로 돌아가자."라는 뜻입니다. 영어로는 "Back to the Basics."이라고 합니다. 르네상스 시대 인문주의자들이 '아드 폰데스'를 말했는데, 그 후 많은 사람이 "과거의 모범적인 모델로 돌아가자."라는 뜻으로 말하고 있습니다. 교회에서도 "초대교회로 돌아가자."라는 말을 합니다. 그들은 초대교회를 교회의 모델로 생각하기 때문입니다. 그들이 말하는 초대교회는 어떤 모습입니까?

첫째, 회개하라(14-41).

성령님이 오셔서 사도에게 다른 말을 하도록 했습니다(4). 사람들은 모두 놀라 어쩔 줄 몰랐습니다(12). 그런데 어떤 이는 "그들이 새 술에 취했다."라고 조롱했습니다(13).

그때 베드로는 무엇이라고 반박했습니까? 그는 열한 사도와 함께 서서 소리를 높여 말했습니다(14). "유대인들과 예루살렘에 사는 모든 사람아, 내 말에 귀를 기울이라." "지금은 제3시, 즉 아침 9시이다. 아침부터 술에 취할 사람은 없다"(15).

그러나 여기에는 무슨 뜻이 있습니까? 16절을 보십시오. "이는 곧 선지자 요엘을 통하여 말씀하신 것이니 일렀으되." '이는'은 '성령님이 오셔서 다른 언로'로 말한 일입니다. 그 일은 선지자 요엘의 예언을 이루신 일입니다.

하나님은 요엘에게 무엇을 말씀했습니까? 첫째로, 하나님께서 말세에 성령님을 모든 육체에 부어주십니다(17). 그러면 아들딸은 예언합니다. 젊은이들은 환상을 보고 늙은이들은 꿈을 꿉니다. '예언한다.'라는 말은 '미래를 본다.'라는 말이 아니라, '하나님의 말씀을 받아서 증언한다.'라는 뜻입니다. '환상을 본다.' '꿈을 꾼다.'라는 말은 '하나님의 말씀 안에서 비전을 본다.'라는 뜻입니다. 또 하나님은 그때 남녀 종에게도 성령님을 부어주십니다(18). 그들도 예언합니다.

그런데 사도 베드로는 그때를 오늘로 받았습니다. 요엘에게 하셨던 그 말씀이 오늘 사도를 통해 이루어졌습니다. 성령님께서 사도들에게 다른 나라 말을 하도록 하셨기 때문입니다. 다른 나라의 말을 하는 목적은 말씀을 증언하기 위함입니다.

둘째로, 하나님께서 기사와 징조를 행하십니다(19). 기사와 징조는 피와 불과 연기입니다. '피'는 예수님의 십자가 사건이고, '불'과 '연기'는 하나님께서 오심을 상징합니다(출 13:22). 하나님께서 불과 연기로 성전에 임하셨던 것처럼 성령님께서 그 백성과 함께하십니다.

그런데 주님의 크고 영화로운 날, 즉 예수님께서 십자가에서 죽으시고 살아나신 그날이 이르기 전에 해가 변하여 어두워지고 달이 변하여 피가 됩니다(20). 이것은 예수님께서 십자가에서 돌아가셨을 때의 모습입니다(눅 23:44). 이 표현은 일식이나 다른 자연현상을 일컫는 표현일 수 있습니다. 그러나 사회 구조의 기초를 흔들만한 사회적이고 정치적인 어떤 사건을 일컫습니다. 심판의 때를 뜻합니다.

셋째로, 주의 이름을 부르는 자는 구원을 받습니다. 21절을 읽읍시다. "누구든지 주의 이름을 부르는 자는 구원을 받으리라 하였느니라." 요엘서에서 '주님'은 '여호와 하나님'이십니다. 사도행전에서는 '예수님'입니다. 예수님은 지금 하늘에서 다스리시는 주님이십니다.

누구든지 주님이신 예수님의 이름을 부르면 구원을 받습니다. 어떤 사람은 "구원의 길이 많다."라고 말합니다. 이것을 '종교 다원주의'라고 부릅니다. 하지만 성경은 언제나 분명하게 말씀합니다. "누구든지 주의 이름을 부르는 자는 구원을 받으리라."

그러면 예수님은 누구십니까? 22절을 봅시다. "이스라엘 사람들아 이 말을 들으라 너희도 아는 바와 같이 하나님께서 나사렛 예수로 큰 권능과 기사와 표적을 너희 가운데서 베푸사 너희 앞에서 그를 증언하셨느니라." '나사렛 예수'는 갈릴리 나사렛에서 사셨던 역사적인 예수님이십니다(눅 4:16). 하나님은 나사렛 예수님을 통해 기적과 놀라운 일을 하셨습니다. 하나님은 그분을 사람에게 증언하셨습니다.

그런데 사람들은 그분을 법 없는 사람들, 즉 이방인의 손을 빌려 못 박아 죽였습니다(23). 물론 그 일은 하나님께서 정하신 뜻과 미리 아신 대로 된 일이었습니다. 하나님은 그분을 사망의 고통에서 풀어 살리셨습니다(24). 왜냐하면 그분은 사망에 매여 있을 수 없었기 때문이었습니다.

예수님의 살아나심을 누가 예언했습니까? 25절에 의하면, 다윗이 예언했습니다. 그는 그 앞에 계신 주님을 보았습니다. 그런 그는 삶의 어려움 앞에서도 흔들리지 않았는데, 주님이 항상 함께하심을 믿었기 때문입니다.

그래서 다윗의 마음은 기쁨에 넘쳤고, 혀는 즐거워 노래했습니다(26). 육체는 희망으로 살았습니다. 그는 부활의 소망이 있었기 때문입니다. 주님께서 그 영혼을 지옥에 버리지 않으시기 때문입니다(27). 하나님께서 당신의 거룩한 예수님을 썩지 않게 하실 것이기 때문입니다. 하나님께서 다윗에게 생명의 길을 보이셨습니다(28). 그는 주님 앞에서 기쁨이 가득했습니다.

베드로는 다윗에 대해 무엇을 말합니까? 그들 조상 다윗에 관해 담대히 말합니다(29). 다윗은 죽어서 묻혔고, 그 무덤이 오늘까지 그들 가운데 있습니다. 다윗은 선지자였기에 하나님께서 자기 후손 가운데 한 사람을 그의 왕위에 앉혀 주시겠다 하심을 알고 있었습니다(30). 그는 자기 후손에서 그리스도가 태어나고, 그리스도가 부활하여 왕위에 오를 것을 알았습니다. 그래서 그는 그리스도의 부활을 미리 내다보고 말했습니다(31). "그리스도는 음부에 버려지지 않았고, 그분의 육체는 썩지 않았다."

이 사실이 사도들에게 주는 의미는 무엇입니까? 32절을 읽읍시다. "이 예수를 하나님이 살리신지라 우리가 다 이 일에 증인이로다." 하나님께서 이 예수님을 죽은 자 가운데서 살리셨습니다. 그 일에 다윗은 물론이고 사도도 증인입니다. 다윗이 예수님의 부활을 영접한 거나 사도가 영접한 거나 오늘 우리가 영접한 거나 같습니다. 우리도 부활의 증인입니다.

그러면 그들이 증언해야 할 예수님은 어떤 분입니까? 하나님께서는 예수님을 높이 올리셔서 당신의 오른쪽에 앉히셨습니다(33). 예수님은 약속하신 성령님을 아버지께 받아서 사도한테 부어주셨습니다. 그들은 그 일을 보기도 하고 듣기도 합니다.

다윗은 하늘에 올라가지 못했으나 이런 말을 했습니다(34-35). "하나님이 나의 주님에게 말씀하셨다. 내가 네 원수를 네 발 앞에 굴복시킬 때까지 너는 내 오른편에 앉아 있어라." '하나님 오른편에 앉는다.'라는 말은 예수님께서 온 세상의 왕으로서 다스리심을 뜻합니다.

예수님은 종교 지도자들과 논쟁 할 때 시편 110:1을 인용하셨습니다(눅 20:44). 예수님은 당신께서 부활하셔서 하늘의 왕위에 오르실 것을 내다보셨습니다. 성령님의 오심은 예수님께서 온 세상을 다스리기 시작하셨음을 알려 주는 역사적인 사건입니다.

그러므로 이스라엘이 확실히 알아야 할 바는 무엇입니까? 하나님은 유대인이 십자가에 못 박은 그 예수님을 주님과 그리스도로 삼으셨습니다(36). 하나님께서 예수님을 보좌 우편에 올리신 사건은 주님과 메시아로 삼으신 일입니다. 예수님은 탄생하실 때 다윗의 보좌에 즉위하신다는 약속을 받으셨습니다(눅 1:69). 그 약속이 마침내 이루어졌습니다. 그들은 이 사실을 확실히 알아야 합니다.

사람들의 반응은 어떠합니까? 37절을 보십시오. "그들이 이 말을 듣고 마음에 찔려 베드로와 다른 사도들에게 물어 이르되 형제들아 우리가 어찌할꼬 하거늘." 그들은 마음의 고통을 받았습니다. 왜냐하면 그들은 그리스도를 죽였음을 알았기 때문입니다. 그들은 그 고통에서 벗어나려면 뭔가를 해야 한다고 생각했습니다.

그들은 무엇을 해야 합니까? 38절을 읽읍시다. "베드로가 이르되 너희가 회개하여 각각 예수 그리스도의 이름으로 세례를 받고 죄 사함을 받으라 그리하면 성령의 선물을 받으리니." '회개'는 예수님의 십자가와 부활을 통해 죄를 용서하시는 하나님의 사랑에 대한 반응입니다. '세례를 받는다.'라는 말은 '물로 머리를 적신다.' '물에 몸을 담근다.'라는 뜻인데, 회개의 표현으로 세례를 받습니다. 그리고 세례는 예수 그리스도의 이름으로 받습니다. 그러므로 회개와 세례를 분리할 수 없습니다. 회개 없는 세례도, 세례로 나타나지 않은 회개도 없습니다. 개인적인 회개와 믿음을 통하여 예수님을 영접한 사람은 공적인 세례를 통하여 회개와 믿음을 공식화해야 합니다.

그러면 무엇을 받습니까? 성령님의 선물을 받습니다. 이 말은 '성령님이 가져오는 선물', '성령님께서 주시는 선물'을 뜻합니다. 오순절에 오신 성령님은 역사적으로 계속해서 오시지 않고 단 한 번으로 끝났습니다. 그렇지만 오늘도 그 사역은 계속됩니다. 누구든지 회개하고 세례를 받으면 성령님이 오순절에 사도에게 오셨던 것처럼, 오늘도 오셔서 그 선물을 주십니다. 그것은 새 언약 백성으로 누리는 특권이면서 구원받았음의 내적 확신입니다.

이 약속을 누구에게 하십니까? 유대인과 이방인 모두에게 하십니다(39). 인종과 혈통을 가리지 않습니다. 시간과 공간의 제한을 뛰어넘어, 땅끝까지 이릅니다. 하나님께서 부르시는 모든 사람에게 하신 약속입니다.

그 목적은 무엇입니까? 40절입니다. "또 여러 말로 확증하며 권하여 이르되 너희가 이 패역한 세대에서 구원을 받으라 하니." '패역한 세대'란 '굽은 세대', '비뚤어진 세대'입니다. 하나님의 렌즈로 세상을 보면 비뚤어졌습니다. 하나님의 말씀보다는 자기감정, 자기 계획을 앞세우기 때문입니다. 베드로가 메시지를 전한 목적은 그 비뚤어진 세상이 구원받도록 하는 데 있습니다.

베드로의 메시지를 받은 사람은 무엇을 했습니까? 그들은 말씀 앞에서 회개하고, 예수님을 믿었습니다(41). 말씀이 사람의 양심을 깨우치고 실존을 깨닫게 합니다. 그날에 신도의 수가 120명에서 3,120명으로 늘었습니다.

둘째, 성전에 모이기를 힘쓰고(42-47).

신도의 수가 늘었을 때 그들은 무엇을 합니까? 첫째로, 그들은 가르침, 교제, 빵을 먹음, 그리고 기도에 힘썼습니다. 42절을 읽읍시다. "그들이 사도의 가르침을 받아 서로 교제하고 떡을 떼며 오로지 기도하기를 힘쓰니라." 교회의 구성원이 크게 달라졌습니다. 지금까지 구성원은 예수님으로부터 직접 말씀을 배우고, 예수님께서 행하신 이적을 직접 경험했던 사람들이었습니다. 그러나 이제 새 교인이 많이 생겼습니다. 예수님을 믿는 그것으로 모든 것이 다 된 것은 아닙니다. 그들은 계속해서 배워야 합니다. 배우지 않고는 자랄 수 없습니다. 배우지 않고는 바른 신앙인의 삶을 살지 못합니다. 특히 증인의 삶은 배움으로부터 시작합니다.

그런 그들은 교제에 힘썼습니다. 여기서는 '그 교제(the fellowship)'입니다. 그것은 성령님 안에서 함께 사귐을 갖는 일입니다. 교회는 성령님 안에서 교제하는 공동체입니다.

그 교제는 빵을 떼는 일로 이어집니다. '빵을 떼는 일'은 두 가지로 나타납니다. 음식을 먹는 것과 성찬 하는 일입니다. 당시 성찬은 정규적인 식사를 하는 중에 이루어졌습니다. 각 가정에서 모여서 식사할 때마다 성찬을 했습니다. 그들은 동역자들과 교제하면서 예수님과 교제했습니다.

그 모든 일의 절정은 기도입니다. 그들의 기도는 120명의 기도를 본받고 있습니다(1:14). 이 모습은 교회가 3천 120명으로 늘었을 때로 이어졌습니다. 교인의 수적인 성장은 곧 기도하는 사람이 늘어남을 뜻합니다. 교인의 증가와 기도의 증가는 비례합니다.

그때 무슨 일이 일어납니까? 경외심이 사람한테 임했습니다(43). 왜냐하면 사도를 통해 기사와 표적이 많이 나타났기 때문입니다.

둘째로, 그들은 다 함께 있습니다. 44절을 보십시오. "믿는 사람이

다 함께 있어 모든 물건을 서로 통용하고." 그들은 다 함께하면서, 모든 것을 공동으로 소유합니다. 그들은 재산과 소유를 팔아 각 사람의 필요를 따라 나눠줍니다(45). 이것은 사유 재산의 포기를 말하지 않습니다. 부자가 자기가 번 돈을 자기 돈으로 생각하지 않고 교회에 헌금하여 함께 나눔을 뜻합니다. 예루살렘 교회에는 갈릴리 등에서 온 가난한 사람이 있었습니다. 물질의 여유가 있는 사람이 가난한 사람과 함께 나누었습니다. 예루살렘 교회 삶의 중심은 하나님이고, 동역자입니다. 믿음이 이론으로 머물지 않고 삶의 현장에서 역동성을 가질 때 서로 나눌 수 있습니다.

셋째로, 그들은 성전에 모이기를 힘씁니다. 46절을 읽읍시다. "날마다 마음을 같이하여 성전에 모이기를 힘쓰고 집에서 떡을 떼며 기쁨과 순전한 마음으로 음식을 먹고." 그들은 날마다 마음을 같이하여 성전에 모이기를 힘쓰면서 집에서 빵을 떼며 기쁨과 순전한 마음으로 음식을 먹었습니다. 그들은 전체로는 성전에 모이고, 일부는 집에서 모였습니다. 그때마다 그들은 서로 사랑하며 음식을 먹는 '애찬(love feast)'을 하면서, 예수님의 십자가를 기리는 '성찬(communion)'을 했습니다.

이 말씀은 그들의 삶의 우선순위가 어디에 있는가를 말합니다. 그들은 할 일이 없어서 이렇게 모이고 밥을 함께 먹지 않았습니다. 그들은 많은 일이 있지만, 모이는 데 마음을 쓰고 힘을 썼습니다. 사실 바빠서 교회에 모이지 못하는 것이 아닙니다. 아무리 바빠도 마음이 있으면 먼저 모일 수 있고, 동역자와 함께 먹을 수 있습니다. 교회에서 동역은 모이는 일에 힘씀으로부터 시작합니다. 함께 모여서 함께 음식을 먹는 일에 힘쓰는 데 나타납니다.

그때 하나님은 무엇을 하십니까? 47절을 읽읍시다. "하나님을 찬미하며 또 온 백성에게 칭송을 받으니 주께서 구원받는 사람을 날마다 더하게 하시니라." 그들은 하나님을 찬양하며 교회 밖의 사람들에게 호의를 받습니다. 사람의 칭찬은 하나님의 칭찬을 대변하기도 합니다. 그때 하나님은 구원받는 사람을 날마다 더하십니다. 교인의 수를 늘려 주십니다.

04, 2:14-47 주님께서 더하게 하신다

'주님께서 더하게 하신다.'라는 말씀을 통해 무엇을 배웁니까? 교회의 성장은 주님께서 하십니다. 물론 그 교인을 통해서 하십니다. 교인이 날마다 마음을 같이하여 성전에 모이기를 힘쓰고 집에서 떡을 떼며 기쁨과 순전한 마음으로 음식을 먹으니, 주님께서 수적인 성장을 허락하십니다. 우리가 내적으로 건강한 모습을 실천하면 주님께서 교회를 외적으로 키워주십니다.

우리는 그동안 '팬데믹(Pandemic)' 환경에서 '온라인(on line)' 사역을 해왔습니다. 그래도 다행이었던 점은 '온라인'을 적극적으로 활용했던 겁니다. '대면'과 '비대면'을 함께하는 '하이브리드(hybrid) 사역'도 좋았습니다. 그런데 이제는 '엔데믹(Endemic)'으로 들어섰는데도, 사람들은 '비대면'에 적응했습니다. 사람들은 편하고 쉬운 타성에 젖었습니다. '코로나'는 끝날지라도 예전의 일상으로 돌아가는 일이 쉽지 않습니다. '코로나 바이러스'가 '귀차니즘'이라는 바이러스로 변이를 일으켰기 때문입니다. 그러나 우리는 오늘 말씀을 통해서 모이기를 힘쓰는 일의 중요성을 배웁니다.

우리는 히 10:25을 기억합니다. "모이기를 폐하는 어떤 사람들의 습관과 같이 하지 말고 오직 권하여 그날이 가까움을 볼수록 더욱 그리하자." 당시 어떤 사람은 박해가 두려워서 교회의 모임에 가지 않았습니다. 어떤 사람은 예수님의 재림이 늦어져 실망하여 예배에 오지 않았습니다. 어떤 사람은 먹고사는 일 때문에, 또는 놀고 즐기는 일 때문에 예배에 빠졌습니다. 어쩌면 그들도 '대면 예배'의 '귀차니즘'으로 모이기를 폐하려고 했을 겁니다. 그러나 히브리서는, 어떤 사람들처럼 예배에 빠지지 말고, 서로 격려하여 더욱 힘써서 모여야 함을 강조합니다.

오늘 우리에게 "초대교회로 돌아가자."라는 말은 무엇입니까? 성령님께서 이루셨던 그 놀라운 은총을 덧입음을 뜻합니다. 그런데 그 은총은 초대교회의 삶을 본받음에서 시작합니다. 우리가 회개하고, 모이기를 힘쓰며 빵을 먹는 일에 힘써서 하나님께서 우리의 수를 늘려 주시도록 기도합니다.

05

예수님의 이름으로

본문 사도행전 **3:1-10**
요절 사도행전 **3:6**
찬송 **542**장, **543**장

"베드로가 이르되 은과 금은 내게 없거니와 내게 있는 이것을 네게 주노니 나사렛 예수 그리스도의 이름으로 일어나 걸으라 하고."

새해가 밝았습니다. 많은 사람이 해가 뜨는 모습을 보면서 새해 새 삶을 살려고 합니다. 하지만 해가 바뀌었다고 새해가 아닙니다. 해가 뜨는 모습을 본다고 해서 새 삶을 사는 것도 아닙니다. 마음이 새로워지고, 렌즈가 새로워지고, 삶의 목적이 새로워져야 합니다. 우리는 무엇을 새롭게 해야 합니까?

1절을 보십시오. "제 구 시 기도 시간에 베드로와 요한이 성전에 올라갈새." 당시 사람은 하루에 두 번씩 성전에서 제물을 드렸습니다. 그리고 그때를 포함하여 하루에 세 번씩 기도했습니다. 오전 9시, 정오, 오후 3시입니다. '제 구 시'는 오후 3시입니다. 요한과 베드로는 그 시각에 기도하러 성전으로 올라갔습니다.

그런데 그곳에 누가 있습니까? 나면서 못 걷게 된 사람을 사람들이 메고 와서 미문에 두었습니다(2). '미문'은 '아름다운 문'을 뜻하는데, 이방인의 뜰에서 여인의 뜰로 통하는 '니카놀 문'입니다. 그 문을 은과 금으로 장식했고, 기증하는 사람의 이름을 따라 지었습니다. 이 장애인은 그 아름다운 문 앞에서 구걸하려고 성전에 왔습니다.

성전에 구걸하러 온 장애인을 통해 무엇을 생각할 수 있습니까? 베드로와 요한, 그리고 보통의 사람이 성전에 온 목적과 이 사람이 성전에 온 목적이 다릅니다. 베드로와 요한, 그리고 대부분 사람은 기도하려고 성전으로 왔습니다. 하지만 그 장애인은 사람들에게 도움을 청하려고 성전에 왔습니다. 성전은 그에게 빵 문제를 해결해 주는 은혜의 장소였습니다. 사람의 환경과 조건에 따라 성전에 오는 목적도 다릅니다. 사람은 어려울 때 누군가에게 도움을 청해야 합니다. 그런데 더욱 중요한 것은 누구에게 도움을 청하느냐는 점입니다. 왜냐하면 도움을 청하는 그 대상에 따라서 그 삶이 완전히 달라지기 때문입니다.

그 장애인은 누구에게 도움을 청합니까? 그는 베드로와 요한에게 도움을 청합니다. 그는 빵을 살 수 있는 돈을 원했을 겁니다(3). 베드로와 요한은 그에게 말했습니다(4). "우리를 보시오!" 그는 무엇을 얻으려니 하고, 두 사람을 빤히 쳐다보았습니다(5).

그러나 베드로는 무엇이라고 말했습니까? 6절을 읽읍시다. "베드로가 이르되 은과 금은 내게 없거니와 내게 있는 이것을 네게 주노니 나사렛 예수 그리스도의 이름으로 일어나 걸으라 하고." 베드로는 자기에게 없는 그것과 있는 그것을 말했습니다. 그에게는 은과 금이 없습니다.

왜 그는 '은과 금'을 말했을까요? 당시 은금은 보통 사람은 구경도 못 하는 보물이었습니다. 은금을 구걸하는 사람에게 주는 사람도 없었습니다. 고작해야 동전 정도에 지나지 않았습니다. 그렇다면 베드로는 이렇게 말한 셈입니다. "은과 금이 있다면 당신이 이렇게 구걸하지는 않을 것이다. 그런데 나에게는 당신을 도와줄 큰돈은 없다. 아니, 아무리 큰돈일지라도 당신의 신세를 바꿀 수는 없다." 베드로는 사람이 도움을 청해야 할 대상을 정확히 알고 있습니다. 그는 한 인간의 본질 문제는 돈으로 해결할 수 없음을 압니다. 돈이 인간의 삶에서 필요한 것임에는 틀림이 없습니다. 어떤 경우에는 돈이 사람의 팔자를 바꾸기도 합니다. 하지만 아무리 중요한 그 돈도 사람의 본질을 바꾸지는 못합니다.

베드로에게 있는 그것은 무엇입니까? 나사렛 예수 그리스도의 이름입니다. '이름'은 존재를 상징하고, 능력을 나타냅니다. 로마 황제의 이름에는 놀라운 능력이 있었습니다. 우리의 대통령도 죄인을 사면할 수 있는 놀라운 권위가 있습니다. 그런데 베드로가 그 장애인에게 주려는 그것은 나사렛 예수 그리스도의 이름입니다.

그리고 말합니다. "일어나 걸으라!" 베드로는 그냥 "일어나 걸으라."라고 하지 않았습니다. 자기에게 있는 "나사렛 예수 그리스도의 이름으로 걸으라!"라고 합니다. 그는 예수님의 이름이 그 사람의 본질을 도와줄 줄 믿었습니다. 예수님의 이름이 이 사람을 친히 일어나 걷게 하실 줄 믿었습니다. 그는 그분의 이름을 가졌는데, 그분의 이름을 그에게 줍니다.

우리는 무엇을 배웁니까? 이 사건은 사도행전의 첫 번째 사건입니다. 따라서 이 사건은 앞으로 전개될 내용의 예고편입니다. 그것은 '교회가 사람을 어떻게 도울 수 있는가?' '교회가 세상을 향해 무엇을 해야 하는가?'에 관한 겁니다. 우리에게는 돈이 없습니다. 그리고 돈으로 사람의 본질을 도울 수도 없습니다. 이 사실을 우리는 분명하게 알아야 합니다. 반면 우리에게는 예수 그리스도의 이름이 있습니다. 그리고 그 이름으로 사람의 본질을 도울 수 있습니다. 우리는 이 사실도 분명하게 알아야 합니다. 그래야 사람을 본질로 도울 수 있고, 세상을 향해 일할 수 있습니다.

베드로가 그 장애인에게 준 예수 그리스도의 이름은 오늘 우리와 교회가 세상에 줘야 할 그것입니다. 그 이름을 주는 그 일은 베드로 이후부터 지금까지, 앞으로 세상에 교회가 존재하는 한 계속해야 할 일입니다. 예수 그리스도의 이름은 교회가 가진 가장 위대한 것이며 유일한 것입니다.

그런데 미국의 신학자 스윗(Leonard Sweet)은 오늘의 교회에 대해 안타까운 말을 했습니다. "오늘의 교회에는 예수님이 안 계신다." "교회는 심각한 질병을 앓고 있다. 그 병은 예수님 결핍 장애(JDD:

Jesus Deficit Disorder)이다." "예수님이 없는 기독교는 스스로 죽는 거다(Christianity minus Jesus is suicide)." "예수님의 교회에 예수님이 없다."라는 모순을 지적한 겁니다. 교회가 성경이나 예수님에 관해 가르치지 않고, 사람과 성공 등에만 집중한다는 말입니다. 예수님이 없는 교회는 인심 좋은 '비정부기구(NGO)'와 다르지 않습니다. 교회의 유일성과 정통성은 예수님의 이름으로 사람을 돕는 데 있습니다. 사람을 본질로 돕고 살릴 수 있는 길은 오직 예수님의 이름뿐입니다. 따라서 예수님의 이름이 없는 교회는 생명이 없습니다.

어떤 교회에서 설교자가 설교 끝부분에 어떤 책을 들고 그 책에 나오는 짧은 간증을 읽었습니다. 그 순간 설교 중에서 가장 크게 감동하는 회중의 표정이 역력했습니다. 예배 때 회중이 감동하는 심리는 말씀보다도 시사성 있는 이야기나 종교적 담론에 있음을 보여준 겁니다.

하지만 우리는 질문하지 않을 수 없습니다. "왜 우리는 설교를 듣습니까?" 예수 그리스도를 알고 믿기 위함입니다. "우리의 죄를 해결하는 분은 누구입니까?" 예수 그리스도이십니다. "우리에게 생명을 주고 희망을 주는 분은 누구입니까?" 예수 그리스도, 그분의 이름입니다. 우리가 삶의 현장에서 겪는 아픔을 어떻게 치유할 수 있습니까? 예수 그리스도의 이름으로 치유할 수 있습니다. 세상에 산적한 문제 해결의 답은 무엇입니까? 예수 그리스도의 이름입니다.

그러므로 우리의 교회가 소망해야 할 바는 무엇입니까? 돈, 성공이 아닙니다. 시대가 아무리 변해도 죄인인 인간은 변하지 않습니다. 세상이 아무리 변해도 그 죄인을 구원할 수 있는 능력도 변하지 않습니다. 그 능력은 바로 예수 그리스도의 이름입니다. 교회는 오직 그분의 이름을 소망하고, 그분의 이름을 세상에 줘야 합니다. 이것이 오늘 우리가 새해를 시작하면서 새롭게 해야 할 바로 그것입니다.

새해를 맞았지만, 우리나라는 물론이고 세계는 어둠의 터널을 지나고 있습니다. 기나긴 '코로나의 강'을 건너고는 있지만, 경제의 긴 터널을 여전히 지나고 있습니다. 그래서 많은 사람이 새해의 해를 보면서도 걱정합니다. 그러나 우리는 걱정보다는 희망을 볼 수 있습니다. 왜냐하면 우리에게 돈은 없을지라도 예수 그리스도의 이름이 있기 때문입니다. 우리는 그분의 이름을 부를 수 있고, 그분의 이름으로 기도할 수 있고, 그분의 이름으로 도전할 수 있습니다. 그분의 이름은 죽은 이름이 아니라 살아 있는 이름입니다. 죽은 자를 살리는 이름입니다.

베드로는 계속해서 무엇을 합니까? 7절입니다. "오른손을 잡아 일으키니 발과 발목이 곧 힘을 얻고." 베드로는 그의 오른손을 잡아 일으켰습니다. 왜냐하면 그는 걸어 본 적이 없었기 때문입니다. 베드로는 그가 주저하거나 의심하거나 당황할 틈을 주지 않았습니다. 그가 예수 그리스도의 이름을 의지하고 일어나도록 도왔습니다. 그때 그의 발과 발목이 힘을 얻었습니다.

그는 뛰면서 섰습니다(8). 그는 걷기도 하고 뛰기도 하고 찬양하면서 성전으로 들어갔습니다. 사람의 도움을 받으려고 성전에 왔던 그가 이제는 하나님을 찬양하면서 성전으로 들어갔습니다. 그도 성전으로 들어갈 이유가 분명했습니다. 그는 이제 사람의 도움이 아닌 하나님의 도움을 받고자 합니다. 그에게도 예수 그리스도의 이름이 있기 때문입니다.

그의 변화에 대한 사람들의 반응은 어떠합니까? 모든 백성이 걷는 것과 하나님을 찬송함을 보았습니다(9). 그리고 그가 본래 성전 문에 앉아 구걸하던 사람인 줄 압니다(10). 사람들은 놀라움으로 가득했습니다. 예수 그리스도의 이름이 드러났기 때문입니다.

우리는 새해를 시작하면서, 캠퍼스와 세상을 향해 무엇을 할 수 있습니까? 아니 무엇을 해야 합니까? 우리가 우리에게 있는 예수 그리스도의 이름을 캠퍼스와 세상에 줄 수 있기를 기도합니다.

06
그 이름을 믿으므로

본문 사도행전 **3:11-26**
요절 사도행전 **3:16**
찬송 **545**장, **546**장

"그 이름을 믿으므로 그 이름이 너희가 보고 아는 이 사람을 성하게 하였나니 예수로 말미암아 난 믿음이 너희 모든 사람 앞에서 이같이 완전히 낫게 하였느니라."

며칠 전 미국에서 눈 폭풍으로 꽤 많은 사람이 죽었습니다. 전력 공급이 끊겼기 때문입니다. 아무리 전기가 많아도 그 전기를 쓸 수 있는 선이 끊기면 소용이 없습니다. 전기를 잘 사용하려면 선이 있어야 하고, 그 선이 튼튼해야 합니다. 이런 모습을 믿음의 세계에는 어떻게 적용할 수 있습니까?

사도 베드로는 나면서부터 못 걷는 사람을 나사렛 예수 그리스도의 이름으로 걸어가게 했습니다(2, 6). 그 사람은 베드로와 요한을 붙잡았는데, 사람들은 매우 놀라서 솔로몬 행각으로 달려왔습니다(11). 이방인의 뜰 주위에 돌아가며 지붕과 기둥만 있고 벽이 없는 주랑(柱廊, parvis)이 있었습니다. 솔로몬 성전의 주랑을 보수하여 만들어서 '솔로몬 행각(行閣, colonnade)'으로 불렀습니다. 각종 모임과 토론의 공간이었습니다.

사람들은 왜 달려왔습니까? 12절입니다. "베드로가 이것을 보고 백성에게 말하되 이스라엘 사람들아 이 일을 왜 놀랍게 여기느냐 우리 개인의 권능과 경건으로 이 사람을 걷게 한 것처럼 왜 우리를 주목하느냐.” 이스라엘 사람들은 장애인이 일어나 걸은 일을 놀랍게 여겼습니다. 왜냐하면 그들은 베드로와 요한의 능력과 경건이 그 사람을 일어나 걷게 한 줄로 생각했기 때문입니다. 그래서 그들은 베드로와 요한의 능력과 경건에 관심을 품습니다.

하지만 베드로는 그들의 관심을 누구에게 돌렸습니까? 아브라함과 이삭과 야곱의 하나님 곧 조상의 하나님께로 돌렸습니다(13). 그 하나님은 천지 만물을 창조하시고, 아브라함, 이삭, 그리고 야곱과 함께하시며 인도하신 살아 계신 하나님입니다. 모세를 쓰셔서 이스라엘을 애굽에서 구원하신 하나님입니다.

그 하나님께서 예수님을 어떻게 하셨습니까? 그의 종 예수님을 영화롭게 하셨습니다. 예수님은 죄가 없지만, 우리의 죄를 대신 지고 돌아가셨습니다(사 53:12). 그러나 하나님께서 그 예수님을 죽은 자 가운데서 살리시고, 하나님의 나라로 인도하셨습니다. 그런데 이스라엘 사람들은 예수님을 넘겨주었습니다. 빌라도가 놓아주기로 결의했는데도 그 앞에서 거부했습니다.

그들은 무슨 죄를 지었습니까? 그들은 거룩하고 의로운 분을 거부했습니다(14). 도리어 살인한 사람을 놓아주기를 구했습니다(눅 23:19, 25). 그들은 생명의 주를 죽였습니다(15). ‘생명의 주’는 생명의 근원입니다. 예수님은 어둠과 죽음의 그늘에 앉은 사람을 살리고, 생명을 주는 분입니다(눅 1:79; 8:27-28, 55-56). 그러나 하나님은 죽은 자 가운데서 그분을 살리셨습니다. 사람은 그분을 죽였지만, 하나님은 그분을 살리셨습니다. 베드로와 요한은 그 일에 증인입니다. 그들은 죽은 자 가운데서 살아나신 예수님을 직접 목격했습니다.

그러면 왜 장애인은 성하게 된 겁니까? 16절을 읽읍시다. “그 이름을 믿으므로 그 이름이 너희가 보고 아는 이 사람을 성하게 하였나니 예수로 말미암아 난 믿음이 너희 모든 사람 앞에서 이같이 완전히 낫게 하였느니라.” ‘그 이름’은 생명의 주님, 예수 그리스도의 이름입니다. 생명의 주님, 예수 그리스도의 이름을 믿음으로, 그 이름이 이 장애인을 견고하게 했습니다. 예수님을 통해서 온 바로 그 믿음이 이 사람을 온전히 낫게 했습니다. 그분의 이름은 그분의 이름을 믿는 사람을 완전히 낫게 할 만큼 강력합니다.

그런데 그 이름을 누가 믿었습니까? 사도들이 믿었습니다. 사도들은 자기 능력으로 그 장애인을 낫게 하지 않았습니다. 그 이름을 믿음으로, 예수님으로 난 믿음이 그 사람을 성하게 했습니다.

우리는 무엇을 배웁니까? 첫째로, 증인은 언제나 예수님의 이름을 증언해야 합니다. '표절(piracy)'이라는 말이 있는데, '남의 작품 일부를 몰래 따다 씀'이라는 뜻입니다. 다른 사람의 작품을 훔치는 행위입니다. 예수님의 증인이 예수님의 이름을 믿음으로 병을 낫게 했는데, 자기 능력으로 한 것처럼 한다면, 그것은 예수님의 이름을 표절한 겁니다. 그 사람은 예수님의 증인이 아니라, '표절꾼'입니다. 예수님의 증인은 언제나 예수님의 이름을 알리는 일에 힘써야 합니다.

둘째로, 증인은 예수님의 이름을 믿는 믿음의 세계가 있음을 증언해야 합니다. 우리는 지금 제4차 산업혁명 시대에 살고 있습니다. 그런데 많은 사람은 그 혜택을 누리면서도, 그 사실을 모릅니다. 세상은 거미줄처럼 연결되었습니다. 이른바 '월드와이드웹(World Wide Web, www)'입니다. 세상은 '오프라인(off line)'보다 '온라인(on line)'이 더 크고 중요합니다. '디지털 네이티브(Digital Native) 세대'가 있습니다. 그들은 태어나면서부터 스마트폰, 컴퓨터 등 인터넷 환경과 함께 합니다. 그들은 엄마 아빠 세대와는 다른 세상을 경험합니다.

그런데 우리 앞에는 '온라인 세계'를 뛰어넘는 '믿음의 세계'가 있습니다. 믿음의 세계가 있다는 사실을 아느냐 모르냐에 따라 그 삶의 질이 완전히 다릅니다. '오프라인'만 알고 '온라인'을 모르는 사람의 삶이 다르듯이, '온라인'만 알고 '믿음의 라인'을 모르는 사람 또한 삶의 질이 다를 수밖에 없습니다. 믿음의 세계는 예수님이 오늘 내 삶에서도 일하심을 믿는 겁니다.

셋째로, 증인은 믿음의 세계를 나의 세계로 연결하는 그것이 믿음임을 증언해야 합니다. 그 믿음을 '기간 시설(infrastructure)'로 비유할 수 있습니다. 보통 잘 살지 못하는 나라를 보면 자원이 없어서라기보다는 '인프라'가 부족하기 때문입니다. 아무리 자원이 넘쳐도 그것을 내 것으로 가져올 수 없다면, 그것은 '그림의 떡'에 불과합니다.

예수님은 십자가에서 죽으시고 다시 살아나셨습니다. 예수님은 살아 계시고 전능하신 하나님이십니다. 그분은 지금도 당신의 증인을 통해 놀라운 일을 하십니다. 이것은 그 누구도 부인할 수 없는 역사적 사실입니다. 이 역사적 사실을 오늘 나를 위한 인격적이고 주관적인 사실로 받아들이는 그것이 믿음입니다. 누구든지 예수님의 이름을 주관적이고 인격적으로 믿으면 그 능력을 체험합니다.

우리는 삶의 현장에서 이런저런 문제를 만납니다. 내 힘과 능력으로 어찌할 수 없는 일을 겪습니다. 우리에게는 돈도 없고, 도움을 청할 사람도 없습니다. 그러나 우리에게는 생명의 주님 예수 그리스도가 있습니다. 우리에게는 그분의 이름을 믿는 믿음이 있습니다. 따라서 우리는 무기력으로 절망하지 않습니다. 어둠에 갇혀 있지 않습니다. 예수님의 이름을 믿는 믿음이 나를 살리고, 희망을 주고, 역동적인 삶을 살도록 합니다. 그러므로 삶의 현장에서 중요한 문제는 환경이 아닙니다. 예수 그리스도의 이름을 믿는 믿음입니다.

그런데 이스라엘 사람은 그 예수님을 왜 죽였습니까? 그들은 알지 못해서 그렇게 했습니다(17). 그들이 예수님을 거절하고 십자가에서 죽인 일은 무지해서였습니다. 보통 사람만 그런 것이 아니라, 고위직 사람도 그렇게 했습니다.

그러나 여기에는 무슨 뜻이 있었습니까? 하나님은 모든 선지자의 입을 통해 "그리스도가 고난을 받아야 한다."라고 미리 선포하셨습니다(18). 그런데 그 일을 이렇게 이루셨습니다.

그러므로 그들은 무엇을 해야 합니까? 19절을 읽읍시다. "그러므로 너희가 회개하고 돌이켜 너희 죄 없이 함을 받으라 이같이 하면 새롭게 되는 날이 주 앞으로부터 이를 것이요." '회개'는 마음을 바꾸는 일입니다. 그들은 자기중심적이고, 세상 중심적인 마음을 바꾸고 하나님한테로 돌아가야 합니다.

그러면 어떤 은혜를 받습니까? 첫째로, 죄 없이 함을 받습니다. '없이 함을 받는다.'라는 말은 '씻어버린다.' '지워버린다.'라는 뜻입니다. 옛적에는 파피루스(papyrus)에 글을 썼는데, 그 글씨를 지우려면 물로 씻어야 했습니다. 누구든지 하나님한테로 가면 그 죄를 씻어서 없애십니다.

둘째로, 주님의 얼굴에서부터 새롭게 되는 날이 이릅니다. '새롭게 되는 날'은 '숨통이 트이는 순간들', '상쾌한 날들'입니다. 이 말씀은 한 개인은 물론이고 세상이 상쾌하게 변함을 뜻합니다. 누구든지 죄를 지으면 몸과 마음이 무겁고 답답합니다. 하지만 그 죄를 씻으면 숨통이 트이고 상쾌합니다. 세상도 미세 먼지가 사라지고 상쾌한 세상으로 변합니다.

셋째로, 하나님께서 미리 정하신 예수 그리스도를 보내십니다(20). 예수님은 때가 오면 다시 오십니다. 죄를 씻은 사람은 그분을 만납니다.

그분은 언제까지 어디에 계셔야 합니까? 예수님은 하나님이 거룩한 선지자를 통해 말씀하신 대로 만물을 회복하실 때까지는 하늘에 머물러야 합니다(21).

모세는 무엇을 말했습니까? 22절을 보십시오. "모세가 말하되 주 하나님이 너희를 위하여 너희 형제 가운데서 나 같은 선지자 하나를 세울 것이니 너희가 무엇이든지 그의 모든 말을 들을 것이라." '나 같은 선지자'는 메시아를 말합니다. 모세는 하나님께서 메시아를 세우심을 말했습니다. 또 누구든지 그분의 말씀을 들어야 함도 말했습니다.

왜 말씀을 들어야 합니까? 믿음은 말씀을 들음으로 생기기 때문입니다. 믿음은 생각대로 저절로 생기지 않습니다. 믿음은 들음에서 나며, 들음은 그리스도의 말씀으로 말미암습니다(롬 10:17).

만일 그분의 말씀을 듣지 않으면 어떻게 됩니까? 완전히 멸망을 받습니다(23). 메시아의 말씀을 듣는 일은 선택 사항이 아닙니다. 살고 죽는 일을 결정하는 인생의 절대 사항입니다.

이 사실을 또 누가 말했습니까? 24절입니다. "또한 사무엘 때부터 이어 말한 모든 선지자도 이때를 가리켜 말하였느니라." '사무엘'은 이스라엘의 첫 번째 선지자입니다. 그 첫 번째 선지자로부터 모든 선지자가 이때를 선포했습니다. '이때'는 '새롭게 되는 날'(19), '모든 만물을 회복하실 때'(21)입니다. 예수님이 세상에 다시 오시는 날이며, 예수님의 말씀을 들으면 살고 듣지 않으면 죽는 날입니다.

이 사실이 지금 베드로의 메시지를 듣는 청중에게 주는 의미는 무엇입니까? 25절입니다. "너희는 선지자들의 자손이요 또 하나님이 너희 조상과 더불어 세우신 언약의 자손이라 아브라함에게 이르시기를 땅 위의 모든 족속이 너의 씨로 말미암아 복을 받으리라 하셨으니." 그들은 선지자의 자손입니다. 또 조상과 세우신 언약의 자손입니다. 그들은 하나님과의 관계에서 특별한 존재입니다. 땅 위의 모든 족속이 그들의 씨로 복을 받습니다. '씨'는 '후손'인데, 예수 그리스도를 말합니다. 그들 후손에서 예수님이 오십니다. 모든 인류는 예수님을 통해 복을 받습니다. 그들에게 이런 특권이 있습니다.

그래서 하나님은 그들에게 먼저 무엇을 하셨습니까? 하나님이 그 종 예수님을 죽은 자 가운데서 살리셔서 그들에게 복을 주시려고 먼저 보내셨습니다(26). 그들이 악함을 버리고 돌아서기를 바랐습니다. 그들이 복을 받으려면 악을 버려야 합니다. 그들이 회개하고 예수님의 이름을 믿고 능력 있는 삶, 복 받는 삶을 살도록 하셨습니다.

사도 베드로의 메시지 핵심은 무엇입니까? "그 이름을 믿음으로!" 예수님의 이름은 생명과 능력의 근원입니다. 그 근원을 우리의 삶으로 연결하는 '인프라'는 믿음입니다. 우리가 삶의 현장에서 "그 이름을 믿음으로" 생명과 능력, 그리고 복이 넘치기를 기도합니다.

07
다른 이름은 없다

본문 사도행전 **4:1-22**
요절 사도행전 **4:12**
찬송 **93장, 94장**

“다른 이로써는 구원을 받을 수 없나니 천하 사람 중에 구원을 받을 만한 다른 이름을 우리에게 주신 일이 없음이라 하였더라.”

‘이름’은 그 사람의 존재와 정체성을 나타냅니다. 세상에는 많은 이름이 있습니다. 많은 사람이 있습니다. 그런데 사도 베드로는 힘주어 말했습니다. “다른 이름은 없다.” “다른 사람은 없다.” 이 말씀이 당시 청중과 오늘 우리에게 주는 의미는 무엇입니까?

사도들이 백성에게 메시지를 전할 때 제사장, 성전 맡은 사람, 그리고 사두개인이 왔습니다(1). 그들은 예루살렘 성전을 중심으로 당대 최고의 종교 지도자들이었습니다. 그런데 사두개인은 죽은 사람의 부활을 믿지 않았습니다(눅 20:27). 살아 계신 여호와 하나님을 믿는다는 그들이 부활을 믿지 않음은 모순처럼 보입니다. 그들이 사도들 가까이 왔습니다.

왜 왔습니까? 2절을 봅시다. “예수 안에 죽은 자의 부활이 있다고 백성을 가르치고 전함을 싫어하여.” 사도들은 “예수님이 죽은 자 가운데서 살아나셨고, 그분을 믿는 사람은 죽어도 부활한다.”라고 가르쳤습니다. 그런데 종교 지도자들은 그 메시지를 싫어했습니다. 왜냐하면 그들은 죽은 사람의 부활을 믿지 않았기 때문입니다. 그들은 사도들을 체포했습니다(3). 날이 저물자, 이튿날까지 가두었습니다.

그때 무슨 일이 일어났습니까? 4절을 읽읍시다. "말씀을 들은 사람 중에 믿는 자가 많으니 남자의 수가 약 오천이나 되었더라." 사도들은 갇혔는데, 사도들의 말을 들은 사람들 가운데서 믿는 사람이 많았습니다. 그 숫자는 예수님께서 빵을 먹이셨던 5천 명과 같습니다(눅 9:14).

사도들의 갇힘과 말씀의 사역을 통해 무엇을 배웁니까? 사도들이 체포된다고 해서 그 말씀까지 체포되는 것은 아닙니다. 말씀은 사람들 속에서 일합니다. 사람들이 말씀을 체포할 수도, 가둘 수도 없습니다. 말씀은 자유롭게 증언되고, 사람들 속에서 힘 있게 일합니다. 말씀은 그냥 소리나 그냥 글자가 아닙니다. 살아 있는 하나님의 말씀이고, 생명의 말씀입니다.

종교 지도자들의 반응은 어떠합니까? 이튿날 관리, 장로, 그리고 서기관이 예루살렘에 모였습니다(5). 그들은 대제사장을 의장으로 하는 71명으로 구성된 산헤드린 공회원입니다. 당시 제사장은 가야바였는데, 그의 장인 안나스가 실세였습니다. 그래서 "대제사장 안나스와 가야바"라고 합니다(6). 당대 최고 종교 지도자 모두가 참여할 만큼 사도들의 메시지는 충격이었습니다.

그들은 사도들을 어떻게 심문합니까? 7절을 보십시오. "사도들을 가운데 세우고 묻되 너희가 무슨 권세와 누구의 이름으로 이 일을 행하였느냐." '무슨 권세와 누구의 이름'이란 '무슨 힘'과 '누구의 이름'을 뜻합니다. '이 일'은 장애인을 건강하게 한 일입니다(3:8). 그들은 장애인이 나은 사실 자체를 의심하지 않았습니다. 그 일의 사실 관계가 분명하기 때문입니다. 그들은 영적 권위에 관해 물었습니다. 왜냐하면 그들은 당대 최고의 힘을 가지고 있는데, 자기 권위로 장애인을 건강하게 하지 않았기 때문입니다. 그들이 볼 때 베드로와 요한은 영적 권위가 없었습니다.

베드로는 무엇이라고 대답합니까? 그는 성령님이 충만하여 대답했습니다(8). 그를 증인으로 세우신 성령님께서 그와 함께하시기 때문입니다.

그는 먼저 그들의 질문을 이렇게 정리합니다. “만일 병자에게 행한 착한 일에 대하여 이 사람이 어떻게 구원을 받았느냐고 오늘 우리에게 질문한다면”(9). ‘착한 일’은 장애인을 치료한 일인데, 그 일은 좋은 일입니다. ‘구원’은 장애인이 ‘나음 받음’, ‘일어나 걸음’을 뜻합니다. 그러니까 종교 지도자들의 질문은 이렇습니다. “그 장애인은 어떻게 구원받았느냐?” “누구의 힘으로 나았느냐?”

그 질문에 대한 대답은 무엇입니까? 10절을 읽읍시다. “너희와 모든 이스라엘 백성들은 알라 너희가 십자가에 못 박고 하나님이 죽은 자 가운데서 살리신 나사렛 예수 그리스도의 이름으로 이 사람이 건강하게 되어 너희 앞에 섰느니라.” 오늘 메시지는 베드로가 다른 사람도 아닌 당대 최고 종교 지도자들에게 전한 내용입니다. 베드로는 최고의 권위를 가지고 있는 그들 앞에서 두 가지를 증언합니다.

첫째로, 그 장애인은 나사렛 예수 그리스도의 이름으로 건강하게 되었습니다. 종교 지도자들이 “누구의 힘과 누구의 이름으로”를 묻자, 베드로는 “나사렛 예수 그리스도의 힘과 나사렛 예수 그리스도의 이름으로”라고 대답합니다.

둘째로, 그 나사렛 예수 그리스도는 종교 지도자들과 일반 백성이 십자가에 못 박았는데, 하나님께서 살리신 분입니다. 이 사실을 종교 지도자들은 물론이고 일반 백성도 알아야 합니다. 베드로는 종교 지도자들 앞에서 나사렛 예수 그리스도의 이름을 담대히 증언합니다.

그런데 그들이 십자가에 못 박았던 예수님을 하나님이 살리신 데는 무슨 뜻이 있습니까? 11절입니다. “이 예수는 너희 건축자들의 버린 돌로서 집 모퉁이의 머릿돌이 되었느니라.” 이 말씀은 시 118:22-23의 인용입니다. 어떤 건축자는 한 돌을 쓸모없다고 생각하여 버렸는데, 다른 건축자는 그 돌을 머릿돌로 삼았습니다. ‘머릿돌’은 ‘가장 중요한 돌’인데, 집을 짓고 나서 마지막 꼭대기에 넣는 돌입니다. 종교 지도자들은 예수님을 쓸모가 없다며 십자가에 못 박았습니다. 하지만 하나님은 예수님을 머릿돌로 삼으셨습니다. 예수님은 버린 돌에서 머릿돌이 되셨습니다.

07, 4:1-22 다른 이름은 없다

'머릿돌이 되셨다.'라는 말은 무슨 뜻입니까? '집'은 성전을 상징합니다. 예수님은 성전에서 가장 중요한 머릿돌이 되셨습니다. 그런데 성전은 건물을 말하지 않습니다. 건물 성전 시대는 끝났습니다. 하나님은 버린 돌 예수님을 머릿돌로 삼아서 새 성전을 지으십니다. 이제부터 예수님을 머릿돌로 하는 새 성전 시대가 열렸습니다. 우리는 그것을 '인격 성전'이라고 부릅니다.

그러므로 누구를 통해서만 구원받을 수 있습니까? 12절을 읽읍시다. "다른 이로써는 구원을 받을 수 없나니 천하 사람 중에 구원을 받을 만한 다른 이름을 우리에게 주신 일이 없음이라 하였더라." '다른 이로써'는 '예수님이 아닌 다른 사람'을 뜻합니다. 예수님 외에 그 누구에게도 구원은 없습니다. 왜냐하면 하늘 아래 사람 중에 구원을 받을 만한 다른 이름을 주신 일이 없기 때문입니다. 하나님은 예수님 외에 그 누구도 구원자로 세우지 않으셨습니다.

이 말씀이 당시 종교 지도자들에게 주는 뜻은 무엇입니까? 그들은 장애인이 건강 하려면 종교적 행위를 통해서만 가능하다고 여겼습니다. 그 종교적 행위는 건물 성전에서 짐승을 잡아서 드리는 겁니다. 그리고 그 일할 때 주체는 자신들인 종교 지도자들이었습니다. 모든 제사는 그들의 손을 거쳐야만 했습니다. 결국 그들의 이름으로 건강해지고, 그들의 이름으로 죄 용서도 받습니다.

그런데 베드로는 그들을 향해 선언했습니다. "다른 이로써는 구원을 받을 수 없나니 천하 사람 중에 구원을 받을 만한 다른 이름을 우리에게 주신 일이 없음이라." 이 말씀은 그들의 영적 권위에 대한 도전입니다. 성전 제도에 대한 도전입니다. 이제는 건물 성전에서 하는 종교적 행위를 통해 구원받지 못합니다. 장애인이 건강한 삶을 살지 못합니다. 오직 예수님의 이름으로만 구원을 받습니다. 이 장애인이 예수님의 이름을 믿음으로 건강해진 것처럼 앞으로는 누구든지 예수님의 이름을 믿음으로만 건강해질 수 있습니다. 예수님의 이름으로만 인생의 본질을 바꿀 수 있습니다.

그런데 실은 종교 지도자들도 하나님께서 약속하신 메시아가 오실 줄 믿었고, 그분을 기다렸습니다. 그분을 통해서 새로운 시대가 열릴 줄도 믿었습니다. 다만 그들의 문제는 그 메시아가 나사렛 예수 그리스도라는 사실을 믿지 않은 겁니다. 그들은 자기들이 십자가에 못박아 죽였고, 하나님께서 살리신 그분이 그 메시아이심을 믿지 않은 겁니다. 그런 그들을 향해 사도는 바로 그분이 그분임을 증언합니다. 그리고 그분은 이미 장애인을 건강하게 함으로써 우리 안에서 구원 사역을 이루고 계심을 증언합니다.

이 증언이 오늘 우리에게 주는 의미는 무엇입니까? 우리는 종교 다원주의 시대에 살고 있습니다. 초 과학혁명 시대에 살고 있습니다. 예전의 혁명은 인간의 육체를 대신하는 기술 혁명이었습니다. 하지만 지금의 혁명은 지능을 대신한 겁니다. 제4차 산업혁명은 기술 숭배를 사람들에게 불어 넣고 있습니다. '기술 숭배'는 과학을 통해 '트랜스휴머니즘(Transhumanism)'을 이루려고 합니다. 그것은 과학기술을 이용해 사람의 정신적, 육체적 성질과 능력을 개선하려는 지적, 문화적 운동입니다. 이런 시대에서는 종교는 있지만, 신이 통치하는 세상은 없어지고 인간의 편리함과 유익을 추구하는 신흥종교가 탄생합니다. 그것을 어떤 분은 '데이터 교(Datanism)'라고 부릅니다.

그런데 이런 시대 사람은 실제 대인 관계에서는 철저한 소외를 경험하며 우울감 등 각종 정신적 질환에 시달립니다. 과학기술은 인간의 윤리와 영혼 문제에 가치 중립적이기 때문입니다. 인공지능 기술이 사람의 마음을 채우지 못하기 때문입니다. 따라서 이런 모습이 나타나면 날수록 상대적으로 인간은 종교성을 나타냅니다. 제4차 산업혁명 시대에서 사람들은 더 절실히 인생의 목적과 추구해야 할 가치를 종교로부터 찾으려는 노력을 기울일 수밖에 없습니다. 인간의 종교적 욕구 자체는 절대로 사라지지 않습니다.

그러면 누가 이 시대 사람을 건강하게 할 수 있습니까? 인간 본질 문제인 죄와 죽음에서 누가 구원할 수 있습니까? 다른 이름은 없습니다. 하나님께서 다른 이름을 주신 일이 없기 때문입니다. 오직 나사렛 예수 그리스도의 이름으로만 건강할 수 있고, 구원받을 수 있습니다.

그런데 다원주의 시대에서 오직 예수 그리스도의 이름만을 주장하면 편협한 사람, 배타적인 사람 취급을 받습니다. '절대성'은 '배타성'과 같기 때문입니다. 반면 '상대성'은 '포용성'과 같기 때문입니다. 우리가 예수님을 믿는 사람으로서 삶의 모습은 포용적이어야 합니다. 하지만 구원의 길에서는 배타적이어야 합니다. 왜냐하면 성경이 그렇게 가르치기 때문입니다. 어떤 시대이든지 인간 존재는 다르지 않습니다. 따라서 구원의 길 또한 다르지 않습니다. 다른 이름은 없습니다. 오직 그분, 예수 그리스도의 이름만 있습니다.

종교 지도자들의 반응은 어떠합니까? 그들은 베드로와 요한이 제대로 배우지도 못한 사람인 줄 알았습니다(13). 그런데 담대하게 말하는 것을 보고 놀라지 않을 수 없었습니다. 그들은 또 이 사람들이 전에 예수님과 함께 있던 사람들임도 알았습니다. 그들은 고침을 받은 사람이 그들과 함께 있으니 더는 할 말이 없었습니다(14). 그들은 분명한 사실을 보기 때문입니다.

그래서 그들은 베드로와 요한을 회의장 밖으로 내보내고 서로 의논했습니다(15). "이 사람들을 어떻게 할까? 이들이 주목할 만한 기적을 행한 사실을 예루살렘의 모든 사람이 다 알고 있고, 우리도 부정할 수가 없소"(16). 그들과 백성은 장애인이 건강해진 자체를 부인할 수 없었습니다. 그들은 베드로와 요한을 불러서 경고했습니다(17-18). "예수님의 이름으로 더는 아무에게도 말하지 말라."

사도들은 어떻게 반응했습니까? 19절을 읽읍시다. "베드로와 요한이 대답하여 이르되 하나님 앞에서 너희의 말을 듣는 것이 하나님의 말씀을 듣는 것보다 옳은가 판단하라." 베드로와 요한은 그들의 경고에 정면으로 도전했습니다. 그들은 종교 지도자들의 말보다 하나님의 말씀을 듣고자 했습니다. 그것이 더 옳다고 믿었기 때문입니다.

그들은 더 분명하게 말합니다. "우리는 보고 들은 것을 말하지 아니할 수 없다"(20). 그들은 그 일의 증인입니다. 증인은 보고 들은 바를 말해야 합니다. 목숨의 위험이 있을지라도 그 사명을 다해야 합니다.

관리들은 무엇을 합니까? 그들은 사도들을 풀어줄 수밖에 없었습니다(21). 사람들이 그 일이 하나님한테서 온 줄 믿었기 때문입니다.

07, 4:1-22 다른 이름은 없다

하나님한테서 온 그 표적으로 병 나은 사람은 마흔 살이 넘었습니다(22). 마흔 살이 넘은 사람에게 이런 놀라운 능력이 나타난 사실이 놀랍습니다. 예수님의 이름 권세가 놀랍습니다.

그러므로 세상에 있는 많은 이름 중에서 우리의 본질을 바꿀 그 이름은 무엇입니까? 우리를 죄와 죽음에서 구원할 그분은 누구입니까? 다른 이름은 없습니다. 우리가 언제 어디서나 나사렛 예수 그리스도의 이름을 믿음으로 생명을 누리고, 그분의 이름을 담대히 증언하기를 기도합니다.

08
한마음과 한뜻

본문 사도행전 **4:23-5:11**
요절 사도행전 **4:32**
찬송 **218장, 220장**

"믿는 무리가 한마음과 한뜻이 되어 모든 물건을 서로 통용하고 자기 재물을 조금이라도 자기 것이라 하는 이가 하나도 없더라."

'한마음과 한뜻'이라는 말은 예루살렘 교회의 대표적 모습 중 하나였습니다. 여기에는 무슨 뜻이 있으며, 우리는 무엇을 배웁니까?

베드로와 요한은 종교 지도자들의 손에서 풀려나자, 그 동역자들에게 갔습니다(4:23). 그리고 종교 지도자들이 했던 그 말을 다 알렸습니다. 그 말은 "절대로 예수님의 이름으로 말하지도 말고 가르치지도 말라."라는 겁니다(4:18).

그 말을 들은 동역자들은 무엇을 했습니까? 24절을 보십시오. "그들이 듣고 한마음으로 하나님께 소리를 높여 이르되 대주재여 천지와 바다와 그 가운데 만물을 지은이시오." 그들은 사도들한테 그 말을 듣자마자 한마음으로 기도했습니다. '대주재'라는 말은 '주인'이라는 뜻입니다. 그들이 믿는 하나님은 하늘과 땅과 바다와 그 안에 있는 모든 것을 지으신 주인님이십니다.

당시 많은 사람은 다른 신이나 로마 황제가 세상을 지었다고 여겼습니다. 하지만 예루살렘 교회 동역자들이 믿고 기도하는 분은 로마 황제와는 비교할 수 없는 위대한 분입니다. 로마 황제는 물론이고, 다른 신들도 지음을 받은 피조물에 불과합니다. 지금 동역자들이 믿고 기도하는 그분만이 온 세상을 지은 참 하나님이십니다.

그분께서 다윗의 입을 빌어서 성령님으로 무엇을 말씀하셨습니까? 25절입니다. “또 주의 종 우리 조상 다윗의 입을 통하여 성령으로 말씀하시기를 어찌하여 열방이 분노하며 족속들이 허사를 경영하였는고” 다윗은 시편 2:1에서 하나님께 이렇게 물었습니다. “왜 민족이 그토록 소란을 피우고, 통치자가 음모를 꾸밉니까?” 그런데 다윗이 품었던 그 질문이 오늘 현실로 나타났습니다.

어떻게 나타났습니까? 세상 왕들이 나섰고, 지도자들이 함께 모여 주님과 그분의 그리스도를 대적했습니다(26). 헤롯과 빌라도는 이방 사람과 이스라엘과 한패가 되어 주님께서 기름 부으신 거룩한 종 예수님을 대적하려고 모여들었습니다(27).

여기에는 무슨 뜻이 있었습니까? 28절을 보십시오. “하나님의 권능과 뜻대로 이루려고 예정하신 그것을 행하려고 이 성에 모였나이다.” 대적자들의 박해는 하나님께서 미리 정하신 일이었습니다. 사도들과 동역자들이 종교 지도자들한테 박해받는 일은 이상한 일이 아닙니다. 하나님께서 이미 말씀하셨던 그 일을 이루는 일입니다.

지금도 정도의 차이는 있지만, 세상을 쥐락펴락한다는 실세들이 교회를 박해합니다. 시대 현상을 반영한다는 명분으로 반성경적 법을 만들기도 합니다. 상대주의나 종교 다원주의 등으로 교회를 공격합니다. 하지만 그들이 아무리 소란을 피우고, 음모를 꾸밀지라도 세상의 주인은 하나님이십니다. 그 하나님께서 그런 실세를 당신의 구속 사역에 쓰십니다.

그러므로 교회 동역자들은 무엇을 기도했습니까? 29절을 읽읍시다. “주여 이제도 그들의 위협함을 굽어보시옵고 또 종들로 하여금 담대히 하나님의 말씀을 전하게 하여 주시오며.” ‘그들의 위협함’은 종교 지도자들과 헤롯, 그리고 빌라도가 합세했던 공격입니다. ‘굽어본다.’라는 말은 ‘주목한다.’라는 뜻입니다. 동역자들은 천지 만물의 주인이신 하나님께서 지도자들의 위협을 주목하시도록 기도합니다.

그렇게 기도한 목적은 무엇입니까? 첫째로, "종들로 하여금 담대히 하나님의 말씀을 전하게 하여 주시오며." '종들로 하여금'은 예루살렘 교회를 말합니다. 그들은 하나님께 "대적자들을 죽여주세요."라고 기도하지 않았습니다. 그들은 오히려 대적자들 앞에서 적극적으로 말씀을 전파할 수 있도록 기도했습니다.

특별히 이 기도의 주체는 사도들이 아닌 동역자들입니다. 동역자들은 사도들이 적극적으로 말씀을 전파할 수 없는 현실을 알고 자기들이 적극적으로 말씀을 전파할 수 있도록 기도했습니다. 이 기도는 예루살렘 교회에 새로운 방향 전환이었습니다.

지금까지는 사도들이 주도적으로 말씀을 전했습니다. 하지만 이제는 교회 전체가 이 사역을 하고자 합니다. 말씀을 전하는 일은 사도들만의 전유물은 아닙니다. 모든 교인과 함께 섬겨야 할 사역입니다. 말씀을 전하는 일은 예수님을 믿는 사람이라면 누구나 다 해야 할 보편적 일입니다. 사도의 사역이 한 날개라면 교인의 사역 또한 한 날개입니다. 사도와 교인의 동역을 교회의 '두 날개'라고 할 수 있습니다. 말씀 사역은 이런 '두 날개'를 통하여 확장합니다.

둘째 기도 제목은 무엇입니까? 30절입니다. "손을 내밀어 병을 낫게 하시옵고 표적과 기사가 거룩한 종 예수의 이름으로 이루어지게 하옵소서 하더라." 그들은 치유 사역도 일어나도록 기도했습니다. 그런데 그들은 그 일이 예수님의 이름으로 일어나도록 기도했습니다.

여기서 중요한 점은 "예수님의 이름으로 이루어지게 하옵소서."라는 데 있습니다. 병을 낫게 하고, 놀라운 일과 기적이 일어나는 일은 참 좋은 일입니다. 그런데 그때 누구의 이름으로 그런 일을 하는가가 더 중요합니다. 그런 일이 귀신의 이름으로 일어날 수도 있습니다. 또 어떤 사람은 그 일을 통해 자기 이름을 드러낼 수 있습니다. 하지만 예수님의 증인은 무슨 일을 하든지 오직 예수님의 이름으로 해야 하고, 오직 예수님의 이름을 드러내야 합니다. 그래야 그 건강한 열매를 맺습니다.

그들이 기도했을 때, 하나님은 어떻게 응답하셨습니까? 31절입니다. "빌기를 다하매 모인 곳이 진동하더니 무리가 다 성령이 충만하여 담대히 하나님의 말씀을 전하니라." 하나님께서 시내 산에 강림하셨을 때 땅이 흔들렸습니다(출 19:18). 오늘도 하나님께서 그들에게 오시니 모인 곳이 흔들렸습니다. 성령님께서 그들 안에 임하셨습니다. 그들은 하나님의 말씀을 담대하게 전합니다. 성령님의 강력한 오심과 담대한 말씀 선포는 이미 사도 베드로 속에 나타난 바 있었습니다(4:8, 13). 모든 성도도 사도들을 본받아 세상을 두려워하지 않습니다. 세상을 향하여 말씀을 전파합니다.

그때 그들은 서로에 대해서 어떻게 삽니까? 32절을 읽읍시다. "믿는 무리가 한마음과 한뜻이 되어 모든 물건을 서로 통용하고 자기 재물을 조금이라도 자기 것이라 하는 이가 하나도 없더라." '믿는 무리'는 예루살렘 교회입니다. 교회는 한마음과 한뜻이 되었습니다. 그들은 아무도 자기 소유를 자기 것이라고 하지 않고, 모든 것을 공동으로 사용했습니다. 교회는 마치 한 사람처럼 생각하며 행동했고, 마치 가족처럼 삽니다.

예루살렘 교회가 '한마음 한뜻이 되었다.'라는 사실이 왜 중요합니까? 첫째로, 다양한 구성원이 가족처럼 되었기 때문입니다. 예루살렘 교회의 주류는 예루살렘 출신 유대인과 지방에서 올라온 유대인입니다. 그들을 '히브리파 사람'이라고 불렀습니다. 여기에 여러 나라에 흩어져 살다가 돌아온 '헬라파 유대인'이 섞였습니다(6:1). 같은 히브리파 사람끼리도 지역 갈등, 소득 갈등, 신분 갈등이 있을 수 있습니다. 또 '헬라파'와 '히브리파' 사이에는 언어와 문화적 차이도 있었습니다. 이런 차이는 상대적 비교 의식을 낳을 수 있습니다. 우월감과 열등감을 줄 수 있습니다. 이런 분위기에서 구성원은 물과 기름처럼 합치는 일이 쉽지 않았습니다.

무엇이 그들을 한 가족으로 만든 겁니까? 예수 그리스도를 믿는 믿음이 그들을 하나로 묶었습니다. 예수 그리스도의 증인으로 사는 그 삶이 그들을 가족 공동체로 만들었습니다. 예수 그리스도는 '다름'을 없앱니다. '장벽'을 허뭅니다. 상대적 우월감과 열등감을 치유하는 능력이 있습니다. 예수님 앞에 서면 사람은 본질에서 다 같습니다. 죄를 용서받은 사람이고, 은혜로 사는 사람이고, 그 은혜를 증언하는 사람일 뿐입니다. 따라서 예수님 안에서는 누구든지 한 가족 공동체를 이룰 수 있습니다.

둘째로, 한마음 한뜻이 박해를 이기고 말씀을 증언하는 힘이었기 때문입니다. 교회가 한마음 한뜻을 이루니 밖에서 오는 박해를 이길 수 있었습니다. 그리고 적극적으로 세상을 향해 말씀을 증언할 수 있었습니다. 교회가 세상에 도전하는 힘은 성도끼리 한마음 한뜻을 이루는 데 있습니다. 가족처럼 사랑하는 데 있습니다. 세상이 아무리 힘들고 어려울지라도 교회가 한마음 한뜻을 이룬다면, 그 세상을 향해 소금과 빛의 삶을 살 수 있습니다.

사도들은 성도의 하나 됨 속에서 무슨 일을 합니까? 그들은 큰 권능으로 주님 예수님의 부활을 증언합니다(33). 사람들은 모두 큰 은혜를 받았습니다.

큰 은혜가 어떻게 나타났습니까? 그 은혜는 물질생활로 나타났습니다. 교회에서 서로 돕는 일이 일어났습니다. 공동체에서 가난한 사람이 없었습니다(34). 왜냐하면 밭과 집 있는 사람이 그것을 팔아서 그 돈을 가져왔기 때문입니다. 그것은 교회에 헌금했음을 뜻합니다. 그들은 그 돈을 사도들에게 줍니다(35). 그들은 사도에 대한 신뢰와 권위를 인정합니다. 사도들은 각 사람에게 필요에 따라 나눠 주었습니다.

교회에서 그런 삶을 가장 모범적으로 산 사람은 누구였습니까? 36절을 보십시오. "구브로에서 난 레위족 사람이 있으니 이름은 요셉이라 사도들이 일컬어 바나바라 (번역하면 위로의 아들이라) 하니." 그 사람의 본명은 요셉이고, 별명은 바나바였습니다. '바나바'는 '위로의 아들'이라는 뜻입니다. 그의 삶을 보면서 주위에서 그렇게 지었을 겁니다. 그의 삶이 교회 공동체에 위로를 주었기 때문입니다.

그 위로는 어디에서 왔습니까? 그는 있는 재산을 팔아서 가지고 왔습니다(37). 그리고 사도들의 발 앞에 놓았습니다. '사도들의 발 앞에 놓았다.'라는 말은 사도의 영적 권위를 인정하고, 신뢰한다는 뜻입니다. 이런 그의 헌신은 동역자들에게 큰 위로를 주었습니다. 교회가 세상을 향해 도전하는 힘을 만들었습니다. 언제, 어디서든지 한 사람이 중요합니다. 교회 공동체에서 한 사람의 헌신은 교회의 원동력입니다.

그러나 어떤 사람도 있었습니까? 아나니아라 하는 사람이 그의 아내 삽비라와 더불어 소유를 팔았습니다(5:1). 그들도 바나바를 본받고 싶었습니다. 그런데 그들은 그 값에서 얼마를 감추었습니다(2). 여기서 '감춘다.'라는 말은 '가로챈다.' '횡령한다.'라는 뜻입니다. 자기의 것이 아닌 남의 물건을 불법으로 가지는 것을 말합니다. 성경은 그들의 행동을 횡령으로 기록했습니다. 왜냐하면 그들은 재산을 처분한 금액에서 일부만 바쳤기 때문입니다.

아나니아의 문제는 무엇입니까? 5:3을 보십시오. "베드로가 이르되 아나니아야 어찌하여 사탄이 네 마음에 가득하여 네가 성령을 속이고 땅값 얼마를 감추었느냐." 그는 사탄에게 홀려서 돈의 얼마를 횡령했습니다. 그 땅은 팔리기 전에도 그의 것이었고, 팔린 뒤에도 그의 것이었습니다(4). 그런데도 그는 마음대로 하지 못했습니다. 그 일은 사람이 아닌 하나님을 속인 큰일이었습니다.

그는 어떤 벌을 받았습니까? 그는 엎드러져 혼이 떠났습니다(5). 이 일을 들은 사람은 모두 두려워했습니다. 하나님의 살아 계심을 알았기 때문입니다. 젊은 사람들이 시신을 쌌고, 메고 나가서 장사했습니다(6).

그런데 3시간쯤 지난 후에 그의 아내가 일어난 일을 알지 못하고 들어왔습니다(7). 그녀도 남편처럼 거짓말을 했습니다(8). 베드로는 그런 그녀를 "성령님을 시험한다."라고 꾸짖었습니다(9). 그녀도 즉시 베드로의 발 앞에 엎드러졌습니다(10). 삽비라는 죽음을 통해서 사도의 권위에 순종했습니다.

왜 하나님은 아나니아 부부를 그렇게 심하게 대하셨을까요? 하나님은 교회가 한마음 한뜻을 이루기를 바라셨기 때문입니다. 그런데 아나니아와 삽비라의 행동은 하나 됨을 무너뜨리는 독소였습니다. 하나님은 사도를 중심으로 하는 교회의 기초를 든든히 하려고 심한 벌을 내리신 겁니다.

교회는 그 일을 앞에서 어떻게 반응했습니까? 11절입니다. "온 교회와 이 일을 듣는 사람들이 다 크게 두려워하니라." 그들은 다 두려워했습니다. 왜냐하면 그들은 성령님이 살아서 일하심을 깨달았기 때문입니다. 그들은 그 성령님께서 사도를 통해서 일하심을 깨달았기 때문입니다.

우리는 무엇을 배웁니까? 한마음 한뜻을 이루는 중요성입니다. 한마음 한뜻은 교회가 세상을 향해 도전하는 힘입니다. 우리가 한마음 한뜻을 이루어 새 학기는 캠퍼스에서 증인으로 살기를 기도합니다.

09

사람보다 하나님께 순종

본문 사도행전 **5:12-42**
요절 사도행전 **5:29**
찬송 **321**장, **323**장

"베드로와 사도들이 대답하여 이르되 사람보다 하나님께
순종하는 것이 마땅하니라."

사람은 사람 사이에서 살기에 사람의 말을 들을 수밖에 없습니다. 특히 나보다 힘이 있는 사람의 말이라면 듣지 않을 수 없습니다. 그런데 어떤 순간에는 갈림길에 섭니다. 그 갈림길은 세상의 힘 있는 사람의 말과 하나님의 말씀 사이입니다. 그때 우리는 누구의 말을 들어야 합니까?

예루살렘 교회가 한마음 한뜻이 되니, 성령님께서 사도들의 손을 거쳐 많은 기적과 놀라운 일을 백성 안에서 이루십니다(12). 믿는 사람은 모두 한마음으로 솔로몬 행각으로 모입니다. 믿지 않은 사람은 믿는 사람의 모임에 끼어들 생각을 감히 하지 못합니다(13). 그렇지라도 그들은 사도를 높이 평가합니다.

그리고 예수님을 믿는 사람이 더욱 늘어납니다(14). 믿는 사람이 큰 무리를 이룹니다. 심지어 병든 사람을 거리로 메고 와서 침상이나 깔 자리에 눕혀 놓습니다(15). 왜냐하면 베드로가 지나갈 때 그 그림자라도 덮이기를 바랐기 때문입니다. 또 예루살렘 근방 여러 동네에 사는 많은 사람이 병든 사람과 악한 귀신에게 시달리는 사람을 데리고 옵니다(16). 그들은 모두 고침을 받습니다.

그런데 종교 지도자들의 반응은 어떠합니까? 17절을 보면, 그들은 시기심이 가득 찼습니다. 백성은 주님을 믿었는데, 그들은 대적자가 되었습니다. 그들은 사도들을 잡았고, 옥에 가두었습니다(18). 그들은 공권력을 이용하여 사도들을 가두었습니다.

하지만 주님의 사자는 무엇을 했습니까? 종교 지도자인 사두개인은 천사를 인정하지 않았습니다. 그런데 주님의 천사가 감옥 문을 열고, 사도들을 인도하면서, 말했습니다(19).

무슨 말을 했습니까? 20절을 보십시오. "가서 성전에 서서 이 생명의 말씀을 다 백성에게 말하라 하매." 천사는 사도들이 성전으로 가서, 그곳에서 굳게 서서, 말하도록 했습니다. '성전'은 하나님이 말씀하시고 백성이 듣는 곳입니다. 성전은 말씀을 통하여 사람의 생명을 살리는 곳입니다.

그런데 지금 성전은 종교 지도자들의 시기심만 가득합니다. 그들은 사람의 생명을 살리는 생명의 말씀을 전하는 대신 죽은 메시지, 죽이는 메시지만 전합니다. 성령님은 그 성전을 회복하고자 하십니다. 그래서 사도들을 그곳으로 보내고, 생명의 말씀을 전하도록 하십니다. '생명의 말씀'은 '생명을 주는 말씀', '생명을 살리는 말씀'입니다. "예수님 안에 죽은 자의 부활이 있다"(4:2). "다른 이로써는 구원을 받을 수 없나니"(4:12a). 이 말씀이 생명의 말씀입니다. 사도는 그 말씀을 백성에게 전해야 합니다. 성령님은 사도들을 통하여 성전에서부터 생명 사역이 일어나기를 원하십니다.

그들은 어떻게 순종했습니까? 그들은 듣고 새벽에 성전으로 갔습니다(21a). 그리고 가르칩니다. 그들은 성전에서 말씀을 가르치다가 체포되었는데도, 순종하여 다시 가르칩니다. 그런 성전에서 새벽부터 가르친 사도들은 분명 대단합니다. 그런데 새벽부터 말씀을 들으러 온 사람은 더 대단합니다.

한편 대제사장은 새벽부터 무엇을 합니까? 그는 일당과 함께 공의회와 이스라엘의 원로회를 소집했습니다(21b). 사도들을 데려오도록 사람을 감옥으로 보냈습니다. 하지만 부하들은 감옥에서 사도들을 보지 못했습니다(22). 그들은 돌아와서 보고합니다(23). "감옥 문은 단단히 잠겨 있고 간수가 서 있었는데, 문을 열어 보았더니 안에는 아무도 없었습니다." 성전 경비대장과 대제사장들은 이 말을 듣고 당황했습니다(24).

그때 어떤 사람이 와서 이렇게 알렸습니다(25). "종교 지도자들이 옥에 가둔 그 사람들이 성전에서 백성을 가르치고 있습니다." 그러자 경비대장이 경비대원들과 함께 가서 사도들을 데리고 옵니다(26). 하지만 그들은 사도를 강제로 대하지 않는데, 백성이 돌로 칠지 두려웠기 때문입니다. 사도들을 끌어다가 공회 앞에 세웠습니다(27).

대제사장은 사도들에게 무엇을 심문했습니까? 28절을 보십시오. "이르되 우리가 이 이름으로 사람을 가르치지 말라고 엄금하였으되 너희가 너희 가르침을 예루살렘에 가득하게 하니 이 사람의 피를 우리에게로 돌리고자 함이로다." 심문의 내용은 두 가지입니다. 하나는, '이 이름으로', 즉 예수님의 이름으로 가르치지 말라고 강하게 말했는데도(4:17), 온 예루살렘에 퍼뜨렸다는 겁니다. 다음으로는, '이 사람의 피', 즉 예수님의 십자가 죽음에 대한 책임을 종교 지도자들에게 씌운다는 겁니다. 대제사장은 사도들이 자기 말에 순종하지 않았음을 지적합니다.

그러나 사도들의 대답은 무엇이었습니까? 29절을 읽읍시다. "베드로와 사도들이 대답하여 이르되 사람보다 하나님께 순종하는 것이 마땅하니라." 베드로와 사도들은 대제사장 앞에서 소신이 분명했습니다. '사람'은 '대제사장'이며, '대제사장의 엄중한 경고'(4:17)입니다. 대제사장은 베드로에게 예수님의 이름으로 전하지 말도록 엄중하게 경고했습니다. 하지만 하나님은 천사를 통해 사도들에게 말씀하셨습니다. "가서 성전에 서서 이 생명의 말씀을 다 백성에게 말하라"(5:20). 사도들은 대제사장의 경고와 하나님의 말씀 사이에서 갈림길에 섰습니다.

그들은 어떻게 합니까? "사람보다 하나님께 순종하는 것이 마땅하니라." 그들은 대제사장의 경고보다도 하나님의 말씀에 순종합니다.

그들은 세상 권세에 순종하기보다 하나님의 말씀 권세에 순종합니다. 그들은 그만큼 증인으로서 정체성이 분명합니다. 그들은 사람의 증인이 아닌 하나님의 증인입니다. 하나님의 증인인 그들이 사람의 말보다 하나님의 말씀에 순종함은 마땅한 일입니다.

오늘 우리는 어떠합니까? 몇몇 나라에서는 아직도 세상 권력자가 "예수님의 이름을 전하지 말라."라고 경고합니다. 하지만 대부분의 나라에서는 이런 식으로 경고하지 않습니다. 그런데도 교회 현장에서는 간접적인 압력을 느낍니다. 그 대표적인 것 중 하나가 여론입니다. 요즘은 걸핏하면 여론조사를 합니다. 국가 정책 등을 결정하는 데 여론조사를 기초 자료로 사용합니다. 사람이 바라는 대로 하려는 의도는 괜찮습니다. 문제는 그 사람의 마음이 언제나 바를 수 없다는 데 있습니다. 사람은 본질에서 자기중심적입니다. 절대적 기준인 하나님의 말씀보다도 세상 풍조나 자기가 원하는 대로 하기를 더 좋아합니다. 특히 '이념편향'과 '가치편향'이 심한 사람이 참 많습니다. 이런 분위기에서 여론에 따라 중요한 일을 결정하는 일은 지극히 위험할 수 있습니다.

그런데 교회가 세상에서 살기에 이런 여론을 무시할 수 없습니다. 신경을 쓸 수밖에 없습니다. 그럴지라도 우리는 여론보다도, 사람보다도 하나님께 순종함이 마땅함을 놓치지 않아야 합니다. 교회는 언제, 어디서나, 어떤 상황에서나 사람보다 하나님께 순종해야 합니다. 하나님은 살아 계시고, 우리를 통해서 일하시기 때문입니다. 우리가 하나님의 말씀에 순종할 때 교회는 세상을 향해 소금과 빛으로 살 수 있습니다.

사도들이 순종하는 하나님은 어떤 분입니까? 그분은 우리 조상의 하나님이신데, 종교 지도자들이 나무에 달아 죽인 예수님을 살리셨습니다(30). 사도는 종교 지도자들에게 "너희"와 "우리 조상"을 대조합니다. 예수님을 살리신 하나님은 더는 종교 지도자들의 하나님이 아닙니다. 그들 또한 하나님의 백성이 아닙니다. 그들이 예수님을 영접하지 않기 때문입니다. 조상의 하나님은 예수님을 왕과 구주로 삼으셔서 당신 오른편에 높이셨습니다(31). 이스라엘이 회개하고 죄 사함을 받도록 하셨습니다.

사도는 어떤 존재입니까? 32절을 봅시다. “우리는 이 일에 증인이요 하나님이 자기에게 순종하는 사람들에게 주신 성령도 그러하니라 하더라.” 사도들은 그 일에 증인입니다. 그리고 하나님은 당신에게 순종하는 사람에게 성령님을 보내셨습니다. 그런데 그 성령님도 그 일에 증인이십니다. 성령님은 사도들과 함께 그 일을 증언하십니다.

그러나 종교 지도자들의 반응은 어떠합니까? 그들은 사도들의 증언을 듣고는 크게 화를 냅니다(33). 사도들을 없애려고 의논합니다.

그때 누가 등장합니까? 34절입니다. “바리새인 가말리엘은 율법교사로 모든 백성에게 존경을 받는 자라 공회 중에 일어나 명하여 사도들을 잠깐 밖에 나가게 하고.” ‘가말리엘’은 사도 바울의 스승이었습니다. 그는 율법 교사로서 모든 백성에게 존경받았습니다. ‘탈무드’의 기초인 ‘미쉬나(Mishnah)’에서는 그가 죽었을 때 이렇게 극찬했습니다. “율법에 대한 존경이 더는 없었고, 순결함과 절제가 동시에 사라졌다.”

그는 사도들을 잠깐 밖으로 보내고 말했습니다(35). “이 사람들을 어떻게 다룰지 조심하시오.” 그는 역사에서 있었던 두 사람의 예를 들어 설명합니다. 한 사람은 드다입니다(36). 그는 자기를 위대한 인물로 선전하니, 약 400명이 그를 따랐습니다. 하지만 그가 죽임을 당하니, 그를 따르던 사람이 모두 흩어졌습니다. 그 후에 구레뇨 총독 때 인구 조사할 때(2:2), 갈릴리에서 유다가 반란을 일으켰습니다(37). 그는 백성을 꾀어 따르게 했는데, 그가 죽자 따르던 사람이 다 흩어지고 말았습니다. 거짓 지도자는 죽으면 그것으로 끝입니다.

가말리엘이 말하려는 핵심은 무엇입니까? 38절과 39절입니다. “이제 내가 너희에게 말하노니 이 사람들을 상관하지 말고 버려두라 이 사상과 이 소행이 사람으로부터 났으면 무너질 것이요. 만일 하나님께로부터 났으면 너희가 그들을 무너뜨릴 수 없겠고 도리어 하나님을 대적하는 자가 될까 하노라 하니.” 사람의 일은 스스로 무너집니다. 하지만 하나님의 일은 사람이 막을 수 없습니다. 막으려고 하면 하나님의 대적자가 됩니다.

종교 지도자는 어떻게 했습니까? 그들은 가말리엘의 조언을 받아들였습니다(40). 그들은 사도들을 때리고 예수님의 이름으로 말하지 말라고 했습니다. 그리고 놓아주었습니다.

하지만 사도들은 무엇을 했습니까? 41절입니다. “사도들은 그 이름을 위하여 능욕 받는 일에 합당한 자로 여기심을 기뻐하면서 공회 앞을 떠나니라.” 사도들은 예수님의 이름을 위하여 고난받은 일을 가치 있게 여겼습니다. 그들은 기뻐하면서 공회에서 나옵니다.

나와서 무엇을 합니까? 42절을 읽읍시다. “그들이 날마다 성전에 있든지 집에 있든지 예수는 그리스도라고 가르치기와 전도하기를 그치지 아니하니라.” 그들은 날마다, 성전에 있든지 집에 있든지, 가르치고 전도하는 일을 쉬지 않습니다. 그들은 고개를 들기 시작하는 박해 앞에서 가르치고 전도하는 일을 쉬지 않습니다. 왜냐하면 그들은 사람의 말보다 하나님의 말씀에 순종하기 때문입니다.

그들이 시간과 장소에 상관없이 가르치고 전하는 메시지의 핵심은 무엇입니까? “예수님은 그리스도이시다.” 그리스도는 인류를 죄에서 구원하는 분이며, 세상을 평화와 공의로 다스리시는 왕이십니다. 그 그리스도는 하나님이십니다. 종교 지도자들은 그 그리스도를 기다리면서, 그 그리스도에 관해 가르치고 있습니다. 하지만 그들은 예수님을 그 그리스도로 믿지 않습니다.

그런데 사도들은 그 그리스도가 오셨고, 그분이 예수님이라고 증언합니다. 하나님이신 예수님, 그리스도이신 예수님은 여러 종교 속의 ‘한 구원자(a Savior)’가 아닙니다. 예수님은 모든 종교의 구원자를 뛰어넘는 ‘유일한 구원자’, ‘그 구원자(the Savior)’이십니다. 사도 이후 교회는 계속해서 이 메시지를 증언합니다. 날마다, 성전에 있든지 집에 있든지 가르치고 전도하는 일을 쉬지 않습니다.

그러므로 우리는 어떻게 살아야 합니까? 우리는 사람의 틈바구니에서, 사람의 수많은 말속에서 삽니다. 하지만 우리는 사람의 말보다 하나님의 말씀에 순종해야 합니다. 그리하여 “예수님은 그리스도이시다.”라는 메시지를 쉬지 않고 증언하기를 기도합니다.

10
말씀 사역에 힘쓰리라

본문 사도행전 **6:1-15**
요절 사도행전 **6:4**
찬송 **199장, 200장**

"우리는 오로지 기도하는 일과 말씀 사역에 힘쓰리라 하니."

교회가 가장 힘써야 할 일은 무엇입니까? 교회는 세상과는 다른 기준이 필요합니다. 그 다른 기준을 알려면 예루살렘 교회로 가야 합니다. 예루살렘 교회에는 어떤 문제가 있었으며, 그 문제를 어떻게 해결했습니까?

1절을 보십시오. "그 때에 제자가 더 많아졌는데 헬라파 유대인들이 자기의 과부들이 매일의 구제에 빠지므로 히브리파 사람을 원망하니." '그때'는 사도들이 날마다 성전과 이 집 저 집에서 쉬지 않고 가르쳤던 때였습니다(5:42). 그 결과 예루살렘 교회는 그 수가 더 많아졌습니다.

그 구성원에는 두 종류가 있었습니다. 헬라파와 히브리파였습니다. '헬라파 유대인'은 해외로 이민 갔다가 예루살렘으로 돌아와 정착한 신자입니다. 그들은 해외에서 살아서 헬라어는 잘하지만, 유대인 공용어인 아람어에 서툴렀습니다. '히브리파 사람'은 토박이 유대인 신자입니다. 그들은 예루살렘 사람과 열두 사도가 중심이었습니다. 예루살렘 교회는 수적으로는 헬라파가 히브리파보다 많았습니다. 하지만 내용에서는 히브리파가 주류였고, 헬라파는 비주류였습니다.

그런데 그들에게 무슨 문제가 있었습니까? 헬라파가 히브리파에게 불평했습니다. 왜냐하면 헬라파 과부들이 매일의 구제에 빠졌기 때문입니다. '매일의 구제'란 식사 시중을 드는 일, 즉 음식을 제공하는 일입니다. '과부'는 경제 활동을 할 수 없어서 교회가 기본 생활을 책임졌습니다. 그런데 헬라파 과부들이 구호 음식을 받을 때마다 소홀히 여김을 받았습니다. 비교적 여유 있는 토박이 히브리파는 음식을 여유 있게 받았습니다. 반면 가난한 헬라파는 섭섭한 대우를 받았습니다. 그동안 예루살렘 교회는 한마음 한뜻이었는데, 처음으로 내부 갈등이 생겼습니다.

열두 사도는 그 문제를 어떻게 진단했습니까? 2절을 보십시오. "열두 사도가 모든 제자를 불러 이르되 우리가 하나님의 말씀을 제쳐 놓고 접대를 일삼는 것이 마땅하지 아니하니." '제쳐 놓고'는 '뒤에 둔다.' '포기한다.'라는 뜻입니다. 상당히 강한 표현입니다. '접대'는 '빵을 떼는 일', 즉 음식을 제공하는 일입니다. 사도들은 구제 일을 섬기느라 말씀 사역을 포기했습니다. 그런데 그들은 그것이 옳지 않음을 깨달았습니다. 그들은 성도가 갈등하는 원인을 외부에서 찾지 않았습니다. 그들은 자기 안에서 찾았습니다. 그것은 사역의 우선순위 문제였습니다. 그들이 말씀 사역을 포기한 데 그 원인이 있었습니다.

그들은 이렇게 진단 한 후에 어떻게 처방했습니까? 3절을 보십시오. "형제들아 너희 가운데서 성령과 지혜가 충만하여 칭찬받는 사람 일곱을 택하라 우리가 이 일을 그들에게 맡기고." 첫 번째 처방은, 역할 분담입니다. 사도들은 성령님이 함께하고 지혜로운 사람, 또 교인에게 칭찬받는 사람 일곱을 택하도록 했습니다. 그들에게 구제 사역을 맡기고자 합니다. 예루살렘 교회는 최초로 역할을 분담할 동역자를 세웁니다.

여기에서 교회의 직제가 생겼습니다. 장로교에서는 그 직제를 목사, 장로, 그리고 집사로 정했습니다. 이것을 전문용어로는 '항존직(恒存職, 변하지 않는 직제)'이라고 부릅니다. 이 세 종류의 직제는 상하관계가 아니라, 서로 역할을 분담하여 섬기는 상호보완의 관계입니다. 새의 두 날개에 비유할 수 있습니다.

두 번째 처방은 무엇입니까? 4절을 읽읍시다. “우리는 오로지 기도하는 일과 말씀 사역에 힘쓰리라 하니.” 사도는 구제 사역에 힘쓰는 대신에 오직 기도하는 일과 말씀 사역에 힘쓰고자 합니다. 사도는 이렇게 하는 것이 그들의 핵심 사역임을 깨달았습니다. 사도가 말씀 사역을 제쳐 놓고 구제에 힘쓰니 교회 안에서 갈등이 생겼습니다. 겉으로는 구제에 대한 차별이었는데, 안으로는 말씀 사역이 제대로 이루어지지 않아서였습니다. 사도가 말씀 사역에 헌신하면 내부 갈등은 일어나지 않습니다. 교회는 말씀 사역을 통해서 시작했고, 말씀 사역을 통해서 자랍니다.

우리는 무엇을 배웁니까? 역할 분담의 필요성입니다. 동시에 말씀 사역의 중요성입니다. 교회는 구제 사역도 해야 하고, 그 사역을 섬길 사람도 따로 세워야 합니다. 그런데 정말로 놓쳐서는 안 될 일이 말씀 사역입니다. 교회 역사에서 일어났던 많은 문제의 원인은 말씀 사역을 제쳐놓았던 데 있었습니다. 교회가 사역의 우선순위를 잃어버렸던 데 있었습니다.

영국을 이루는 네 구성국 중 하나인 스코틀랜드(Scotland)가 있습니다. 스코틀랜드의 종교개혁가이며, 스코틀랜드 장로교회의 창시자인 존 낙스(John Knox, 1513~1572)가 있습니다. 그의 종교개혁은 성경이 가르치는 교회를 만드는 것이었고, 스코틀랜드를 하나님의 말씀이 다스리는 나라로 만드는 것이었습니다. 스코틀랜드는 장로교의 본산지였습니다. 그랬던 스코틀랜드의 유명 예배당이 술집으로 팔렸습니다. 호주에도 이런 교회가 있습니다. 교회가 말씀 사역을 포기했기 때문입니다. 교회가 말씀 사역을 포기하면 세상에서 그 맛을 잃고 빛을 잃습니다.

그러므로 교회는 어떤 상황에서도 말씀 사역을 핵심 사역으로 삼아야 합니다. 그 말씀 사역은 강단에서 선포하는 주일 메시지를 비롯하여 개인적으로 말씀을 읽고 묵상하는 ‘거룩한 독서(*Lectio Divina*)’를 말합니다. 더 나아가, 개인적으로 말씀을 가르치고, 증언하는 일입니다. 교회가 이런 말씀 사역을 잃어버리면 교인은 물론이고 국가와 사회도 힘을 잃습니다. 하지만 이런 말씀 사역이 살면 교회가 살고, 그 시대가 삽니다. 교회는 세상에서 소금과 빛으로 섭니다. 그 방향을 바로 예루살렘 교회의 사도가 잡았습니다.

이 방향에 대한 사람들의 반응은 어떠했습니까? 모든 교인은 그 말을 듣고 기뻐했습니다(5). 그리고 믿음이 있고 성령님이 함께하시는 사람을 선택했습니다. 그들은 스데반, 빌립, 브로고로, 니가노르, 디몬, 바메나, 유대교에 입교했던 안디옥 사람 니골라였습니다. 그들 모두는 헬라파였습니다. 교회는 헬라파를 뽑아서 구제 사역을 섬기도록 했습니다. 헬라파가 불평했는데, 그중에서 그 사역을 섬기는 사람을 세웠습니다. 갈등을 해결하는 지혜로운 방법이었습니다.

그 일곱은 누구 앞에 섰습니까? 6절을 보십시오. “사도들 앞에 세우니 사도들이 기도하고 그들에게 안수하니라.” 그 일곱을 사도 앞에 세웠습니다. 사도는 그들에게 기도했고, 손을 얹었습니다. 그 일곱은 사도의 권위를 인정했고, 교회의 질서에 순종했습니다. 그러면서 그들은 사도와 역할을 나눠서 섬깁니다.

그 열매가 어떻게 나타납니까? 7절을 읽읍시다. “하나님의 말씀이 점점 왕성하여 예루살렘에 있는 제자의 수가 더 심히 많아지고 허다한 제사장의 무리도 이 도에 복종하니라.” 예루살렘 교회에서 하나님의 말씀이 계속해서 자랍니다.

말씀이 계속 자라니 어떤 열매를 맺습니까? 첫째로, 제자의 수가 많아집니다. 말씀 사역에 힘쓰면 믿는 사람이 나옵니다. 말씀 사역과 교회 성장은 뿌리와 열매와 같습니다. 뿌리가 있으면 그 나무는 열매를 맺습니다. 교회가 말씀이 있으면 제자의 열매를 맺습니다.

둘째로, 제사장이 도에 복종합니다. ‘도’는 예수님을 그리스도로 믿는 믿음입니다. 예루살렘에는 성전이 있으니, 제사장이 있습니다. 그들은 정통파 유대인이었습니다. 말씀이 자라면 그 어떤 사람도 말씀을 받고 믿음에 순종합니다. 왜냐하면 하나님의 말씀은 살았고 힘이 있어서, 어떤 양날 칼보다도 더 날카롭기 때문입니다. 그래서 사람 속을 꿰뚫어 혼과 영을 갈라내고, 관절과 골수를 갈라놓기까지 하며,

마음에 품은 생각과 의도를 밝혀내기 때문입니다(히 4:12).

그러면 일곱으로 세움을 받은 사람 중에 스데반은 무엇을 합니까? 그는 놀라운 일과 굉장한 기적을 사람 속에서 행합니다(8). 스데반은 구제 사역을 섬기도록 세움을 받았는데, 복음 전파에서 큰일을 합니다. 구제 사역의 뿌리에는 말씀 사역이 있기 때문입니다.

그때 어떤 사람이 일어났습니까? 9절을 보십시오. "이른바 자유민들 즉 구레네인, 알렉산드리아인, 길리기아와 아시아에서 온 사람들의 회당에서 어떤 자들이 일어나 스데반과 더불어 논쟁할새." '자유민'은 '자유를 얻은 노예'나 '그 노예의 자손'을 말합니다. 로마로 쫓겨났거나 사로잡혀 갔던 유대인 중에 자유민으로 돌아온 사람입니다. 그들은 '자유민의 회당'을 세웠습니다. 또 구레네인, 알렉산드리아인, 길리가아와 아시아에서 온 사람의 회당이 있었습니다. 그들 중 몇 사람이 일어났습니다. 스데반과 논쟁했습니다.

그러나 그들은 스데반이 지혜와 성령님으로 말함을 능히 당하지 못합니다(10).

그러자 그들은 어떤 방법을 동원했습니까? 그들은 사람들이 거짓말을 하도록 선동했습니다(11). 그 선동은 "스데반이 모세와 하나님을 모독하는 말을 들었다."라는 겁니다. 그리고 그들은 백성과 장로와 율법학자를 선동했고, 스데반을 잡았고, 의회로 데리고 왔습니다(12). 그들은 거짓을 말하도록 거짓 증인을 세웠습니다(13). "스데반은 거룩한 곳과 율법을 거슬러 말하기를 쉬지 않는다." 그들은 거짓말을 더 확신 있게 했습니다(14). "그의 말에 이 나사렛 예수가 이곳을 헐고 또 모세가 우리에게 전하여 준 규례를 고치겠다 함을 우리가 들었노라."

그들이 거짓으로 말하는 내용은 무엇입니까? "모세와 하나님을 모독한다"(11). "거룩한 곳과 율법을 거슬러 말한다"(12). "나사렛 예수가 이곳을 헐고 모세가 전한 규례를 고치겠다"(14). '모세'는 율법을 대표하고, '거룩한 곳'은 성전을 뜻합니다. 그들은 스데반이 율법과 성전을 무시했다는 겁니다.

왜 그들은 이 점을 물고 늘어졌을까요? '율법'과 '성전'은 유대 사회를 떠받치는 기둥입니다. 이 기둥을 헐거나 고치는 일은 하나님을 모독하는 행위입니다. 죄를 용서받는 속죄 사역에 대한 신학적 핵심과도 연결되기 때문입니다.

그런데 역사에서는 헬라파 유대인은 오히려 구약 배경을 싫어했습니다. 율법을 지키며 성전에서 제사하는 일을 좋아하지 않았습니다. 그런 그들이 율법과 성전 제도를 지켜야 하는 것처럼 주장하는 모습은 대단히 역설적입니다. 스데반을 공격하기 위해서 본래 가졌던 이념을 바꾼 행위입니다.

하지만 스데반을 심문하는 사람들의 반응은 어떠합니까? 15절을 보십시오. “공회 중에 앉은 사람들이 다 스데반을 주목하여 보니 그 얼굴이 천사의 얼굴과 같더라.” ‘공회 중에 앉은 사람’은 스데반을 심문하는 사람입니다. 그들이 스데반의 얼굴을 보니 천사처럼 보였습니다. 만일 그가 하나님을 모독했다면, 그의 얼굴은 악마처럼 보였을 겁니다. 하지만 그의 얼굴은 천사의 얼굴입니다. 성령님께서 그와 함께하심을 증언합니다.

오늘 우리 교회가 힘써 할 일은 무엇입니까? 먼저, 역할을 분담해야 합니다. 그리고 말씀 사역에 힘써야 합니다. 우리가 봄 학기에 말씀 사역에 힘써서 하나님의 말씀이 점점 왕성하여 제자의 수가 심히 많아지기를 기도합니다.

11

순교자 스데반

본문 사도행전 7:1-60
요절 사도행전 7:59
찬송 336장, 585장

"그들이 돌로 스데반을 치니 스데반이 부르짖어 이르되 주 예수여 내 영혼을 받으시옵소서 하고."

스데반은 본래 구제 사역을 하도록 뽑혔습니다. 그런데 성경은 그의 구제 사역에 관해서는 말하지 않고, 오히려 그의 설교에 관해 증언합니다. 그는 무엇을 설교했습니까?

사람들은 스데반이 "성전과 율법을 거슬러 말한다."라며 공회로 끌고 왔습니다(6:13). 성전 모독과 율법 모독은 하나님 모독입니다. 더 나아가, 속죄 사역에 대한 모독입니다. 대제사장은 스데반에게 그 사실을 물었습니다(1).

그의 대답은 무엇입니까? 2절을 보십시오. "스데반이 이르되 여러분 부형들이여 들으소서 우리 조상 아브라함이 하란에 있기 전 메소보다미아에 있을 때에 영광의 하나님이 그에게 보여." 아브라함은 하란에 있기 전 메소보다미아에서 살았습니다. 그때 영광의 하나님이 그에게 나타나셨고, 말씀하셨습니다. "네 고향 친척을 떠나 내가 네게 보일 땅으로 가라"(3).

그때 아브라함은 갈대아 사람의 땅을 떠나 하란에서 살았습니다

(4). 그곳에서 그의 아버지가 죽자 하나님께서 보이신 땅으로 왔습니다. 그러나 하나님은 이 땅에서 그에게 발붙일 만한 땅도 주지 않았습니다(5). 하나님은 다만 이 땅을 그와 그 후손에게 주신다고 약속만 하셨습니다. 그런데 그 후손은 다른 땅에서 나그네가 되어 400년 종살이하며 학대받았습니다(6). 하나님은 이스라엘을 종으로 삼았던 그 나라를 심판하셨습니다(7). 이스라엘은 다시 이곳으로 와서 하나님을 섬겼습니다.

하나님은 할례의 언약을 아브라함에게 주셨습니다(8). '할례'는 하나님의 언약 백성이라는 표시입니다. 하나님은 아브라함을 언약 백성으로 삼으셨습니다. 아브라함은 이삭을 낳아 여드레 만에 할례를 하고, 이삭은 야곱을, 야곱은 열두 조상을 낳았습니다.

그런데 그 조상들이 요셉을 시기하여 애굽에 팔았습니다(9). 하지만 하나님은 요셉과 함께하셨습니다. 하나님께서 모든 어려움에서 그를 건져내셨고, 그에게 은혜와 지혜를 주셨습니다(10). 그를 애굽의 총리로 세우셨습니다. 그때 애굽과 가나안 온 땅에 흉년이 들었습니다(11). 요셉을 팔았던 그 가족도 양식이 없었습니다. 야곱은 애굽에 곡식이 있음을 듣고 아들들을 보냈습니다(12). 그들이 두 번째 갔을 때 요셉이 형들에게 자기를 알렸습니다(13). 요셉의 가족 관계가 바로에게 알려졌습니다.

그때 요셉은 그의 아버지 야곱과 모든 친족 일흔다섯 사람을 애굽으로 모셔 왔습니다(14). 그들은 그곳에서 살다가 죽었습니다(15). 그리고 그들의 유해는 나중에 세겜으로 옮겨서 아브라함이 샀던 무덤에 묻혔습니다(16). 야곱은 애굽에서 나그네처럼 살았지만, 죽어서는 약속의 땅에 묻혔습니다.

하나님이 아브라함에게 약속하신 때가 가까이 왔을 때 이스라엘은 어떠했습니까? 17절입니다. "하나님이 아브라함에게 약속하신 때가 가까우매 이스라엘 백성이 애굽에서 번성하여 많아졌더니." 하나님의 약속대로 이스라엘은 애굽에서 민족과 백성으로 번성했습니다. 그런데 요셉을 알지 못하는 새 왕이 애굽 왕위에 올랐습니다(18). 그 왕은 교활한 정책을 써서 이스라엘이 살아남지 못하도록 했습니다

(19). 애굽의 역사가 바뀌니 이스라엘의 위치도 바뀌었습니다.

그때 누가 태어났습니까? 20절을 보십시오. "그 때에 모세가 났는데 하나님 보시기에 아름다운지라 그의 아버지의 집에서 석 달 동안 길리더니." 애굽에서 이스라엘의 사내를 살지 못하도록 할 때 모세가 태어났습니다. 그는 하나님 보시기에 아름다웠고, 그의 아버지 집에서 석 달 동안 자랐습니다. 더는 숨길 수 없어서 버렸는데, 바로의 딸이 주워다 자기 아들로 키웠습니다(21). 모세는 궁중에서 교육받으며 기초를 탄탄하게 다졌습니다(22).

그는 40세에 동족 이스라엘을 구원하려는 마음을 품었습니다(23). 그는 부당하게 취급당하는 한 사람을 보고 보호했습니다(24). 그는 애굽 사람을 쳐서 원수를 갚았습니다. 그는 동족이 모세를 통해 하나님께서 그들을 구원하심을 알 줄로 생각했습니다(25). 그러나 그들은 깨닫지 못했습니다.

이튿날 모세는 이스라엘 사람끼리 싸우는 모습을 보고는 말렸습니다(26). 그런데 싸움을 걸던 사람이 모세를 떠밀며 말했습니다(27). "누가 당신을 우리의 지도자와 재판관으로 세웠느냐?" "당신이 어제는 애굽 사람을 죽이더니 오늘은 나도 죽이려는가"(28)? 그들은 모세를 지도자로 인정하지 않았습니다. 그는 이 말 때문에 도망했습니다(29). 그는 미디안에서 나그네가 되었습니다. 그는 그곳에서 아들 둘을 낳았습니다.

하나님은 그 모세를 어떻게 하셨습니까? 하나님은 버림받은 모세를 40년이 지나서 찾아오셨습니다(30). 시내 산 광야 가시나무 떨기 불꽃 가운데서 그에게 보이셨습니다. 모세는 그 광경을 보고 기이히 여겼습니다(31). 그는 자세히 보려고 가까이 가는데, 주님의 음성이 들렸습니다.

그 음성은 무엇이었습니까? "나는 네 조상의 하나님 즉 아브라함과 이삭과 야곱의 하나님이라"(32). '조상의 하나님'은 역사에서 일하신 하나님이십니다. 그 하나님께서 모세에게 말씀하셨습니다. 모세는 무서워서 감히 쳐다보지 못했습니다. 하나님은 사람에게 버림을 받은 모세를 부르셨습니다. "네 발의 신을 벗으라 네가 서 있는 곳은 거룩한 땅이니라"(33). '신을 벗으라.'라는 말은 지금까지 생활했던 모습과는 달라야 함을 뜻합니다. 하나님께서 그를 부르신 그곳은 거룩하기 때문입니다.

모세는 무슨 일을 해야 합니까? 34절을 봅시다. "내 백성이 애굽에서 괴로움 받음을 내가 확실히 보고 그 탄식하는 소리를 듣고 그들을 구원하려고 내려왔노니 이제 내가 너를 애굽으로 보내리라 하시니라." 하나님은 그들의 괴로움을 확실히 보셨고, 탄식 소리를 들으셨고, 내려오셨습니다. 그리고 모세를 애굽으로 보내십니다.

하나님은 모세를 어떤 사람으로 보내셨습니까? 전에 그들은 "누가 당신을 우리의 지도자와 재판관으로 세웠느냐?"라고 하면서 모세를 배척했습니다. 그런데 하나님은 그 모세를 이스라엘의 지도자와 구원자로 보내셨습니다(35). 하나님은 동족으로부터 버림받은 모세를 지도자와 재판관으로 세우셨습니다. 그는 백성을 인도했고, 애굽과 홍해와 광야에서 40년 간 기사와 표적을 행했습니다(36).

이 모세는 어떤 사람입니까? 37절입니다. "이스라엘 자손에 대하여 하나님이 너희 형제 가운데서 나와 같은 선지자를 세우리라 하던 자가 곧 이 모세라." 첫째로, 모세는 하나님이 세우신 선지자입니다. '선지자'는 하나님의 말씀을 선포하는 사람입니다. 하나님은 이스라엘 중에서 하나님의 말씀을 선포하는 사람을 세우신다고 약속하셨습니다. 그 약속대로 세움을 받은 선지자가 모세입니다.

둘째로, 모세는 말씀을 받아서 주던 사람입니다. 38절을 읽읍시다. "시내 산에서 말하던 그 천사와 우리 조상들과 함께 광야 교회에 있었고 또 살아 있는 말씀을 받아 우리에게 주던 자가 이 사람이라." 이스라엘은 애굽에서 나와서 40년 동안 광야에서 생활했습니다. 그때 그들은 성막을 짓고 하나님께 제사했습니다. 그 성막을 '광야 교회'로 부릅니다. 그 교회는 '광야에 있는 이스라엘 공동체'입니다. 그때 모세는 백성에게 주기 위해 하나님한테서 살아 있는 말씀을 받았습니다.

그러나 조상들은 어떻게 했습니까? 그들은 모세에게 복종하지 않았습니다(39). 그들은 거절했습니다. 그들은 애굽으로 돌아가려고 했습니다. 그들은 모세와 하나님을 거역하고, 송아지 형상을 새로운 신으로 만들었습니다(40). 그들은 그것에 제사하며 기뻐했습니다(41). 하나님은 그들에게서 얼굴을 돌리셨습니다(42). 하나님은 그들을 하늘의 군대를 섬기도록 내버려 두셨습니다. '하늘의 군대'는 '하늘의 천체'입니다. 그들은 광야에서 희생제물을 드린 일이 없었습니다. 그들은 이방 사람처럼 몰록의 장막과 신 레판의 별을 받들었습니다(43). '몰록'은 아이를 희생제물로 요구하는 우상입니다(레 18:21). '레판'은 '기윤'이라고도 부르는데, 토성과 관련이 있는 신의 이름입니다. 하나님은 그들을 바벨론 밖으로 옮길 것이라고 경고했습니다.

그들이 우상을 섬긴 이유는 성전이 없었기 때문이었습니까? 44절을 읽읍시다. "광야에서 우리 조상들에게 증거의 장막이 있었으니 이것은 모세에게 말씀하신 이가 명하사 그가 본 그 양식대로 만들게 하신 것이라." '증거의 장막'이란 언약궤가 있는 성막입니다. 조상은 하나님을 섬기는 장막이 없어서 이방 신의 장막에서 몰록과 레판을 섬긴 것이 아니었습니다. 그들에게 증거의 장막이 있었습니다. 그 장막은 하나님께서 모세에게 지시하신 대로 만든 것이었습니다.

조상들은 그 성막을 물려받아 하나님이 그들 앞에서 쫓아내신 이방인의 땅을 점령할 때 여호수아와 함께 그것을 가지고 들어갔습니다(45). 그 성막은 다윗 때까지 있었습니다. 다윗은 하나님 앞에서 은혜를 받아 야곱의 집을 위하여 하나님의 처소를 지으려고 기도했습니다(46). 그러나 솔로몬이 그 집을 지었습니다(47). 그것은 최초의 건물 성전인데, 그것을 '솔로몬 성전'이라고 부릅니다.

그러나 하나님은 그곳에 계실 수 있는 분입니까? 48절을 봅시다. "그러나 지극히 높으신 이는 손으로 지은 곳에 계시지 아니하시나니 선지자가 말한바." 하나님은 사람이 지은 집에서 살지 않습니다. 하나님은 그 손으로 모든 것을 만드셨습니다. 따라서 하나님을 모실 건물을 사람의 손으로 만들 수 없습니다.

이 사실에 관해서는 주님께서 이미 말씀했습니다. "주께서 이르시되 하늘은 나의 보좌요 땅은 나의 발등상이니 너희가 나를 위하여 무슨 집을 짓겠으며 나의 안식할 처소가 어디냐"(49). 하늘은 하나님의 보좌, 즉 의자이고, 땅은 발등상, 즉 발을 놓는 곳입니다. 그러므로 아무리 엄청나게 큰 성전일지라도 하나님은 그 안에 계실 수 없습니다. 하나님은 인간의 손으로 만든 성전에만 계시지 않습니다. 하나님은 영으로 계신 분이셔서 장소와 시간을 초월하여 계십니다.

이 설교를 통해 강조하려는 바는 무엇입니까? '성전관'입니다. 성전은 하나님이 계시는 집입니다. 속죄 사역을 이루는 곳입니다. 그런데 그 성전은 어떤 특정한 장소에 고정되어 있지 않고 움직입니다. 역사적으로 하나님은 아브라함과 함께 화란에도 계셨고, 가나안에도 계셨습니다. 하나님은 요셉과 함께 애굽에도 계셨고, 모세와 함께 광야에도 계셨습니다. 그리고 다윗과 솔로몬과 함께 예루살렘 성전에도 계셨습니다. 하나님은 세상 어느 곳에나 계십니다. 하나님이 계신 그곳이 하나님의 집, 성전입니다.

그런데 종교 지도자들은 예루살렘 성전에만 하나님이 계시고, 그래서 그곳에서만 예배해야 한다고 주장했습니다. 그들은 전능하신 창조주 하나님을 자기 손으로 만든 건물 안에 가두었습니다. 그들은 예루살렘 성전을 우상화했습니다. 스데반은 그런 그들의 태도를 지적합니다.

사실 이 지적은 이미 예수님께서 하셨던 겁니다. 예수님은 예루살렘 성전에 들어가셔서 말씀하셨습니다. "너희가 이 성전을 헐라 내가 사흘 동안에 일으키리라"(요 2:19). 그들은 그 성전을 46년이나 지었는데, 예수님은 사흘에 일으킨다고 하시니 충격이었습니다. 그러나 예수님이 사흘에 지으시는 성전은 당신의 육체를 가리켜 말씀하신 겁니다(요 2:20-21). 예수님은 우리 죄를 위해 십자가에서 죽으시고 사흘 만에 살아나셨습니다. 그 예수님은 건물 성전을 대체합니다. 실제로 예루살렘 성전은 70년에 무너졌습니다. 예루살렘 건물 성전에서 더는 속죄 사역을 하지 않습니다. 이제는 예수님을 믿음으로 속죄 사역이 일어납니다. 따라서 참 성전은 건물 성전이 아니라 인격 성전인 예수님입니다.

그리고 그 인격 성전을 믿는 사람의 공동체를 '교회'라고 부릅니다. 스데반은 광야에 있었던 성막을 '광야 교회'라고 불렀습니다. 하나님이 계신 집은 그분을 믿는 사람의 공동체입니다. 따라서 공동체가 모이는 장소를 지금은 '교회당'이라고 부릅니다. 하나님은 '교회당'에만 계시지 않습니다. 하나님은 예수님을 믿는 각 사람과 함께하십니다. 그리고 하나님은 온 세상에 계십니다. 하나님은 가정에도 계시고, 캠퍼스에도 계시고, 직장에도 계십니다.

그런데 고정된 건물 성전에 갇히는 사람도 문제이지만, 극단적으로 열린 사람도 문제입니다. 요즘은 '나 홀로 예배'가 늘고 있습니다. 물론 하나님은 시간과 공간을 뛰어넘어 계시기에 교회당에서의 예배만이 절대적일 수는 없습니다. 다만 잊어서는 안 될 한 가지는 예배는 공동체성이 중요하다는 점입니다. 섬김과 사귐이 함께하는 예배야말로 가장 건강한 예배입니다. 그런데 '나 홀로 예배'는 이런 섬김과 사귐, 즉 공동체성이 없습니다.

그러면 '건물 성전'만을 주장하는 종교 지도자들의 죄는 무엇입니까? 51절을 보십시오. "목이 곧고 마음과 귀에 할례를 받지 못한 사람들아 너희도 너희 조상과 같이 항상 성령을 거스르는도다." '할례를 받지 못한 사람'이란 '세상 사람'을 뜻합니다. 그들은 목이 곧고 마음과 귀는 세상 사람과 같아서 조상처럼 성령님을 항상 대항합니다.

그들은 어떻게 성령님을 거슬렀습니까? 조상들이 박해하지 않은 예언자가 한 사람도 없었습니다(52). 조상들은 의인이 올 것을 예언한 사람들을 죽였습니다. 그런데 오늘의 종교 지도자들도 예수님을 죽였습니다. 그리고 예수님을 증언하는 스데반도 죽이려 합니다. 그들은 천사가 전한 율법을 받고도 지키지 않았습니다(53). 율법을 정말로 무시한 사람은 스데반이 아니라 바로 그들이었습니다. 그들은 이 말을 듣고 마음에 찔렸습니다(54). 마음에 찔렸으면 회개해야 하는데, 오히려 이를 갑니다.

그때 스데반은 예수님께서 하나님의 오른쪽에 서 계신 것을 보았습니다(55). 예수님은 세상을 다스리시는 왕이십니다. 그는 말했습니다(56). "보라 하늘이 열리고 인자가 하나님 우편에 서신 것을 보노라." '하늘이 열린다.'라는 말은 산헤드린 공회에서 열린 법정이 하늘에 닿았음을 뜻합니다. 땅의 법정과 하늘 법정이 함께 있습니다. '인자' 예수님은 하나님 우편에서 세상의 통치자로 계십니다. 그 주님께서 스데반을 위해 변호하며 도와주십니다. 종교 지도자들은 스데반에게 사형 선고를 내릴지라도 하늘의 법정은 스데반을 지지합니다. 스데반은 이 주님을 보고 다른 사람도 그분을 보기를 바랍니다.

그러나 그들은 무슨 짓을 했습니까? 그들이 큰 소리를 지르며 메시지를 듣지 않으려고 귀를 막았습니다(57). 그들은 일제히 달려들었습니다. 그들은 스데반을 성 밖으로 내치고 돌로 칩니다(58). 증인들은 옷을 벗어서 사울이라는 청년의 발 앞에 두었습니다. 이것은 그들이 맡은 일을 다 끝냈음을 암시합니다. 그들이 스데반에게 폭력을 행사한 것은 사울의 허락 내지는 지시에 따른 겁니다.

그때 스데반은 무엇을 했습니까? 그들은 스데반을 돌로 치는데, 스데반은 자신의 영혼을 주님께 맡겼습니다(59). 그의 마지막 모습은 예수님의 마지막 모습과 같았습니다(눅 23:46). 그는 무릎을 꿇고 큰 소리로 외쳤습니다(60). "주여 이 죄를 그들에게 돌리지 마옵소서." '이 죄'는 스데반을 죽인 죄입니다. 스데반은 용서의 기도를 했습니다. 주님의 용서 기도가 스데반 자신을 살렸듯이(눅 23:34a), 스데반의 용서 기도가 자기를 죽인 사람을 살리기를 소망합니다. 스데반은 이렇게 숨을 거두었습니다. 그의 죽음을 '순교'라고 부르고, 그를 '순교자(martyr)'라고 부릅니다. 순교자는 예수님을 증언하다가 죽는 사람입니다.

스데반이 목숨을 걸고 증언한 핵심은 무엇이었습니까? 그는 민족이 걸어온 역사의 파노라마를 한 눈으로 보여줍니다. 그 역사를 통해서 하나님의 구속사를 깨닫고, 구원자이신 예수님을 믿으라는 겁니다. 조상들처럼 불순종하지 말고, 새로운 성전관과 속죄 사역을 영접하라는 겁니다. 이런 증인의 자세를 우리도 본받아 봄 학기 사역에 도전하기를 기도합니다.

12

사마리아 전도

본문 사도행전 **8:1-25**
요절 사도행전 **8:12**
찬송 **516**장, **520**장

"빌립이 하나님 나라와 및 예수 그리스도의 이름에 관하여 전도함을 그들이 믿고 남녀가 다 세례를 받으니."

복음의 말씀은 갈릴리 나사렛이라는 작은 동네에서 시작했습니다. 예루살렘에서 뿌리를 내렸습니다. 이제는 유대를 거쳐 사마리아로 퍼져나갑니다. 이로써 복음의 말씀은 지역주의를 벗어나 세계화로 향합니다. 그 세계화의 첫 단추가 사마리아입니다. 사마리아는 어떻게 첫 단추가 되었으며, 여기에는 무슨 뜻이 있습니까?

1절을 보십시오. "사울은 그가 죽임당함을 마땅히 여기더라 그날에 예루살렘에 있는 교회에 큰 박해가 있어 사도 외에는 다 유대와 사마리아 모든 땅으로 흩어지니라." 사울은 스데반이 죽임당함을 기뻐합니다. 그가 스데반의 죽임을 지휘했던 것처럼 보입니다.

그런데 스데반의 순교는 조용히 끝나지 않고, 오히려 예루살렘 교회에 큰 박해로 나타났습니다. 그 박해 앞에서 사도들만 현장에 남았고, 다른 사람은 유대와 사마리아로 흩어졌습니다. 박해 현장에 남은 사람은 믿음이 있고, 흩어진 사람은 믿음이 없어서가 아닙니다. 둘 다 성령님의 뜻 가운데서 이루어진 일입니다.

12, 8:1-25 사마리아 전도

스데반의 죽음 앞에서 경건한 유대인과 사울은 어떤 대조를 보였습니까? 신실한 믿음의 사람은 스데반을 장사하고 크게 울었습니다(2). 그러나 사울은 교회를 파괴하기 시작합니다(3). 그는 가정교회에 들어가 형제자매를 끌어다가 옥에 넘깁니다.

그 위기의 때 흩어진 사람들은 무엇을 합니까? 4절을 봅시다. "그 흩어진 사람들이 두루 다니며 복음의 말씀을 전할새." 그들은 "예수님 안에 죽은 사람의 부활이 있다."(4:2)라는 말씀을 전하면서 두루 다녔습니다. 그들은 박해로 흩어졌지만, 자신의 정체성을 숨기지 않습니다. 그들은 오히려 전도자요 성경 교사로 삽니다. 박해는 말씀을 더 넓은 지역으로 전파하는 역설적인 결과를 가져왔습니다.

그 대표적 인물과 사역은 무엇입니까? 5절을 읽읍시다. "빌립이 사마리아 성에 내려가 그리스도를 백성에게 전파하니." '빌립'은 흩어진 성도 중에서 대표적 인물입니다. 그는 구제 사역을 섬기도록 선택을 받은 일곱 명 중 한 사람입니다(6:5). 그는 헬라파 소속이었으며 '전도자 빌립'으로 불립니다(21:8).

그 빌립이 사마리아로 가서 그리스도를 전파합니다. '사마리아'는 북이스라엘의 수도였습니다. 유대인은 사마리아 사람을 이방 사람으로 여겼습니다. 그들은 서로 상대하지 않았습니다(요 4:3). 유대인은 종교적 문화적 차이로 사마리아 사람에게 전도할 생각을 못 했습니다. 하지만 빌립은 사마리아로 가서 그리스도를 알립니다.

그 결과가 어떻게 나타납니까? 사람들이 빌립의 말도 듣고 행하는 표적도 보고, 한마음으로 그를 따릅니다(6). 사마리아 사람도 유대인 메시아에 대한 유대인 전도자가 전한 메시지에 귀를 기울입니다. 말씀 사역을 통해 더러운 귀신도 나가고, 병도 고쳤습니다(7). 빌립의 사역은 예수님의 사역과 함께 사도들의 사역을 본받고 있습니다. 그 결과 그 성에 큰 기쁨이 있었습니다(8). 예루살렘 교회는 큰 박해가 있었는데(1), 사마리아에는 큰 기쁨이 있었습니다.

'큰 박해'(1)와 '큰 기쁨'을 통해 무엇을 배웁니까? 말씀 사역에는 '큰 박해'도 있고, '큰 기쁨'도 있습니다. 그런데 중요한 점은 큰 박해를 통해 큰 기쁨이 일어난다는 사실입니다. 예루살렘 교회는 말씀 사역으로 큰 박해가 왔는데, 사마리아는 말씀 사역으로 큰 기쁨이 왔습니다. 하나님께서 박해를 쓰셔서 기쁨을 주셨기 때문입니다. 하나님은 박해를 통해서 예루살렘 교회를 흩으셨습니다. 흩어진 그들은 아팠지만, 다른 사람에게 말씀을 전파하여 큰 기쁨을 주었습니다. 아픔을 통한 기쁨, 이것이 말씀 사역의 비밀이며, 성경 교사요 전도자로 사는 사람이 누리는 양면성입니다.

그 성에는 누가 있습니까? 시몬이라는 사람이 있는데, 그는 마술하여 사마리아 백성을 놀라게 하면서 스스로 신적인 존재로 여깁니다(9). '마술'은 오늘날의 마술이 아니라, '신내림'을 받은 무당처럼 행동하는 겁니다. 그는 신비한 일들을 행하여 사람을 놀라게 하며 자칭 큰 사람으로 행동합니다. 낮은 사람부터 높은 사람까지 그를 다 따릅니다(10). 사람들은 그를 신적 존재로 인정하며, '사이비 종교'에 빠졌습니다. 오랫동안 그 마술에 놀랐기 때문입니다(11).

그러나 그들이 어떻게 변화했습니까? 12절을 읽읍시다. "빌립이 하나님 나라와 및 예수 그리스도의 이름에 관하여 전도함을 그들이 믿고 남녀가 다 세례를 받으니." 그들은 빌립이 전한 하나님 나라와 예수 그리스도의 이름을 믿었습니다. 하나님 나라는 십자가에서 우리 죄를 위해 죽으시고 살아나신 예수님을 믿음으로 나타나고 완성됩니다. 사마리아는 빌립이 증언한 그분의 이름을 믿음으로 하나님 나라를 체험했습니다. 그들은 믿음의 표현으로 세례를 받습니다. 그들은 거짓 신 '시몬'에서 돌이켜 참 신 예수님께로 돌아왔습니다.

시몬도 무엇을 했습니까? 그도 믿고 세례를 받은 후에 빌립을 따라다닙니다(13). 왜냐하면 그 나타나는 표적과 큰 능력을 보고 놀라기 때문입니다.

그런데 그때 예루살렘에 있는 사도들은 무엇을 했습니까? 그들은 사마리아도 하나님의 말씀을 받았다 함을 듣고는 베드로와 요한을 보냈습니다(14).

왜 보냈습니까? 15절과 16절을 읽읍시다. "그들이 내려가서 그들을 위하여 성령 받기를 기도하니, 이는 아직 한 사람에게도 성령 내리신 일이 없고 오직 주 예수의 이름으로 세례만 받을 뿐이더라."

두 사도는 사마리아 사람이 성령님을 받을 수 있도록 기도했습니다. 왜냐하면 아직 한 사람에게도 성령님이 오신 일이 없기 때문입니다. 그들은 예수님의 이름으로 세례만 받았을 뿐입니다.

두 사도가 기도하자 무슨 일이 일어납니까? 17절입니다. "이에 두 사도가 그들에게 안수하매 성령을 받는지라." 사도들이 기도하니 성령님이 오십니다. 일반적으로 예수님을 그리스도로 믿고 세례를 받으면 성령님이 함께하십니다(2:38). 본질로는 성령님이 함께하셔야만 예수님을 믿을 수 있고, 세례를 받을 수 있습니다. 그런데 사마리아는 예수님을 믿었는데도 성령님이 오시지 않았습니다. 성령님께서 그들에게 특별한 뜻을 두시고 연기했기 때문입니다.

그 특별한 뜻은 무엇입니까? 첫째로, 사마리아도 이제는 하나님의 언약 백성임을 공표한 겁니다. 유대인과 사마리아인 사이에는 종교적 갈등과 대립이 너무나 컸습니다. 사마리아가 종교 혼합주의에 빠졌기 때문입니다. 유대인은 '사마리아 사람은 예수님을 믿을 수 없고, 구원받을 수 없다.'라고 생각했습니다.

그러나 성령님은 사도들을 통하여 사마리아인도 유대인과 똑같이 예수님을 믿고, 구원받았음을 공식적으로 보여줍니다. 사마리아의 첫 번째 교인은 예루살렘 교회를 대표하는 사도들로부터 안수를 받고 성령님을 받았습니다. 사마리아 교회는 예루살렘 교회와 다르지 않습니다. 사마리아 교회는 '뿌리 없는 교회'가 아닙니다. 사마리아 교회도 역사성이 있고, 정통성이 있습니다. 이로써 복음의 말씀은 유대를 뛰어넘어 땅끝까지 이르기 위한 첫발을 내디뎠습니다. 그 점에서 사마리아 전도는 단순히 새로운 지역을 개척하는 정도가 아닙니다. 복음 사역의 세계화를 위한 첫 단추를 낀 겁니다.

그런데 성령님은 그 일을 위해서 먼저 유대인 빌립의 좁은 마음, 편협한 가치관을 넓히셨습니다. 그리고 유대인 사도들이 사마리아인을 영접하도록 하셨습니다. 복음의 세계화는 단순한 장소의 확장이 아닌, 전도자 한 사람 마음의 확장으로부터 시작합니다.

둘째로, 빌립의 전도와 사도의 전도가 다르지 않음을 공표한 겁니다. 어떤 사람은 "빌립은 전도는 했지만, 사도가 아니어서 성령님이 오시지 않았다."라고 말합니다. 그러면 성령님은 사도에 의해서만 일하는 것처럼 보입니다. 하지만 성령님은 빌립의 전도가 완전함을 보여주시려고 의도적으로 연기한 겁니다. 전도는 사도들만의 전유물이 아니라, 예수님을 믿는 사람이라면 누구나 해야 하는 일입니다. 특별히 복음 사역의 세계화를 위한 첫 단추를 사도가 아닌 빌립을 통해서 시작했음 또한 중요합니다.

이 사역은 오늘도 이어집니다. 하나님은 한국 백성을 이런저런 사연으로 세계 각처로 흩으셨습니다. 그들 중 어떤 사람은 일상의 이민자가 아닌 선교사요 성경 교사로 살았습니다. 현지인을 영접하는 일이 쉽지 않았습니다. 하지만 그들은 좁은 마음, 편협한 가치관을 열고 현지인을 영접했습니다. 그랬을 때 한국 사람을 통한 복음 사역은 열매를 맺기 시작했습니다. 복음의 세계화는 나와 다른 한 사람을 영접하고 말씀을 전하는 일로부터 시작합니다.

우리는 그동안 '코로나19'로 복음 전도에 소극적이었습니다. 이제는 좀 더 적극적으로 활동할 때입니다. 우리의 2세는 물론이고, 대학인은 '다음 세대'의 대표입니다. 그런데 '다음 세대'는 '다른 세대'로 부릅니다. 기성세대와 여러 면에서 다르기 때문입니다. 그 점에서 우리가 '다음 세대'에 전도하는 일은 단순히 한 사람을 전도하는 일이 아닙니다. 그것은 구속 사역의 새로운 장을 여는 일입니다. 예루살렘 교회가 사마리아 사람에게 먼저 마음을 열고 전도했듯이, 우리도 '다른 세대'에 먼저 나를 열고 전도하기를 바랍니다.

그런데 이런 일을 본 시몬은 무엇을 합니까? 그는 사도들의 안수로 성령님이 오심을 보고는 돈을 가져왔습니다(18). 그는 권능을 돈으로 사서 자기도 그런 능력을 하고 싶었기 때문입니다(19). 이것을 빗대어 역사적으로 성직을 사고파는 것을 '사이머니(Simony)'라고 부릅니다.

베드로는 그를 어떻게 책망했습니까? 하나님의 선물을 돈 주고 살 줄로 생각한 사람은 돈으로 망합니다(20). 성령님의 오심은 하나님의 선물입니다. 예수님을 믿음은 하나님의 은혜입니다. 하나님의 선물을 돈으로 사려는 사람은 하나님 보시기에 마음이 바르지 못합니다(21).

그는 성령님의 함께하심에 차지할 자리도 몫도 없습니다. 그러므로 그는 이 악함을 회개하고 기도해야 합니다(22). 그러면 주님께서 용서하십니다. 시몬은 사도를 따르기는 했지만, 실은 악독함이 가득하고 불의에 매였습니다(23).

책망을 받은 시몬의 반응은 무엇입니까? 그는 베드로의 책망이 자기에게 임하지 않기를 바랍니다(24).

두 사도는 무엇을 합니까? 25절을 읽읍시다. "두 사도가 주의 말씀을 증언하여 말한 후 예루살렘으로 돌아갈새 사마리아인의 여러 마을에서 복음을 전하니라." 두 사도는 말씀을 증언한 후에 예루살렘으로 돌아갑니다. 그들은 사마리아 여러 마을에서 복음을 전합니다. 사마리아는 이제 버려진 땅이 아니라, 선택받은 곳입니다. 사마리아 교회는 사도들로부터 인정받는 교회로 자랍니다.

복음은 한 장소에만 머물지 않습니다. 복음은 한 종류의 사람에만 머물지 않습니다. 복음은 장소와 사람을 벗어나 온 세상, 만민을 향해서 나갑니다. 그런데 그 일은 바로 내가 나와 다른 사람을 향해 마음의 문을 여는 일로부터 시작합니다. 한 영혼에 말씀을 증언하는 일로부터 시작합니다. 봄 학기에는 캠퍼스에서 전도자 빌립처럼 하나님 나라와 예수 그리스도의 이름을 전할 수 있기를 기도합니다.

13

에티오피아 사람에게 전도

본문 사도행전 **8:26-40**
요절 사도행전 **8:35**
찬송 **495장, 499장**

"빌립이 입을 열어 이 글에서 시작하여 예수를 가르쳐 복음을 전하니."

복음은 예루살렘과 온 유대, 그리고 사마리아에 이르렀습니다. 오늘은 땅끝을 향해 나아갑니다. 누구를 통해, 어떻게 나아갑니까?

26절을 보십시오. "주의 사자가 빌립에게 말하여 이르되 일어나서 남쪽으로 향하여 예루살렘에서 가사로 내려가는 길까지 가라 하니 그 길은 광야라." 주님의 사자는 빌립에게 북쪽 사마리아에서 남쪽 가사로 가도록 하셨습니다. '가사'는 블레셋 5대 도시 중 하나인데, 애굽으로 내려가는 고대 국제 고속도로의 마지막 휴게소가 있었습니다. '광야'는 메마른 곳이고, 사람이 없는 곳입니다. 전도가 쉽지 않은 곳입니다. 그런데 성령님은 빌립을 그곳으로 보내십니다.

빌립은 어떻게 했습니까? 그는 순종하여 그 길로 갔는데, 그곳에서 에디오피아 사람을 만났습니다. 그는 에디오피아 여왕 간다게의 모든 국고를 맡은 관리인 내시입니다(27). 당시는 에디오피아를 세상 맨 끝으로 생각했습니다. '간다게'는 에티오피아 여왕의 이름이 아닌 공식 명칭입니다. 보통의 '내시'는 여왕의 숙소를 담당했는데, 이 사람은 재정을 맡았습니다. 그는 피부색이 검고, 신체장애가 있습니다. 이런 사람은 유대교에서는 하나님의 공동체에 들어올 수 없었습니다(레 22:24, 신 23:1).

그런데 그런 그가 예배하러 예루살렘에 왔습니다. 더욱 놀라운 일은 예배하고 돌아가는 길에 수레에서 선지자 이사야의 글을 읽은 겁니다(28). 당시는 인쇄술이 발달하지 않아서 개인이 성경을 갖는 일이 쉽지 않았습니다. 하지만 그는 그 비싼 두루마리 성경을 가졌습니다. 그는 비싼 성경을 가지는 것으로 만족하지 않고, 그것을 마차에서 읽고 있습니다.

성령님은 빌립에게 무슨 방향을 주셨습니까? 29절입니다. "성령이 빌립더러 이르시되 이 수레로 가까이 나아가라." 성령님은 빌립을 이방인이며 신체장애가 있는 그에게 가까이 가도록 하셨습니다.

여기에는 무슨 뜻이 있습니까? 성령님께서 기존의 고정관념을 깨십니다. 민족과 신체장애라는 틀에 갇힌 경계선을 허무십니다. 그 일은 이사야 선지자가 예언했습니다. "여호와께 연합한 이방인은 말하기를 여호와께서 나를 그의 백성 중에서 반드시 갈라내시리라 하지 말며 고자도 말하기를 나는 마른 나무라 하지 말라"(사 56:3). 여호와는 피부색과 신체장애로 사람을 차별하지 않습니다. 성령님은 이 사실을 유대인 빌립에게 보여주십니다. 동시에 이방인 내시에게도 보여주십니다. 그리고 오늘 우리에게도 보여주십니다.

빌립은 성령님의 뜻에 순종하여 달려가서 물었습니다(30). "선지자 이사야의 글을 읽는데, 그것을 깨닫느냐?"

그의 대답은 무엇입니까? 31절을 읽읍시다. "대답하되 지도해 주는 사람이 없으니 어찌 깨달을 수 있느냐 하고 빌립을 청하여 수레에 올라 같이 앉으라 하니라." 그는 이사야의 글을 읽고는 있지만 깨닫지 못했습니다. 왜냐하면 지도해 주는 사람이 없기 때문입니다. 그는 빌립을 수레로 올라오도록 하며 도움을 청했습니다. 이방 사람이 유대 사람을 성경 교사로 영접했습니다. 이방인과 유대인의 첫 번째 '1대1 말씀 공부'는 이렇게 시작했습니다.

그가 읽고 있는 성경 구절은 무엇입니까? 32절과 33절을 우리도 읽읍시다. "읽는 성경 구절은 이것이니 일렀으되 그가 도살자에게로 가는 양과 같이 끌려갔고 털 깎는 자 앞에 있는 어린양이 조용함과 같이 그의 입을 열지 아니하였도다, 그가 굴욕을 당했을 때 공정한 재판도 받지 못하였으니 누가 그의 세대를 말하리요 그의 생명이 땅에서 빼앗김이로다 하였거늘." 이 말씀은 이사야 53:7-8의 인용입니다. 고난을 받는 여호와의 종, 즉 고난을 받는 메시아에 관한 예언입니다. 이 내용은 예수님께서 십자가에서 고난을 받고 죽으실 것에 대한 예언입니다.

그런데 그는 빌립에게 무엇을 물었습니까? 34절을 보십시오. "그 내시가 빌립에게 말하되 청컨대 내가 묻노니 선지자가 이 말한 것이 누구를 가리킴이냐 자기를 가리킴이냐 타인을 가리킴이냐." 그는 이사야 선지자가 말한 '그'가 누구인지를 몰랐습니다. 도살자에게로 가는 양과 같이 끌려가는 그 어린양이 누구인지를 깨닫지 못했습니다. 공정한 재판도 받지 못한 그가 선지자 자신을 말함인지, 아니면 다른 사람을 말함인지를 알고 싶었습니다.

빌립은 그에게 무엇을 가르쳤습니까? 35절입니다. "빌립이 입을 열어 이 글에서 시작하여 예수를 가르쳐 복음을 전하니." '복음'은 좋은 소식입니다. 이사야 선지자가 말한 '그'는 예수님이십니다. 빌립은 그에게 예수님을 좋은 소식으로 전했습니다.

이 말은 무슨 뜻입니까? 이사야 선지자의 예언대로 예수님은 도살자에게로 가는 양과 같이 끌려갔고, 털 깎는 자 앞에 있는 어린양이 조용함과 같이 그의 입을 열지 아니했습니다. 예수님은 굴욕을 당했을 때 공정한 재판도 받지 못했습니다. 그분은 생명을 이 땅에서 빼앗겼습니다. 그러나 죽은 자 가운데서 살아나셔서 하나님의 나라로 가시고, 그곳에서 왕으로서 다스리십니다. 빌립은 그분이 곧 예수님이심을 가르쳤습니다.

그는 빌립의 가르침 앞에서 어떻게 했습니까? 36절을 보십시오. "길 가다가 물 있는 곳에 이르러 그 내시가 말하되 보라 물이 있으니 내가 세례를 받음에 무슨 거리낌이 있느냐." 그는 광야 길에서 오아시스를 발견했습니다. 그는 광야 같은 삶의 현장에서 생명수를 찾았습니다. 그는 세례를 받고자 합니다. '세례'는 예수님을 믿는 표현입니다. 빌립은 수레에서 내려와 그에게 세례를 베풀었습니다(38). 그는 세례를 받음으로 하나님한테 '소외당한 사람'이 아니라, '환영받는 존재'가 되었습니다. 그는 예수님의 증인으로서 정체성을 분명하게 했습니다.

그의 변화를 통해서 우리는 무엇을 배웁니까? 성경 교사의 필요성과 중요성입니다. 하나님은 우리에게 성경을 주셨습니다. 하나님은 성경을 통해 예수 그리스도를 믿도록 하셨습니다. 그런데 그 성경을 혼자 깨닫기는 쉽지 않습니다. 성경 교사가 없이는 말씀을 바르게 깨닫지 못합니다. 그래서 하나님은 우리에게 성경 교사를 주셨습니다. 누구든지 성경 교사를 통해 말씀을 바르게 깨달으면 예수님을 믿습니다. 따라서 한 사람이 예수님을 믿으려면 성경 교사가 필요합니다.

옛적에 중국에 큰 학자가 있었는데, 사람들이 그에게 한 수를 가르쳐 달라고 청했습니다. 그때 그는 이런 유명한 말을 남겼습니다. "내게 배우기보다는 스스로 책을 읽고 또 읽어 보게, 책을 백 번 읽으면 그 뜻을 저절로 알게 된다네." 여기서 "독서백편의자현(讀書百遍意自見)"이라는 말이 나왔습니다. 선배들은 이 말에 근거해서 '천자문'을 읽고 또 읽었습니다. 그러나 어떤 사람은 말했습니다. "내가 영어를 처음 배울 때 '3인칭'이라는 말을 몰라서 백 번을 읽었지만, 그 뜻을 깨닫지 못했다. 결국 미국 선교사에게 물었고, 그때서야 그 뜻을 알게 되었다. 사람은 스스로 노력해서 알기도 하지만, 선생이 필요하다."

우리가 성경을 알고, 예수님을 믿으려면 절대적으로 성경 교사가 필요합니다. 칼뱅(John Calvin, 1509~1564)은 말했습니다. "자신의 무지를 솔직하게 인정하는 겸손한 사람이 있는가 하면, 자기 능력에 대한 자만심에 차 있는 사람이 있다. 성경을 읽지만, 열매를 맺지 못한 이유는 무엇인가? 배우는 일에 기쁨으로 순종하지 않기 때문이다." 믿음의 세계에서 전문가의 한 수 지도는 닫혀있는 눈을 뜨게 합니다. 우리는 성경 교사를 통해서 말씀을 깨닫고, 더 높고 깊은 세계로 나갑니다. 동시에 오늘도 에디오피아 같은 사람이 말씀을 깨닫고 예수님을 믿으려면 성경 교사가 있어야 합니다. 그런 점에서 성경 교사의 필요성과 중요성은 아무리 강조해도 지나치지 않습니다.

빌립과 에티오피아 두 사람이 물에서 올라왔을 때 무슨 일이 있었습니까? 39절입니다. "둘이 물에서 올라올새 주의 영이 빌립을 이끌어간지라 내시는 기쁘게 길을 가므로 그를 다시 보지 못하니라." 성령님께서 빌립을 다른 곳으로 인도하셨습니다. 내시는 빌립이 없는 데도 기쁨으로 자기 길을 갔습니다.

성령님은 빌립을 어디로 인도하셨습니까? 빌립은 아소도에 나타났습니다(40). 성령님은 그를 남쪽에서 유대로 인도하셨고, 그는 성령님께서 인도하시는 대로 갔습니다. 그는 여러 성을 지나면서 복음을 전합니다. 그는 가이사랴까지 복음을 전합니다. '가이사랴'는 유대 지역으로 지중해 쪽입니다.

이상에서 볼 때, 복음 사역은 누구에 의해서, 어떻게 이루어집니까? 첫째로, 복음 사역의 주체는 성령님이십니다. 예루살렘, 사마리아, 땅끝의 에디오피아 내시, 그리고 유대 지역을 복음화하는 주체는 성령 하나님이십니다. 복음 사역은 성령님께서 주도적으로 하십니다. 이것을 '하나님의 선교'라고 부릅니다.

둘째로, 성령님은 당신의 증인을 통해서 일하십니다. 성령님께서 그 증인을 보내서 사람을 만나도록 하십니다. 증인을 보내서 온 세상에 복음을 전하십니다.

튀르키예 한 선교사가 이런 말을 했습니다. "튀르키예는 이슬람 인구가 약 99.8% 기독교 인구는 0.02%인데, 대부분 사람은 전도가 거의 불가능하다고 했습니다. 그는 물었습니다. '당신은 전도해 보고 그런 말을 하는가요? 아니면 그냥 그렇게 말하는가요?' 그 선교사가 볼 때 많은 사람이 전도하지 않으면서 전도가 어렵다고 말한다는 겁니다." 물론 전도가 쉽지 않지만, 성령님께서 일하시기에 누구든지, 어떤 환경에서도 할 수 있다는 겁니다. 성령님을 의지하고 도전하면 성령님께서 일하셔서 우리에게 만나도록 하신다는 겁니다.

튀르키예는 지진으로 큰 아픔을 겪고 있습니다. 그들은 대한민국을 '형제의 나라'로 여기면서 대단히 좋은 마음을 품고 있습니다. 그들을 향한 한국교회와 한국 선교사의 마음 또한 애틋합니다. 지진이 일어난 곳과는 정반대인 이스탄불에 한국 선교사가 세운 신학교가 있습니다. 그곳 졸업생과 학생, 그리고 한국 선교사들은 지진의 한복판으로 갔습니다. 그들은 구조 활동하면서 복음을 전하고 있습니다. 우리도 그 현장에서 수고하는 선교사님에게 직접 구제 헌금을 보냈습니다. 오늘도 성령님은 증인을 통해서 주도적으로 일하십니다.

우리는 새 학기를 시작하면서 우리의 캠퍼스에서도 성령님께서 우리를 증인으로 쓰셔서 일하심을 믿습니다. 전도자 빌립을 에디오피아 한 영혼의 성경 교사로 쓰셨듯이, 오늘 우리를 캠퍼스 한 영혼의 성경 교사로 써주시도록 기도합니다.

14

택한 나의 그릇

본문 사도행전 **9:1-31**
요절 사도행전 **9:15**
찬송 **310장, 320장**

"주께서 이르시되 가라 이 사람은 내 이름을 이방인과 임금들과 이스라엘 자손들에게 전하기 위하여 택한 나의 그릇이라."

예수님은 당신을 박해하는 사울을 찾아오셔서 새사람으로 바꾸셨습니다. 하지만 여전히 사울에 대해 의심하며 불편해하는 아나니아에게 말씀하셨습니다. "이 사람은 내 이름을 이방인과 임금들과 이스라엘 자손들에게 전하기 위하여 택한 나의 그릇이라." 이 말씀이 당시 청중과 오늘 우리에게 주는 의미는 무엇입니까?

1절을 보십시오. "사울이 주의 제자들에 대하여 여전히 위협과 살기가 등등하여 대제사장에게 가서." 마침내 사울이 전면에 등장합니다. 그는 여전히 주님의 제자들을 위협하는데, 그의 숨소리에서 살기가 느껴집니다. 그는 대제사장에게 갔습니다. 대제사장은 사두개인인데, 사울은 바리새인입니다. 사두개인과 바리새인과는 동역하지 않았습니다. 하지만 예수님을 박해하는 데는 동역을 잘했습니다.

사울은 대제사장에게 무엇을 요구했습니까? 그는 대제사장에게 다메섹 여러 회당에 가져갈 공문을 요구했습니다(2). 왜냐하면 만일 예수님을 따르는 사람을 만나면 남녀를 막론하고 닥치는 대로 묶어서 예루살렘으로 끌고 오려고 했기 때문입니다. 대제사장은 외국으로 도피한 유대인을 본국으로 송환할 수 있는 권한이 있었습니다.

왜 사울은 이토록 예수님의 제자를 박해할까요? 그의 하나님에 대한 잘못된 열심 때문입니다. 잘못된 열심은 무지에서 왔습니다. 그는 "메시아는 십자가에서 죽을 수 없다. 십자가에서 죽은 예수님은 메시아가 아니다. 그런 예수님을 믿는 사람은 잘못된 길을 가는 것으로" 여겼습니다. 그의 박해의 뿌리에는 예수님을 하나님의 아들로 믿지 않음에 있었습니다.

그런데 사울이 길을 갈 때 무슨 일이 일어났습니까? 그가 다메섹에 가까이 이르렀을 때, 홀연히 하늘로부터 빛이 그를 둘러 비추었습니다(3). 그 빛은 사울이 대적하는 예수님이십니다. 사울은 그 빛 앞에서 땅에 엎드려졌는데, 소리가 들렸습니다(4). "사울아, 사울아, 네가 어찌하여 나를 박해하느냐?" 사울은 예수님의 제자를 박해했는데, 예수님은 당신을 박해했다고 말씀하십니다. 예수님의 제자를 박해한 일은 예수님을 박해한 일과 같습니다.

그의 대답은 무엇이었습니까? 5절입니다. "대답하되 주여 누구시니이까 이르시되 나는 네가 박해하는 예수라." 그는 지금 빛으로 나타나 말씀하시는 분의 정체에 관해 묻습니다. 지금 말씀하시는 주님은 사울이 박해한 예수님이십니다.

예수님은 그에게 무슨 방향을 주셨습니까? 6절을 읽읍시다. "너는 일어나 시내로 들어가라 네가 행할 것을 네게 이를 자가 있느니라 하시니." 그는 일어나서, 시내로 들어가야 했습니다. 왜냐하면 그가 해야 할 일을 알려줄 사람이 있기 때문입니다. 일반적으로 주님은 직접 그 사람에게 할 일을 말씀하셨습니다. 그런데 사울에게는 다른 사람을 통해서 방향을 주십니다. 왜냐하면 그의 변화를 다른 동역자들이 인정할 수 없기 때문입니다. 그래서 중요한 인물에게 인정을 먼저 받은 후에 다른 동역자들에게도 인정을 받도록 도와주십니다.

그때 사울과 같이 가던 사람들은 소리만 듣고 아무도 보지 못하고 말도 하지 못하고 서 있었습니다(7). 사울은 땅에서 일어났습니다(8). 그는 눈은 떴으나 아무것도 보지 못하고 사람의 손에 끌려 다메섹으로 들어갔습니다. 그는 사흘 동안 보지 못하고 먹지도 마시지도 않았습니다(9). 그는 박해자로 살았던 과거를 내려놓고 새사람으로 살기 위해 몸부림을 쳤습니다.

그때 주님은 누구를 부르셨습니까? 10절을 보십시오. "그 때에 다메섹에 아나니아라 하는 제자가 있더니 주께서 환상 중에 불러 이르시되 아나니아야 하시거늘 대답하되 주여 내가 여기 있나이다 하니." 이 '아나니아'는 자기 소유를 팔아 다 바치기로 약속하고 일부를 감추었다가 죽은 사람(5:1-6)과는 다른 사람입니다. 주님께서 환상 중에 그를 부르셨고, 말씀하셨습니다.

그 내용은 무엇입니까? 주님께서 아나니아를 직가라 하는 거리에 있는 유다의 집으로 보내십니다. 그곳에서 다소 사람 사울을 찾도록 하셨습니다(11). 사울은 기도하고 있는데, 아나니아가 와서 자기에게 안수하여 다시 보도록 할 것을 보았습니다(12). 주님은 아나니아에게 사울을 만나서 도와주라는 겁니다.

하지만 아나니아는 주님의 방향에 어떻게 대답했습니까? 그는 사울이 예루살렘에서 성도들에게 해를 끼쳤음을 많은 사람한테 들었습니다(13). 사울은 이곳에서도 성도를 결박할 권세를 가지고 있습니다(14). 이 사실을 안 아나니아는 주님의 방향을 부담스러워했습니다.

그런데도 주님은 그에게 무엇을 말씀하셨습니까? 15절을 읽읍시다. "주께서 이르시되 가라 이 사람은 내 이름을 이방인과 임금들과 이스라엘 자손들에게 전하기 위하여 택한 나의 그릇이라." 주님은 아나니아의 부담스러움을 아시면서도 사울에게 가도록 하십니다. 왜냐하면 사울은 예수님의 이름을 전하기 위해 예수님께서 택한 예수님의 그릇이기 때문입니다.

주님께서 사울을 '택한 나의 그릇이다.'라고 하신 데는 무슨 뜻이 있습니까? 우리는 그릇의 속성에 관해 먼저 생각해야 합니다. 그릇은 특정한 목적을 위해 쓰는 도구입니다. 밥을 담으면 '밥그릇', 물을 담으면 '물그릇'입니다. 그릇은 자기 의지가 없습니다. 같은 그릇이라도 누가 어떻게 쓰느냐에 따라 그 그릇의 수준과 질이 다릅니다.

사울도 본질에서 이런 그릇에 불과합니다. 그는 자기 뜻과 목적을 위해, 자기가 하고 싶은 일을 위해 살았습니다. 사울은 이른바 '사울의 그릇'으로 살았습니다. 하지만 그는 '예수님의 그릇'으로 선택받았습니다. 따라서 그는 예수님의 뜻과 목적을 위해, 예수님께서 하고 싶은 일을 위해 살아야 합니다. 지금까지 사울은 예수님의 이름을 믿는 사람을 박해했는데, 이제부터 그는 예수님의 이름을 증언하는 그릇으로 쓰임 받습니다.

박해자를 증언하는 그릇으로 쓰시는 예수님은 어떤 분입니까? 그분은 복음의 지역적 확장은 한 사람의 변화를 통해 이루어짐을 보여주십니다. 사람이 변화하지 않고서는 지역적 확장은 의미가 없습니다. 복음이 땅끝으로 나가려면 사울 같은 사람이 복음 앞에서 변화해야 합니다. 예수님은 극단적인 박해자를 구원하여 쓰심으로 복음의 우월성과 절대성을 높이십니다.

후에 사울은 이 주님의 은혜와 사랑에 감격하여 고백합니다. "내가 전에는 비방자요 박해자요 폭행자였으나 도리어 긍휼을 입은 것은 내가 믿지 아니할 때에 알지 못하고 행하였음이라. 우리 주의 은혜가 그리스도 예수 안에 있는 믿음과 사랑과 함께 넘치도록 풍성하였도다. 미쁘다 모든 사람이 받을 만한 이 말이여 그리스도 예수께서 죄인을 구원하시려고 세상에 임하셨다 하였도다 죄인 중에 내가 괴수니라"(딤전 1:13-15).

성 프란시스코(St. Francesco, 1181~1226)의 기도는 예수님의 택한 그릇으로 쓰임 받음의 절정을 보여줍니다. "주여! 나를 평화의 도구로 써 주소서/ 미움이 있는 곳에 사랑을/ 상처가 있는 곳에 용서를/ 분열이 있는 곳에 일치를/ 의혹이 있는 곳에 믿음을 심게 하소서…"

우리 사회에 '흙수저', '금수저'라는 운명적 표현이 있습니다. 한 사람의 가치가 태어날 때부터 정해졌다는 겁니다. 하지만 더 중요한 일은 '누가 나를 선택하느냐?'라는 사실입니다. 내가 비록 '흙수저'로 태어났을지라도 예수님이 선택하여 쓰시면 '금수저'로 살 수 있습니다. 반면 내가 '금수저'로 태어났을지라도 사탄이 나를 선택하여 쓰면 '흙수저'로 삽니다.

후에 바울은 이런 비유를 들었습니다. "큰 집에는 금 그릇과 은그릇만 있는 것이 아니라, 나무 그릇과 질그릇도 있습니다. 그런데 어떤 것은 귀하게 쓰이고, 어떤 것은 천하게 쓰입니다. 왜냐하면 주인이 그릇을 쓰려고 하는데, 금 그릇일지라도 더러우면 쓸 수 없기 때문입니다. 반면 나무 그릇일지라도 깨끗하면 귀하게 쓸 수 있기 때문입니다"(딤후 2:20-21). 그릇 자체보다도 누구에게 선택되어 어떻게 쓰임 받느냐에 따라서 그 삶의 질이 달라집니다.

예수님께서 오늘 우리를 캠퍼스와 이 시대에 예수님의 이름을 증언하는 그릇으로 선택하신 줄 믿습니다. 이제는 우리를 쓰셔서 한 영혼을 당신의 그릇으로 선택하여 주시기를 바랍니다.

그런데 '그 그릇'으로 사는 데는 무엇도 따릅니까? 16절입니다. "그가 내 이름을 위하여 얼마나 고난을 받아야 할 것을 내가 그에게 보이리라 하시니." 그가 예수님의 이름을 전하는 그릇으로 살려면, 고난을 반드시 받아야 합니다. 그는 지금까지 해를 끼치는 사람이었는데, 이제는 해를 받는 사람이 되었습니다.

이 메시지를 들은 아나니아는 어떻게 순종했습니까? 그는 사울이 있는 집으로 갔습니다(17). 그는 사울에게 안수하면서 말했습니다. "형제 사울아!" 그는 사울을 형제로 영접합니다. 그는 사울이 만났던 그 예수님이 자기를 보내셨음을 증언합니다. 그리하여 사울이 눈을 뜨고 성령님을 영접하도록 도왔습니다.

그러자 사울의 눈에서 비늘 같은 것이 즉시 벗어졌습니다(18). 그는 다시 보았습니다. 그는 일어나서 세례를 받았습니다. 그는 공식적으로 주님을 믿고 고백했습니다. 그는 예수님의 이름을 온 세상에 증언하기 위하여 예수님이 선택한 예수님의 그릇이 되었습니다. 그는 음식을 먹고 강건해졌습니다(19). 그는 자기가 잡아서 죽이려고 했던 예수님의 제자들과 함께했습니다. 그는 동역자들로부터 '예수님이 선택한 그릇'으로 인정받았습니다.

사울은 즉시 무엇을 했습니까? 20절을 봅시다. "즉시로 각 회당에서 예수가 하나님의 아들이심을 전파하니." 그는 즉시 회당에서 증인의 삶을 시작합니다. 그의 첫 메시지는 "예수님은 하나님의 아들이시다.”입니다.

다른 사람도 아니고, 사울이 이 메시지를 전한 데는 무슨 뜻이 있습니까? 사울은 그동안 예수님을 하나님의 아들로 믿지 않았습니다. 그는 오히려 예수님을 하나님의 아들로 믿는 사람을 박해했습니다. 그랬던 그가 이제는 예수님을 하나님의 아들로 증언합니다. 왜냐하면 그가 하나님의 아들 예수님을 만났기 때문입니다. 누구든지, 예수님을 하나님의 아들로 만나면 가치관이 바뀌고, 세계관이 바뀝니다. 삶이 바뀝니다. 박해자에서 증인으로 삽니다.

그런데 사람들의 반응은 어떠합니까? 듣는 사람이 다 놀랍니다(21). 왜냐하면 그가 박해자였음을 알기 때문입니다. 사람들은 사울의 변화를 아직 인정하지 못합니다. 사람들은 사울을 아직도 ‘예수 믿는 사람을 죽이던 사람’으로 알고 있습니다.

그러나 사울은 무엇을 합니까? 그는 예수님은 그리스도라고 증명하면서 더욱 힘을 얻습니다(22). 그런 그는 유대인을 당황하게 했습니다. 유대인이 아는 예수님과 사울이 증언하는 예수님이 충돌하기 때문입니다. 그 사실을 증언하는 사울도 충격입니다.

그로부터 약 3년의 세월이 흘렀습니다. 유대인은 사울을 제거하려고 공모했습니다(23). 사울은 이제 유대인의 제거 대상이 되었습니다. 그들의 음모를 사울이 알았습니다(24). 그들은 사울을 죽이려고 밤낮으로 성문까지 지켰습니다. 하지만 사울의 제자들은 밤에 사울을 광주리에 담아 성벽으로 달아 내렸습니다(25).

그때 사울은 무엇을 하려고 합니까? 26절을 보십시오. “사울이 예루살렘에 가서 제자들을 사귀고자 하나 다 두려워하여 그가 제자 됨을 믿지 아니하니.” 사울은 예루살렘으로 가서 제자들과 사귀려고 합니다. 그는 제자들한테 인정받고, 함께 동역하고자 합니다. 하지만 그 제자들은 사울을 믿지 않아서 두려워합니다. 그들은 사울의 변화를 믿지 못했습니다.

그때 누가 이 문제를 해결했습니까? 바나바입니다. 다른 사람은 사울을 만나는 것조차도 두려워했지만, 바바나는 사울을 인정했습니다. 바나바는 사도들에게 사울을 데리고 갔습니다(27). 그리고 바나바는 사울에 관해 전했습니다. 첫째로, 사울은 길에서 주님을 만났습니다. 둘째로, 주님은 사울을 '택한 나의 그릇이다.'라고 말씀하셨습니다. 셋째로, 사울은 예수님이 하나님이심을 담대하게 전했습니다. 바나바는 이 세 가지 사실을 기초로 사울을 변호했습니다.

그 결과 사울은 제자들과 함께 있습니다(28). 제자들이 사울을 인정하고 동역자로 영접합니다. 사울은 예루살렘을 자유롭게 드나듭니다. 사울이 동역자한테 인정받은 데는 바나바의 도움이 컸습니다.

우리는 무엇을 배웁니까? 첫째로, 동역자의 중요성입니다. 박해자 사울이 사도들에게 인정받을 수 있었던 데는 바나바가 있었기 때문입니다. 한 사람이 예수님을 믿고 구원 사역에 쓰임 받는 과정에는 이런 동역자가 있습니다. 오늘 내가 여기까지 온 데도 나를 도와준 동역자가 있었음을 기억합니까?

둘째로, 동역자에게 인정받음의 중요성입니다. 성령님께서 사울에게 바나바를 보내신 목적은 다른 동역자에게 인정받도록 하심입니다. 예수님의 택한 그릇으로 쓰임 받으려면 먼저 동역자에게 인정받아야 합니다. '택한 그릇'은 '나 홀로 사역'이 아닙니다. 동역자들과 '더불어 하는 사역'입니다.

사울은 또 무엇을 합니까? 29절입니다. "또 주 예수의 이름으로 담대히 말하고 헬라파 유대인들과 함께 말하며 변론하니 그 사람들이 죽이려고 힘쓰거늘." '헬라파 유대인'은 스데반을 죽이는 데 앞장섰던 사람입니다. 사울은 예수님의 이름을 담대히 말하면서 헬라파 유대인과 논쟁합니다. 그들은 사울을 죽이려고 힘씁니다. 그들은 스데반을 죽였던 것처럼 사울도 죽이려고 합니다. 믿음의 형제들은 그 일을 알고 사울을 다소로 보냈습니다(30). 사울은 이제 유대인에게 쫓기는 신세가 되었습니다.

그러는 동안에 교회는 어떠합니까? 31절을 읽읍시다. "그리하여 온 유대와 갈릴리와 사마리아 교회가 평안하여 든든히 서가고 주를 경외함과 성령의 위로로 진행하여 수가 더 많아지니라." 이 말씀은 사울의 전도에 관한 결과보다도 박해에 대한 결론입니다. 스데반이 순교하기 전에는 교회가 예루살렘에만 있었습니다. 그러나 박해로 성도들이 각 지역으로 흩어졌습니다. 그들을 통하여 교회는 여러 지역, 즉 온 유대와 갈릴리와 사마리아에 세워졌습니다.

박해 가운데 있는 교회는 어떠합니까? 첫째로, 교회는 든든히 서 가면서 평안합니다. 교회는 밖으로는 박해를 받았는데도, 안으로는 평화를 누립니다. 교회는 비바람을 통해서 뿌리가 깊어지고 내면이 성숙하면서 평화를 누립니다. 이런 평화는 예수님 안에서만 누리는 영적 평화입니다.

둘째로, 교회는 주님을 경외하는 마음과 성령님의 위로를 받으며 그 수가 많아집니다. 교회는 아무 문제가 없을 때 자라기보다는 문제 속에서 자랍니다.

교부이자 신학자였던 터툴리안(Tertullianus, 155~240)이 이런 말을 한 것으로 알려졌습니다. "교회라는 나무는 세 가지 액체를 먹고 자란다. 수고의 땀, 기도의 눈물, 순교의 피다." 그분의 말처럼 교회는 땀과 눈물, 그리고 피를 먹고 자랐습니다. 교회는 땀과 눈물과 피를 아끼지 않았던 순교의 영성이 있었기에 오늘까지 존재할 수 있었습니다.

어떤 사람은 교회는, 그리고 믿음의 길은 '꽃길을 걷는다.'라고 생각합니다. 하지만 교회는 고난의 길을 걷고, 교회는 박해 속에서 자랍니다. 따라서 우리도 어려움을 겪을지라도 소극적이어서는 안 됩니다. 오히려 성령님을 의지하고 적극적으로 예수님의 이름을 증언하면 더욱 경쟁력 있는 사람으로 자랍니다.

우리는 예수님의 이름을 증언하기 위해 예수님께 선택받은 예수님의 그릇입니다. 이 사실을 믿고, 이제는 나를 통해 다른 한 영혼이 선택받는 일에 쓰임 받기를 기도합니다.

15
잡아먹어라

본문 사도행전 **9:32-10:16**
요절 사도행전 **10:13**
찬송 **507장, 515장**

"또 소리가 있으되 베드로야 일어나 잡아 먹어라 하거늘."

사람은 나이를 먹을수록 '자기 생각'이 강합니다. 그것을 '고정관념(stereotype)'이라고 부릅니다. '고정관념'이란 '마음속에 굳어 있어 변하지 않는 생각'입니다. 어쩌면, '복음을 증언한다.'라는 말은 이 고정관념을 깨는 일이라고 할 수 있습니다. 그러면 우리에게는 어떤 고정관념이 있으며, 그것을 어떻게 깰 수 있습니까?

9:32를 보십시오. "그 때에 베드로가 사방으로 두루 다니다가 룻다에 사는 성도들에게도 내려갔더니." 베드로가 등장하는데, 그는 이곳저곳으로 사역을 확장하면서 룻다로 갔습니다. '룻다'는 예루살렘에서 약 16km 떨어진 곳이며, 욥바로부터는 동남쪽으로 약 18km 떨어진 곳입니다. 베드로는 그곳에서 애니아를 만났는데, 그는 중풍병으로 침상에 누운 지 8년째였습니다(33). 베드로는 애니아를 예수 그리스도의 이름으로 낫게 했습니다(34). 사람들이 다 그를 보고 주님께로 돌아왔습니다(35).

한편 욥바에 다비다라 하는 여제자가 있습니다(36). 그 이름을 번역하면 도르가인데, 그녀는 착한 일과 구제를 많이 합니다. 그녀는 믿음과 삶이 일치합니다. 그런 그녀가 병들어 죽었습니다(37). 사람들은 그녀의 시신을 묻지 않고 다락에 두었습니다. 그들은 아름다운 믿음의 여인을 떠나보내고 싶지 않았기 때문입니다.

사람들은 무엇을 했습니까? 룻다가 욥바에서 가까워서, 욥바 사람들은 베드로에게 사람을 보내어 속히 오라고 부탁했습니다(38). 베드로는 그들과 함께 갔습니다(39). 모든 과부가 베드로 곁에 서서 울면서 도르가가 한 일을 보여줍니다. 과부들은 그녀의 선행을 구체적인 물증을 통하여 보여준 겁니다. 이런 일을 통해, 그들은 베드로에게 동역자와 하나님의 영광을 위해서 도르가의 생명을 살려주도록 부탁했습니다.

베드로는 무엇을 했습니까? 40절을 보십시오. "베드로가 사람을 다 내보내고 무릎을 꿇고 기도하고 돌이켜 시체를 향하여 이르되 다비다야 일어나라 하니 그가 눈을 떠 베드로를 보고 일어나 앉는지라." 베드로는 주님께 도움을 청했습니다. 자기의 능력이 아닌 주님의 능력으로만 그 문제를 해결할 수 있기 때문입니다. 그는 예전에 예수님께서 하셨던 때처럼 시체를 향하여 말했습니다. "다비다야 일어나라!" 그러자 죽은 자가 살아났습니다. 사람들의 믿음과 베드로의 믿음이 죽은 자를 살렸습니다. 야이로의 딸을 살리셨던(눅 8:54-55) 그 주님께서 다비다도 살리셨습니다. 이것은 예수님이 생명의 주인이고, 부활의 주님이심을 보여줍니다. 예수님은 이 땅에 계실 때뿐만 아니라, 하나님 나라에서도 같은 사역을 하십니다.

베드로는 손을 내밀어 일으키고, 성도들과 과부들을 불러 그녀가 살아난 것을 보여주었습니다(41). 온 욥바 사람이 알고 많은 사람이 주님을 믿었습니다(42). 믿음의 사역은 계속해서 힘차게 나아갑니다.

그 사역은 어디로 향했습니까? 43절을 보십시오. "베드로가 욥바에 여러 날 있어 시몬이라 하는 무두장이의 집에서 머무니라." '무두장이'이란 모피의 털과 기름을 뽑고 가죽을 부드럽게 다루는 일을 전문으로 하는 사람(a tanner)입니다. 우리는 그런 사람을 '갖바치'라고 불렀습니다. 유대인은 그 직업을 부정하고 천한 일로 여겼습니다. 죽은 짐승의 가죽을 다루었기 때문입니다. 시몬은 비록 유대인일지라도 이방인과 같이 부정한 사람이었습니다. 그런데 베드로는 그 사람의 집에 머물려고 여러 날 있었습니다.

여기에는 무슨 뜻이 있습니까? '부정'에 대한 베드로의 가치관이 달라졌습니다. 그는 같은 유대인에게는 직업과 신분이 부정과 깨끗함을 나누지 않음을 알았습니다. 그는 직업으로 사람을 차별하지 않았습니다. 하나님 안에서는 어떤 직업이든지, 어떤 신분이든지 다 한 가족임을 알았습니다. 베드로가 무두장이와 함께함은 신분의 경계, 직업의 경계를 뛰어넘는 일이었습니다.

하지만 그는 어떤 경계까지 뛰어넘어야 합니까? 10:1을 보십시오. "가이사랴에 고넬료라 하는 사람이 있으니 이달리야 부대라 하는 군대의 백부장이라." '가이사랴'라는 욥바에서 북쪽으로 53km 떨어진 항구도시입니다. 헤롯 대왕이 로마 황제를 위하여 건축한 웅장한 건물들이 있었습니다. 그곳에는 로마 소속의 군대뿐만 아니라 많은 이방인이 살았습니다. 그곳에 고넬료가 있었는데, 그는 로마 군대의 백부장입니다. '백부장'은 일백 명으로 구성된 부대의 지휘관입니다.

그는 하나님께는 어떤 사람입니까? 2절입니다. "그가 경건하여 온 집안과 더불어 하나님을 경외하며 백성을 많이 구제하고 하나님께 항상 기도하더니." '경건하다.'라는 말은 '신앙심이 깊다.'라는 뜻입니다. 경건함은 하나님을 경외함으로 나타납니다. 그리고 백성을 많이 구제하고, 하나님께 기도함으로 나타납니다. 그의 경건은 유대인이 실천하는 구제와 기도를 그대로 본받았습니다. 이방인 로마 사람이 하나님의 사람으로 살고 있습니다.

그에게 무슨 일이 있었습니까? 그가 제 구 시, 즉 오후 세 시 경 기도할 때 환상을 보았습니다(3). 하나님의 사자가 들어와 그의 이름을 불렀습니다. 그가 주목하여 두려워서 물었습니다(4). "무슨 일입니까?" 천사가 대답했습니다. "네 기도와 구제가 하나님 앞에 상달되어 기억하신 바가 되었다." 하나님께서 그의 삶과 기도를 받으셨습니다.

이 하나님은 어떤 분입니까? 하나님은 고넬료의 기도와 구제를 유대인의 것과 똑같이 받으셨습니다. 이것은 하나님께서 유대인과 이방인 사이의 장벽을 허무셨음을 뜻합니다. 유대인의 고정관념에 의하면, 유대인은 이방인과의 장벽을 허물 수 없었습니다. 유대인은 성전에 와서 하나님께 희생제물을 드릴 수 있었지만, 이방인은 그렇게 하지 못했습니다. 그러나 이제는 기도와 구제가 성소 안에 있는 분향단의 연기처럼 하나님 앞에 기념물로 올라갔습니다. 하나님은 이방인 고넬료의 삶을 인정하셨습니다.

천사는 그에게 무슨 방향을 주었습니까? 천사는 그가 욥바로 사람을 보내서 베드로라 하는 시몬을 초청하도록 했습니다(5). '베드로라 하는 시몬'은 베드로가 정통 유대인임을 강조한 겁니다. 시몬은 지금 갖바치 시몬의 집에 머물고 있습니다(6). 고넬료는 천사의 말에 즉시 순종하여 경건한 사람을 욥바로 보냈습니다(7-8).

그때 베드로는 무엇을 하고 있었습니까? 그들이 베드로에게 가까이 갔을 때, 베드로는 기도하려고 지붕에 올라갔습니다(9). '지붕'은 옥상이나 옥탑방을 말합니다. 베드로는 배가 고팠습니다(10). 사람들은 점심 식사를 준비할 때, 그는 황홀 중에 빠졌습니다. 하늘이 열리며 한 그릇이 내려왔는데, 큰 보자기 같고 네 귀를 메어 땅에 드리웠습니다(11). 그 안에는 온갖 네발짐승과 땅에 기어 다니는 것들과 공중의 새들이 골고루 들어 있습니다(12). 그중에는 베드로가 경건한 유대인으로 먹을 수 있는 것도 있고, 먹을 수 없는 것도 있습니다.

그는 무슨 소리를 들었습니까? 13절을 읽읍시다. "또 소리가 있으되 베드로야 일어나 잡아 먹어라 하거늘." '소리'는 하나님의 말씀입니다. 하나님은 베드로에게 "그 짐승을 잡아먹어라."라고 하십니다.

그러나 그는 어떻게 반응했습니까? 14절입니다. "베드로가 이르되 주여 그럴 수 없나이다 속되고 깨끗하지 아니한 것을 내가 결코 먹지 아니하였나이다 한 대." 베드로는 아무리 배가 고파도 아무것이나 먹을 수 없었습니다. 왜냐하면 그에게는 먹을 수 있는 것과 먹지 못할 음식이 있었기 때문입니다.

그 기준은 무엇입니까? '속되고 깨끗하지 아니한 것'입니다. '속되다.'라는 말은 '일반적인', '부정한'을 뜻합니다. 이 단어는 모든 차별과 모든 종교적 계급을 없애고 삶의 일치를 이룬다는 뜻입니다. 그러나 베드로는 이 단어를 반대로 사용했습니다. 유대인은 오랫동안 자기들은 평범하지 않고 특별한 사람이라고 생각했습니다. 이방인은 저속한 사람이고 자기는 영적 귀족이라고 생각했습니다. 그래서 먹는 것도 특별한 음식만 먹어야 했습니다. 또 '깨끗하지 아니한'이라는 말은 '불결한'을 뜻합니다. 종교의식과 도덕적으로 깨끗하지 못한 것을 뜻합니다.

그의 이런 기준은 어디에서 왔습니까? 구약성경에서 왔습니다. 하나님은 이스라엘에 '먹을 수 있는 깨끗한 짐승'과 '먹을 수 없는 부정한 짐승'의 규정을 주셨습니다(레 11:2-30). 그 규정은 유대인과 이방인을 구분하는 기준이었습니다. 그런데 이 보자기 안에는 온갖 것이 다 있습니다. 즉 구별 없이 뒤섞여 있습니다. 베드로는 율법에 근거할 때 그것은 속되고 깨끗하지 못한 겁니다. 그래서 먹을 수 없습니다. 하나님의 백성으로서 구별되어 살아야 하기 때문입니다.

그러나 하나님은 어떤 기준을 제시하셨습니까? 15절을 읽읍시다. "또 두 번째 소리가 있으되 하나님께서 깨끗하게 하신 것을 네가 속되다 하지 말라 하더라." 하나님은 부정한 음식에 관한 규정을 만드셨습니다. 그런데 하나님께서 새 규정을 만드셨습니다. 하나님께서 규정을 새로 만드셨으니 옛 규정을 가지고 더럽다고 해서는 안 됩니다. 베드로는 새 규정을 받아들여야 합니다. 하나님께서 깨끗하게 하신 것을 베드로가 속되다 해서는 안 됩니다.

하나님은 이 말씀을 세 번 반복하셨습니다(16). 그 후에 그 그릇은 하늘로 올라갔습니다. 당시에는 두세 사람이 법정에서 증언하면 효력이 있었습니다. 이처럼 하나님은 같은 모습을 세 번 보여주셔서 그것이 정당함을 깨우치셨습니다.

하나님께서 베드로에게 이런 식으로 메시지를 전하신 뜻은 무엇입니까? "모든 짐승은 다 깨끗하다." "모든 사람은 다 깨끗하다."라는 강력한 메시지를 전하십니다. 하나님은 혈통이나 피부색으로 하는 더러움과 깨끗함의 구분을 없애셨습니다. 그 일은 하나님의 아들 예수 그리스도께서 이 땅에 오셔서 구원 사역을 시작함으로 일어났습니다. 예수님은 유대인도, 사마리아 사람도, 이방 사람도 함께하시며 구원하셨습니다.

그러므로 베드로는 자기 생각을 고집해서는 안 됩니다. 그가 지금까지 말씀에 근거해서 자기 생각을 지켰듯이, 이제부터 말씀에 근거해서 자기 생각을 바꿔야 합니다. 베드로는 무두장이 시몬을 영접함으로 유대인으로서의 직업과 신분의 장벽을 허물었습니다. 하지만 그는 인종의 장벽, 즉 이방인에 대한 고정관념은 아직 극복하지 못했습니다. 그러나 복음을 땅끝까지, 즉 모든 사람에게 전하려면 인종에 대한 고정관념을 극복해야 합니다. 혈통에 대한 배타주의를 극복해야 합니다. 그의 고정관념이 바뀔 때 복음은 지역적인 확장과 함께 인종적인 확장으로 나아갑니다.

오늘 우리에게 있는 배타성, 고정관념은 무엇일까요? 우리가 지금 품고 있는 생각이 무엇이든지, 돌아보면 대부분 성경을 기초로 배운 것들입니다. 예를 들어, "세상은 세속적이고 교회는 영적이다." "믿지 않는 사람은 속되고, 믿는 사람은 거룩하다."라는 생각도 실은 성경을 배움으로 품었습니다. 특히 우리는 "대학생 복음 사역"이라는 대단히 중요한 가치를 품고 있습니다. 이 또한 성경에서 왔습니다.

그런데 어떨 때는 이런 생각이 열린 생각이 아닌 고정관념으로 나를 지배할 때가 있습니다. 나를 배타적이고 편협한 사람으로 만들 때가 있습니다. 새로운 세계, 새로운 사람에게 도전해야 하는데도 마치 오늘의 베드로처럼 항변하기 쉽습니다. "주님, 그럴 수 없습니다. 속되고 깨끗하지 아니한 것을 내가 결코 먹지 아니하였습니다." 우리는 마음에서 스스로 내가 할 수 있는 일과 할 수 없는 일을 정해 버립니다. 그리고 실제로는 아무 일도 하지 않습니다.

그러나 주님은 말씀하십니다. "일어나, 잡아먹어라!" 우리가 이제는 고정관념을 깰 때입니다. 내 생각의 폭을 넓혀야 할 때입니다. 우리는 캠퍼스 사역이라는 소중한 가치를 품고, 온 세상 만민을 향해야 합니다. 우리가 고정관념을 바꿀 때 세상에 대해서 소금과 빛으로 살 수 있습니다. 우리가 "일어나 잡아먹어라!"라는 말씀에 순종하여 다양한 사람에게 복음을 전할 수 있기를 기도합니다.

16
누구든지 그의 이름을 힘입어

본문 사도행전 **10:17-48**
요절 사도행전 **10:43**
찬송 **260장, 261장**

"그에 대하여 모든 선지자도 증언하되 그를 믿는 사람들이 다 그의 이름을 힘입어 죄 사함을 받는다 하였느니라."

세상에는 다양한 사람이 있습니다. 피부도 다르고, 말도 다르고, 신분도 다르고, 삶의 모습도 다릅니다. 같은 한국 사람인데도, 세대 차이가 있고, 학교 차이가 있고, 지역 차이가 있습니다. 그런데 성경은 사람이 다양할지라도 한 가지 공통점은 하나님 앞에서 죄인이라는 겁니다. 그러면 그 죄 용서를 어떻게 받을 수 있습니까?

17절을 보십시오. "베드로가 본 바 환상이 무슨 뜻인지 속으로 의아해하더니 마침 고넬료가 보낸 사람들이 시몬의 집을 찾아 문밖에 서서." 베드로는 기도할 때 환상을 보았습니다. 성령님께서 "그것들을 잡아먹어라."라고 말씀하셨습니다(13). 하지만 그는 그 뜻을 이해하지 못했습니다. 그때 마침 고넬료가 보낸 사람이 시몬을 찾아서 그의 문밖에 섰습니다(18).

성령님께서 베드로에게 무슨 방향을 주셨습니까? 베드로가 그 환상에 대하여 생각할 때 성령님께서 "두 사람이 너를 찾는다."라고 말씀하셨습니다(19). 그리고 "일어나 내려가고, 의심하지 말고 함께

가라."라고 하셨습니다(20). 베드로는 성령님의 방향에 순종하여 내려가 말했습니다(21). "내가 너희가 찾는 사람인데, 무슨 일로 왔느냐?"

그들의 대답은 무엇입니까? 의인이며, 하나님을 경외하는 사람이며, 유대 온 족속이 칭찬하는 고넬료가 거룩한 천사의 지시를 받아 베드로를 초청하여 메시지를 듣고자 했습니다(22).

이 말을 들은 베드로의 반응은 무엇입니까? 23절을 보면, 베드로는 그들을 영접하여 함께 잠을 잤습니다. 그리고 그들과 함께 욥바로 떠났습니다. 정통 유대인 베드로가 이방 사람을 품는 새 시대가 열렸습니다. 이것은 역사적 순간입니다. 이런 그의 행동은 "잡아먹으라."(10:13)라는 하나님의 말씀에 순종하는 일입니다. 하나님께서 깨끗하다고 하신 그 기준대로 사는 겁니다(10:15). 베드로의 새로운 렌즈로 이방 선교는 더욱 힘을 얻습니다.

고넬료는 베드로를 어떻게 맞이했습니까? 이튿날 가이사랴에 들어갔는데, 고넬료가 그의 친척과 가까운 친구들을 모아 기다리고 있습니다(24). 그는 베드로가 들어오자, 그의 발 앞에 엎드려 절했습니다(25). 고넬료는 베드로의 위상을 깊이 인정했습니다.

그러나 베드로는 그를 일으키며 말했습니다(26). "일어서라, 나도 사람이다." 유대인 베드로가 로마인 고넬료와 같은 위치에 섭니다. 유대인도 사람이고 로마인도 사람입니다. 그런데 유대인은 오직 자기만 특별한 존재라고 생각했었습니다. 그런 그의 생각이 바뀌었습니다. 그는 이제 민족과 신분과 지위를 모두 뛰어넘습니다. 하나님 앞에서는 다 같은 사람이라는 사실을 인식하고 인정합니다.

그리고 베드로는 고넬료와 하나가 되어(27), 무엇을 말했습니까? 28절입니다. "이르되 유대인으로서 이방인과 교제하며 가까이하는 것이 위법인 줄은 너희도 알거니와 하나님께서 내게 지시하사 아무도 속되다 하거나 깨끗하지 않다 하지 말라 하시기로." 율법에 따르면 유대 사람이 이방 사람과 사귀거나 가까이하는 일은 불법입니다. 그런데도 그는 그들과 가까이하며 교제합니다. 왜냐하면 하나님께서 그에게 지시하셨기 때문입니다. 하나님은 "어떤 사람도 속되지 않다. 하나님 앞에서 모든 사람은 똑같다."라고 말씀하셨기 때문입니다. 베드로는 하나님께서 지시하신 그 기준에 따랐습니다. 그의 변화의 뿌리에는 하나님 말씀이 있습니다. 그는 말씀을 통해서 자기 생각과 가치관을 바꾼 겁니다. 말씀을 기준으로 삼으면 자기를 부인할 수 있습니다. 자기를 부인하면 민족의 차별을 뛰어넘을 수 있습니다.

그래서 베드로는 이방 사람을 자기 집으로 받아들이고 함께했습니다. 그뿐 아니라, 그는 이방 사람의 부름을 사양하지 않고 이방 사람의 집까지 왔습니다(29). 하지만 그는 자신을 부른 이유를 아직 몰랐습니다.

왜 고넬료는 베드로를 불렀습니까? 그는 나흘 전 이맘때까지 기도했는데, 갑자기 한 사람이 빛난 옷을 입고 섰습니다(30). 그리고 말했습니다(31). "하나님이 네 기도를 들으시고 네 구제를 기억하셨다." "사람을 욥바에 보내어 베드로를 초청하라"(32). 그래서 그는 그 말씀에 순종하여 베드로를 초청했습니다(33). 고넬료가 베드로를 초청한 이유도 하나님의 말씀에 순종한 겁니다. 고넬료는 이제 하나님께서 베드로에게 명령하신 그 내용을 듣고자 합니다.

베드로는 무슨 메시지를 전했습니까? 34절을 보십시오. "베드로가 입을 열어 말하되 내가 참으로 하나님은 사람의 외모를 보지 아니하시고." 하나님은 사람을 편견에 치우쳐 판단하지 않습니다. 하나님은 유대인의 혈통이나 이방인의 혈통을 보고 판단하지 않습니다.

하나님의 기준은 무엇입니까? 하나님은 그 사람이 어느 민족에 속하든지 하나님을 경외하고 의를 행하면 다 받아주십니다(35). 이 말을 유대인 베드로가 했다는 사실이 중요합니다. 그는 하나님에 대해서 새로운 인식을 했습니다. 하나님에 대한 자신의 고정관념과 편견을 깼습니다. 하나님은 그 믿음을 보신다는 사실을 알았습니다.

어떻게 이런 일이 가능합니까? 36절을 보면 예수님 때문입니다. 예수님은 모든 것의 주님이십니다. 하나님은 예수님을 통하여 평화의 복음을 이스라엘 전하셨습니다. 사람들은 로마에 대항해 무장 반란을 일으키기를 바랐습니다. 그러나 예수님은 그런 민족주의적 기대에도 불구하고 평화의 복음을 전하셨습니다. 그 평화의 복음은 유대인과 이방인이 하나 되게 하는 복음입니다.

그동안 유대인과 이방인은 담을 쌓고 살았습니다. 예루살렘 성전에는 유대인과 이방인 사이에 1.5m의 담이 있었습니다. 그리고 헬라어와 라틴어로 쓴 경고문이 있었습니다. "이 벽을 넘는 자는 죽임을 당하리라." 이 담은 인종 감정을 넘어서 서로에 대한 적대감으로 커졌고, 결국 원수가 되었습니다. 그런데 예수님께서 그런 세상으로 오셔서 평화의 복음을 전파하셨습니다.

지금까지 예수님 밖에는 유대인과 이방인이라는 두 종류의 인간이 존재했습니다. 하지만 이제 예수님 안에는 한 종류의 인간만 있습니다. 예수님께서 두 종류였던 유대인과 이방인을 '한 새 사람'으로 만드셨기 때문입니다(엡 2:15). 새 사람이 함께 모여 있는 곳이 새 공동체, 새 교회입니다.

그 일을 언제부터 시작했습니까? 세례 요한이 그 세례를 반포한 후에 갈릴리에서 시작하여 온 유대에 두루 전파했습니다(37). 그 사실을 그들도 알고 있습니다. 하나님께서 예수님에게 성령님과 능력을 부으셨습니다(38). 예수님께서 좋은 일 하시고, 마귀에게 눌린 사람을 고치시며 두루 다니셨습니다. 왜냐하면 하나님께서 그분과 함께하셨기 때문입니다. 사도 베드로는 유대인의 땅과 예루살렘에서 그분이 행하신 모든 일에 증인입니다(39). 그런데 사람들은 그분을 나무에 달아 죽였습니다.

하지만 하나님이 사흘 만에 다시 살리셨습니다(40). 그리하여 사람들 앞에 분명하게 나타내셨습니다. 그렇다고 모든 백성에게 나타나신 것은 아닙니다(41). 오직 미리 택하신 증인 곧 죽은 자 가운데서 부활하신 후 그분을 모시고 음식을 먹은 사도에게 나타나셨습니다.

그분은 '우리', 즉 사도에게 무엇을 명령하셨습니까? 42절입니다. "우리에게 명하사 백성에게 전도하되 하나님이 살아 있는 자와 죽은 자의 재판장으로 정하신 자가 곧 이 사람인 것을 증언하게 하셨고." 예수님은 "하나님께서 당신을 살아 있는 사람과 죽은 사람의 재판장으로 세우셨음을 사람들에게 선포하고 증언하도록" 하셨습니다.

모든 선지자도 예수님에 관하여 무엇을 증언합니까? 43절을 읽읍시다. "그에 대하여 모든 선지자도 증언하되 그를 믿는 사람들이 다 그의 이름을 힘입어 죄 사함을 받는다 하였느니라." 그분에 관하여 모든 선지자도 증언합니다. 누구든지 그분을 믿는 사람은 그분의 이름으로 죄 사함을 받습니다.

이 사실이 주는 의미는 무엇입니까? 유대인뿐만 아니라 이방인도 예수님의 이름을 믿음으로 죄 용서를 받습니다. 죄 용서를 유대인이라는 혈통으로 받지 않습니다. 유대인이라는 민족으로 받지 않습니다. 혈통도, 국적도, 사회적 신분도, 돈의 많고 적음도 죄 용서의 기준이 아닙니다. 이제는 오직 예수님의 이름을 믿음으로만 죄 용서를 받습니다. 그러므로 굳이 차별을 말하자면, 믿느냐 믿지 않느냐의 차별만 있을 뿐입니다.

물론 이 일은 오늘에야 이르러 시작한 일은 아닙니다. 구약 시대부터 이미 있었습니다. 그때는 사람이 한 귀로 듣고 한 귀로 흘려버렸습니다. 그런데 오늘 성령님께서 다시 이 사실을 강조하십니다. 베드로를 통해 그 메시지를 전함으로 그 사실을 확증하십니다.

그러므로 오늘 우리도 사람을 차별하지 않아야 합니다. 누구든지 예수님을 믿음으로 죄 용서를 받습니다. 세상이 아무리 변해도, 인류의 삶이 놀랍게 변해도, 인간이 죄인이라는 사실은 절대로 변하지 않습니다. 'AI'가 우리의 삶을 지배하고, 사람과 'AI'의 경계가 모호할지라도 사람은 영혼을 소유한 존재라는 사실은 절대로 바뀌지 않습니다. 사람이 아무리 반려동물과 함께 살지라도, 반려동물은 죄 용서받지 않지만, 사람은 죄 용서받아야 합니다. 왜냐하면 사람은 죄인이고, 그 죄로 죽고, 심판을 받기 때문입니다. 따라서 삶의 현장에서 어떤 모습으로 살든지, 사람은 반드시 죄 용서받아야 합니다.

그러면 누가, 어떻게 그 죄를 용서합니까? 오직 예수님을 믿음으로만 죄를 용서받습니다. 그런데 많은 사람이 이 사실을 모릅니다. 사람이 영혼을 가진 존재이며, 죄인이라는 사실을 모릅니다. 그리고 그 죄 용서를 오직 예수님을 믿음으로만 한다는 사실을 모릅니다. 그러므로 오늘 우리는 그 사실을 증언해야 합니다. 하나님께서 모든 선지자를 통해서 증언하셨고, 사도 베드로를 통해서 증언하셨듯이, 오늘은 우리를 통해서 증언하십니다.

16, 10:17-48 누구든지 그의 이름을 힘입어

옛적에 미국 백인은 아프리카에서 잡아 온 흑인을 보면서 신학적 고민을 했었습니다. "흑인에게도 영혼이 있는가? 그들도 죄를 용서받고 새 사람으로 살 수 있는가?" 그들은 사람을 피부색으로 차별했습니다. 조선 시대에는 사회적 신분으로 사람을 차별했습니다. 이런 모습은 교회사에서 슬픈 그림자였습니다. 그런데 그런 슬픈 그림자가 오늘 내 마음 한구석에 자리 잡을 수 있습니다. 죄 용서에 관해서 사람을 차별한다면, 그것이 곧 슬픈 그림자입니다. 사람이라면 그가 어떤 신분이든지, 어린아이든지 노인이든지, 돈이 많든지 적든지, 죄를 용서받아야 합니다. 그러므로 오늘 우리도 베드로처럼 이 사실을 깨닫고, 차별하지 않아야 합니다. 누구에게든지 증언할 수 있어야 합니다.

베드로가 메시지를 전할 때 무슨 일이 일어났습니까? 베드로가 그 메시지를 전할 때 성령님이 말씀 듣는 모든 사람에게 내려오셨습니다(44). 성령님은 말씀 사역을 통하여 일하십니다. 베드로와 함께 온 할례 받은 신자들이 이방인들에게도 성령님이 오심을 보고 놀랐습니다(45). 유대인 출신은 할례를 받지 않고도 성령님의 선물을 받을 수 있음을 보고 놀란 겁니다.

그들은 또 왜 놀랐습니까? 그들은 이방 사람이 방언을 말하며 하나님을 높임을 들었기 때문입니다(46). 그때 베드로는 말했습니다(47). "이 사람들이 우리와 같이 성령님을 받았는데, 누가 능히 물로 세례 베풂을 금할 수 있느냐?" 같은 성령님께서 임하셨기에 세례를 베풀 수 있습니다. 세례를 받음은 성령님께서 함께하심의 표시입니다. 베드로는 예수 그리스도의 이름으로 세례를 베풀었습니다(48). 이제 유대인과 이방인이 예수님을 믿음으로 한 가족이 됩니다.

이 세상에는 많은 사람이 있고, 다양한 삶의 모습이 있습니다. 하지만 사람은 모두 죄인입니다. 그 죄를 오직 예수님을 믿음으로 용서받습니다. 그리고 오늘 우리는 그 일에 증인입니다. 따라서 우리는 모든 사람에게 이 복음을 증언하여, 모든 사람이 죄를 용서받는 일에 쓰임 받기를 기도합니다.

17

그리스도인

본문 사도행전 11:1-30
요절 사도행전 11:26
찬송 452장, 453장

"만나매 안디옥에 데리고 와서 둘이 교회에 일 년간 모여 있어
큰 무리를 가르쳤고 제자들이 안디옥에서 비로소
그리스도인이라 일컬음을 받게 되었더라."

우리는 '예수님을 그리스도로 믿는 사람', 즉 '그리스도인'입니다. 이 말은 무슨 뜻이며, 언제부터 누가 어떻게 사용했습니까?

사도들과 유대에 있는 형제자매들은 고넬료 가족도 하나님의 말씀을 받아들였다는 소식을 들었습니다(1). 그런데 베드로가 예루살렘에 왔을 때, 할례를 받은 유대인 출신 기독교인이 그를 비난했습니다(2). "당신은 왜 할례를 받지 않은 사람의 집에 들어가서, 그들과 함께 음식까지 먹었는가"(3)? 할례받음과 음식을 구별하여 먹는 일은 유대인 정체성의 표시였습니다. 따라서 베드로가 한 사역은 할례파의 세계관에 큰 충격을 주었습니다.

베드로는 그 일을 어떻게 설명했습니까? 베드로는 욥바에서 있었던 일들을 처음부터 차근차근 설명했습니다(4). 그는 욥바에서 기도했을 때 환상을 보았습니다. 큰 보자기 같은 그릇이 하늘에서 내려왔는데(5), 그 안에는 땅에 있는 네 발 가진 짐승과 산짐승과 길짐승

과 하늘의 날짐승이 있었습니다(6). 그리고 “베드로야, 잡아먹어라.” 라는 음성이 들렸습니다(7). 그는 “절대로 그럴 수 없습니다.”라고 말했습니다(8). 그랬더니 “하나님께서 깨끗하게 하신 것을 속되다고 하지 말아라.”라는 음성이 들렸습니다(9). 이런 일이 세 번 일어났습니다(10).

바로 그때 시몬이 묵고 있는 집으로 사람들이 찾아왔습니다(11). 성령님께서 시몬에게 “망설이지 말고 그들을 따라가라.”라고 하셨습니다(12). 성령님은 베드로에게 이방인을 차별하지 말라고 말씀하셨습니다. 베드로가 인간적인 충동이나 감정으로 그들을 만난 것이 아니었습니다. 그는 성령님의 방향에 순종한 일이었습니다.

그리고 시몬을 찾아온 사람은 고넬료가 천사를 만나서 베드로를 불러오도록 했음을 말했습니다(12-13). 왜냐하면 시몬이 그들 집안이 구원받을 말씀을 할 것이기 때문이었습니다(14).

시몬은 그들의 말을 듣고 그 집에 가서 말을 시작했습니다(15). 그러자 성령님이 처음에 유대인에게 오셨던 그것처럼 그들 위에도 내려오셨습니다(15). 이방인 사역은 베드로가 한 일이 아니었습니다. 성령님께서 주도적으로 하신 일이었습니다. 성령님은 유대인과 사도들에게 하신 것처럼 이방인 고넬료에게도 일하셨습니다. 그때 베드로는 “요한은 물로 세례를 주었지만, 너희는 성령으로 세례를 받을 것이다.”라는 주님의 말씀이 생각났습니다(16). 그는 이방인에게 일어난 일은 전적으로 성령님께서 하신 일임을 깨달았습니다.

그러므로 그의 결론은 무엇입니까? 17절을 읽읍시다. “그런즉 하나님이 우리가 주 예수 그리스도를 믿을 때에 주신 것과 같은 선물을 그들에게도 주셨으니 내가 누구이기에 하나님을 능히 막겠느냐 하더라.” 여기서 중요한 단어는 ‘같은 선물’입니다. 하나님은 유대인이 예수님을 믿을 때 주신 것과 ‘같은 선물’을 이방인에게도 주셨습니다. 하나님은 유대인뿐만 아니라 이방인에게도 ‘같은 구원’을 주십니다. 유대인도 믿음으로 구원을 받고, 이방인도 믿음으로 구원을 받습니다. 이것이 하나님의 뜻입니다. 그러므로 누가 감히 하나님을 거역할 수 있겠습니까?

비난했던 그들은 무엇을 했습니까? 그들은 베드로의 말을 듣고 잠잠했습니다(18). 그리고 하나님께 영광을 돌렸습니다. 하나님께서 이방 사람에게도 회개하여 생명에 이르는 길을 열어주셨음을 깨달았기 때문입니다.

그런데도 아직은 어떤 문제가 있습니까? 유대인 신자가 유대인에게만 말씀을 전하는 문제가 있었습니다(19). 스데반이 순교했을 때 교회에 환난이 있었습니다. 그때 많은 사람이 예루살렘을 떠나 주변 나라로 갔는데, 안디옥까지 이르렀습니다. 주전 300년 알렉산더 대제의 장군 중 한 사람인 셀레우쿠스 니카토르(Seleucus Nicator)가 안디옥을 만들었습니다. 그는 아버지 안티오쿠스(Antiochus)의 이름을 따라 '안디옥(Antioch)'이라고 불렀습니다. 시리아의 수도였는데, 전체 인구 중 1/7 정도가 유대인이었습니다. 그런데 흩어진 유대인은 유대인에게만 말씀을 전했습니다.

왜 그들은 유대인에게만 복음을 전할까요? 그들에게는 언어와 문화적 한계가 있었습니다. 하지만 더 큰 문제는 마음의 한계였습니다. 그들은 유대인 중심의 가치관, '시오니즘(Zionism)'이 바뀌지 않았습니다. 그들은 하나님께서 이방인도 구원하신다는 사실을 깨닫지 못했습니다.

하지만 어떤 일도 있었습니까? 20절을 보면, 구브로와 구레네의 이름 없는 몇 사람이 안디옥에 왔습니다. 그들은 유대인이 전도의 대상으로 삼지 않은 헬라인에게도 예수님을 증언했습니다. 그들은 전도의 대상을 제한하지 않았습니다. 만나는 사람이면 누구나 가리지 않고 전도했습니다.

이 사실이 주는 의미는 무엇입니까? 이것은 전도의 새로운 패러다임을 제시한 겁니다. 그동안 복음은 지역적으로 유대에서 사마리아로, 그리고 소아시아로 확장했습니다. 하지만 지역적인 확장에 비해서 내용적인 확장은 아주 제한적이었습니다. 그런데 마침내 이 이름 없는 몇 사람에 의해서 유대인 중심에서 이방 사람으로 방향 전환이 이루어졌습니다.

그 결과는 어떠했습니까? 21절입니다. "주의 손이 그들과 함께하시매 수많은 사람들이 믿고 주께 돌아오더라." 주님께서 능력으로 그들과 함께하십니다. 많은 사람이 믿고 예수님께로 돌아왔습니다. 이런 모습은 성령님께서 복음의 대상을 제한하지 않음을 말합니다. 복음은 아는 사람끼리만 누리고 즐기는 것이 아닙니다. 새로운 세계, 낯선 사람에게로 파고들어야 합니다. 물이 흐르지 않으면 썩듯이 전도가 제한되면 생명력을 잃습니다. 오늘 우리도 우리의 1차 전도 대상인 대학생은 물론이고, 삶의 현장에서 만나는 사람에게도 예수님을 증언해야 하지 않을까요?

예루살렘 교회는 이 소식을 듣고 무엇을 했습니까? 교회는 바나바를 안디옥까지 보냈습니다(22). 예루살렘 교회는 안디옥 교회에서 일어난 일을 알고 싶었습니다. '성령님의 사역인지, 아니면 거짓 사역인지'에 관해 사실관계를 알고자 했습니다.

바나바는 안디옥 교회에 와서 보고 무엇을 했습니까? 그는 교회에 하나님의 은혜가 있는 것을 보고 기뻐했습니다(23). 안디옥 교회에서 일어난 사역은 하나님께서 친히 하신 일이었습니다. 그는 모든 사람에게 굳센 마음으로 주님을 의지하도록 격려합니다. 바나바는 착한 사람이고, 성령님과 믿음이 가득한 사람입니다(24). 그런 바나바의 격려를 듣고 많은 사람이 주님께로 나왔습니다.

그러자 바나바는 무엇을 했습니까? 그는 사울을 찾으러 다소로 갔습니다(25). 그는 홀로 사역을 섬기기가 버거웠습니다. 그는 사울을 동역자로 초청하려고 했습니다.

두 사람은 안디옥 교회로 와서 무슨 일에 힘썼습니까? 26절을 읽읍시다. "만나매 안디옥에 데리고 와서 둘이 교회에 일 년간 모여 있어 큰 무리를 가르쳤고 제자들이 안디옥에서 비로소 그리스도인이라 일컬음을 받게 되었더라." 두 사람은 일 년 동안 교회에 머물면서 많은 사람을 가르쳤습니다.

그 결과가 어떻게 나타났습니까? 제자들이 안디옥에서 비로소 그리스도인이라 일컬음을 받았습니다. '비로소'라는 말은 '최초로'라는 뜻입니다. 안디옥에서 최초로 그리스도인이라는 말이 나왔습니다. '그리스도인'이란 헬라어로는 '크리스티아노스(*Christianos*)', 즉 '그리스도를 따르는 사람', '그리스도의 추종자'를 말합니다. 여기서 '크리스천(Christian)', 즉 '그리스도인'이라는 말이 나왔습니다.

그런데 누가 이렇게 말했습니까? 제자들이 스스로 한 말이 아닙니다. 세상 사람이 제자들을 보고 그렇게 불렀습니다. 왜냐하면 그들이 볼 때 제자들은 자기들과는 달랐기 때문입니다. 대부분 사람은 로마 황제를 따랐고, 세상 풍조를 따랐습니다. 그러나 제자들은 그리스도를 말하고, 그리스도를 노래하고, 그리스도를 위해서 살았습니다. 그들은 삶의 현장에서 그리스도를 알기 위해서, 그리스도처럼 살기 위해서 애를 썼습니다. 그들은 '작은 그리스도(little Christ)'였습니다. 사람들은 그런 그들을 보고 말했습니다. "너희는 그리스도를 따르는 사람, 즉 크리스천이다."

제자들은 어떻게 인정받았습니까? 그들은 바나바와 바울로부터 1년 동안 가르침을 받았습니다. 그들이 1년 동안 말씀을 가르치고 배웠을 때 세상이 그들을 그리스도인으로 인정했습니다. 교회가 세상으로부터 인정받는 비결 중 핵심은 가르침과 배움입니다. '교회(敎會)'라는 말의 문자적 뜻은 '가르치는 모임'입니다. 교회의 핵심 사역에는 성경 가르치고 배우는 일이 있습니다. 교회가 말씀을 가르치고 배우는 일에 힘쓰면 교인의 인격이 변하고 삶이 변합니다. 그리스도인으로서 정체성이 나타나고, 크리스천의 향기를 풍깁니다. 교회는 세상으로부터 염려의 대상이 아닌 희망의 공동체로 자랍니다.

그런데 요즘은 "세상이 교회를 염려한다."라는 말을 듣습니다. 교회가 세상으로부터 인정받지 못한 점이 많기 때문입니다. 무늬는 그리스도인인데, 삶은 그리스도인답지 못한 사람이 눈에 띄기 때문입니다.

이 문제의 원인을 어디에서 찾아야 할까요? 교회가 핵심 사역을 놓친 데 있습니다. 즉 성경 가르치고 배우는 일을 소홀히 한 데 있습니다. 말씀 사역을 바르게 회복할 때 세상으로부터 교회가 인정을 받습니다. 그리스도인은 교회 안에서는 물론이고 교회 밖에서도 그리스도인이어야 합니다. 우리끼리 크리스천으로 불리는 것보다도 세상으로부터 크리스천으로 불리는 것이 더 중요합니다. 그 뿌리에는 성경 가르치는 일과 배우는 일이 있습니다.

어떤 사람은 성경을 '인간 사용 설명서'라고 부릅니다. 스마트폰을 사면 사용 설명서가 딸려 옵니다. 왜냐하면 제품을 산 사람이 제품의 목적과 작동 방법을 알아야 하기 때문입니다. 어떤 사람은 사용 설명서를 꼼꼼히 읽지만, 어떤 사람은 대충 읽거나 아예 읽지 않습니다. 읽지 않으면 그 좋은 제품을 바르게 사용하지 못합니다. 성경은 하나님이 우리를 위해 쓰신 사용 설명서입니다. 그러므로 성경을 잘 배운 사람과 그렇지 않은 사람의 차이가 정말로 큽니다. 그 점에서 성경 가르침과 배움의 중요성을 아무리 강조해도 지나치지 않습니다.

안디옥 교회에는 누가 있었습니까? 그때 선지자들이 예루살렘에서 안디옥에 이르렀습니다(27). 그중에 아가보라 하는 사람이 일어나 성령님으로 말했습니다(28). "천하에 큰 흉년이 들리라." 그런데 글라우디오 때 그렇게 되었습니다. 글라우디오는 로마의 제4대 황제입니다. 그는 황제 예배를 강요한 대표적 왕이었습니다. 그는 할머니를 여신으로 할아버지를 신으로 모시게 했습니다. 자신의 상을 예루살렘 성전 안에 두게 했습니다. 그때 흉년이 있었습니다.

제자들은 무엇을 했습니까? 29절입니다. "제자들이 각각 그 힘대로 유대에 사는 형제들에게 부조를 보내기로 작정하고." 그들은 유대의 동역자들에게 구제금을 보내기로 했습니다. 그들은 구제 헌금을 바나바와 사울을 통하여 예루살렘의 장로들에게 보내서 그대로 실행했습니다(30).

우리는 무엇을 배웁니까? 선교사를 파송한 교회와 선교지 교회가 하나 됨을 배웁니다. 안디옥 교회가 성장한 데는 예루살렘 교회의 영적 후원이 있었습니다. 안디옥 교회는 그 영적인 빚을 구제 헌금으로 갚습니다. 구제 헌금은 단순한 돈이 아닙니다. 지금까지 받은 사랑에 대한 보답이며, 은혜에 대한 감사의 표현입니다. 받은 은혜를 잊지 않고 표현하는 것, 품격 있는 크리스천의 향기입니다.

17, 11:1-30 그리스도인

우리는 '예수님을 그리스도로 믿는 사람', 즉 '그리스도인'입니다. 그런데 그 말을 우리끼리 사용하기보다는 세상 사람이 우리를 그렇게 불러줘야 합니다. 우리가 말씀을 가르치고 배우는 일에 힘써서 세상이 인정하는 '그리스도인'으로 자라기를 기도합니다.

18
하나님의 말씀은 흥왕하여

본문 사도행전 **12:1-25**
요절 사도행전 **12:24**
찬송 **336**장, **341**장

"하나님의 말씀은 흥왕하여 더하더라."

우리는 '예수님을 따르는 사람', 즉 '그리스도인'입니다. 그런데 삶의 현장에서 그리스도인으로 사는 일이 쉽지 않습니다. 왜냐하면 교회에 도전하는 세력이 있고, 그 세력은 대단히 강해 보이기 때문입니다. 하지만 그리스도인은 세상 대신 예수님을 따라야 합니다. 우리는 어떻게 이렇게 할 수 있습니까?

1절을 봅시다. "그 때에 헤롯 왕이 손을 들어 교회 중에서 몇 사람을 해하려 하여." '그때'는 바나바와 사울이 후원금을 가지고 예루살렘으로 올라간 때입니다. 그때는 유월절 전후였습니다. '헤롯 왕'은 헤롯 대왕(Herod the Great, 주전 37~4)의 손자인 헤롯 아그립바 1세(Herod Agrippa I, 주후 37~44)입니다. 그는 유대인이 '우리 사람'으로 여길 만큼 백성 사이에서 인기가 있었습니다. 그런 그가 교회 중에서 몇 사람을 해하려고 했습니다.

그는 먼저 요한의 형제 야고보에게 칼을 휘둘렀습니다(2). '야고보'는 열두 사도 중 '큰 야고보'로 요한과 함께 갈릴리 해변에서 어부생활을 하다가 예수님의 부르심을 받았습니다(마 4:20). 헤롯은 왕권을 이용하여 야고보를 칼로 죽였습니다.

헤롯이 교회를 향해 직접 칼을 휘두르는 데는 무슨 뜻이 있습니까? 그동안 정치 지도자들은 교회를 직접적으로 해하지 않았습니다. 그런데 정치 지도자가 교회를 해하기 시작했습니다. 교회는 예수님을 왕으로 믿기 때문입니다. 이제부터 '가짜 왕'과 '진짜 왕', '세상 왕'과 '하늘 왕'이 싸움을 시작합니다.

그 싸움에서 누가 이깁니까? 초반에는 헤롯이 이깁니다. 그는 야고보를 죽였고, 유대인도 그 일을 기뻐했습니다(3). 유대인은 세상 왕의 편에 섰습니다. 그것을 보고 헤롯은 베드로까지 잡고자 했습니다. 그때는 무교절 기간이었습니다. '무교절'은 누룩을 넣지 않은 빵을 먹는 절기입니다. 무교절은 유월절이 끝나는 그다음 날부터 시작합니다. 무교절은 출애굽 이후부터 사도 시대까지 이어졌습니다.

야고보에게 칼을 휘둘렀던 헤롯은 베드로를 잡아 옥에 가두고 경비병에게 지키게 했습니다(4). 유월절이 지나면 그를 백성 앞에 끌어낼 속셈이었습니다. 교회는 권력자가 휘두르는 막강한 칼 앞에서 심각한 위기에 처했습니다.

교회는 무엇을 합니까? 5절을 읽읍시다. "이에 베드로는 옥에 갇혔고 교회는 그를 위하여 간절히 하나님께 기도하더라." 교회는 감옥에 갇힌 베드로를 위하여 간절하게 기도합니다.

칼을 휘두르는 헤롯과 기도하는 교회를 통해서 무엇을 배웁니까? 세상과 교회는 각자 자기가 가지고 있는 무기를 사용합니다. 헤롯은 자신의 무기인 칼을 휘두릅니다. 그러나 교회는 유일한 무기인 기도를 사용합니다. 교회는 세상의 권력 앞에서 기도하는 것 외에는 할 수 있는 방법이 없습니다. 칼과 기도를 단순히 비교하면 비교 불가능입니다. 칼 앞에서 기도는 너무 무기력하고 연약해 보입니다.

하지만 그 기도의 힘이 얼마나 위대합니까? 베드로는 두 쇠사슬에 묶여 잠들고, 파수꾼들은 감옥을 지키고 있습니다(6). 베드로는, 예수님께서 광풍이 불고 파도가 치는데도 배에서 잠이 드셨던 것처럼(눅 8:23), 평화를 누립니다. 그 평화는 주님의 함께하심을 믿는 믿음에서 왔습니다.

그때 무슨 일이 일어났습니까? 하늘 왕께서 움직이십니다. 갑자기 주님의 천사가 나타나고, 환한 빛이 감방을 비췄습니다(7). 하늘 왕께서 세상 왕에게 도전하신 겁니다. 천사가 베드로의 옆구리를 쳐서 깨우고 말합니다. "빨리 일어나라." 그러자 쇠사슬이 그의 두 손목에서 풀렸습니다. 주님께서 교회의 기도를 들어주셨습니다.

그런데 천사는 베드로가 어떻게 하도록 합니까? 8절을 보십시오. "천사가 이르되 띠를 띠고 신을 신으라 하거늘 베드로가 그대로 하니 천사가 또 이르되 겉옷을 입고 따라오라 한 대." 이 모습은 과거 이스라엘이 유월절에 애굽을 빠져나왔을 때를 연상하게 합니다(출 12:11). 역사적인 유월절에 주님은 교회를 위해서 베드로를 헤롯과 유대인의 손에서 건져내십니다. 과거에 이스라엘을 애굽과 바로의 칼에서 구원하셨던 그 하나님께서 오늘은 베드로를 헤롯과 그의 칼날에서 구원하십니다. 오늘 유월절은 베드로의 유월절입니다. 그 유월절의 뿌리에는 교회의 기도가 있습니다. 기도가 약해 보이나, 그 힘은 대단합니다. 막강하게 보인 세상 권력을 이깁니다.

하지만 베드로는 천사를 따라 나가면서도 천사가 하는 일을 현실이 아니라 환상으로 여겼습니다(9). 그들이 첫째 초소와 둘째 초소를 지나서, 시내로 통하는 철문에 이르니 문이 저절로 열렸습니다(10). 그들이 바깥으로 나와서 거리 하나를 지났을 때, 천사는 사라졌습니다. 그제야 베드로는 정신이 들었습니다(11). 그는 주님께서 천사를 보내서 자기를 헤롯의 손과 유대 백성의 기대에서 벗어나게 하신 줄 알았습니다. 그는 조상의 유월절을 자신의 유월절로 만드신 하나님을 깨달았습니다.

그때 그는 무엇을 합니까? 그는 마가라 하는 요한의 어머니 마리아의 집으로 갔습니다(13). 그곳에는 많은 사람이 모여서 기도하고 있습니다. 베드로가 대문을 두드리자, 로데라 하는 여자아이가 영접하러 나왔습니다(13). 그녀는 베드로의 목소리를 알아듣고 너무 기뻐서 문을 열지 않고 안으로 들어가, "베드로가 서 있다."라고 알렸습니다(14). 하지만 사람들은 그녀에게 "너 미쳤구나!"라고 했습니다(15). 여자아이가 계속 우기자, 그들은 "그러면 그의 천사이다."라고 했습니다. 베드로는 감옥에서는 쉽게 나왔는데, 동역자들에게는 들어가지 못합니다.

여기서 우리는 무엇을 생각할 수 있습니까? 기도하고도 믿지 않음의 모순입니다. 그들은 베드로를 구해달라고 기도했습니다. 하나님은 그들의 기도를 들으시고, 감옥 문을 여셨습니다. 그런데 그들은 기도하면서 자기 생각이 있었습니다. 자기 생각대로 기도 응답이 나타나지 않자, 그들은 믿지 않았습니다. 기도하면서 자기 생각을 앞세우면 불신에 빠지기 쉽습니다. 응답을 보고도 믿지 않기 때문입니다.

여기서 또 하나 생각할 점은 무엇입니까? 하나님은 감옥 문을 여셨습니다. 하지만 믿지 않은 그 백성의 마음 문을 열지 않습니다. 하나님은 불신의 문을 열지 않습니다. 그들 스스로 열기를 바라십니다.

그 문은 어떻게 열렸습니까? 베드로가 문 두드리기를 그치지 않자, 그들이 문을 열어 베드로를 보고 놀랍니다(16).

베드로는 그들에게 무엇을 증언합니까? 17절을 보십시오. "베드로가 그들에게 손짓하여 조용하게 하고 주께서 자기를 이끌어 옥에서 나오게 하던 일을 말하고 또 야고보와 형제들에게 이 말을 전하라 하고 떠나 다른 곳으로 가니라." 베드로는 그들에게 그들의 기도가 응답했음을 증언합니다. 애굽에서 조상을 구원하신 그 하나님께서 오늘 유월절에 베드로를 구원하셨음을 증언합니다. 그는 하나님이 역사의 주인이시며, 헤롯을 다스리는 만왕의 왕이심을 증언합니다. 그리고 이 사실을 야고보와 형제들에게 전하도록 합니다. 여기 '야고보'는 예수님의 동생입니다. 그는 예루살렘 교회의 큰 기둥이었습니다(갈 2:9). 베드로는 예루살렘 교회의 지도자와 성도가 이 하나님을 영접하기를 바랍니다.

그런데 날이 새자 무슨 일이 있었습니까? 군인들 사이에서 베드로가 없어진 일로 작지 않은 소동이 일어났습니다(18). 헤롯은 베드로를 찾지 못하자 경비병들을 사형에 처하도록 했습니다(19).

그 후에 헤롯은 두로와 시돈에 몹시 화를 냈습니다(20). 두로와 시돈은 헤롯을 찾아가 평화를 요청했습니다. 그들이 헤롯의 영토에서 식량을 공급받고 있어서 그렇게 할 수밖에 없었습니다. 헤롯은 정한 날에 용포를 두르고 왕좌에 앉아서 연설했습니다(21). 그때 사람들이 외쳤습니다(22). "이것은 신의 소리요 사람의 소리가 아니라." 그들은 '신'과 '사람'을 대조합니다. 그들은 헤롯을 사람이 아닌 신으로 표현합니다. 왕의 옷을 은으로 만들었는데, 해가 떠올라 그 옷을 비추면 찬란하게 빛났습니다. 헤롯은 태양 빛을 받아 초자연적인 존재처럼 보였습니다.

그러나 그는 어떻게 되었습니까? 23절입니다. "헤롯이 영광을 하나님께로 돌리지 아니하므로 주의 사자가 곧 치니 벌레에게 먹혀 죽으니라." 그는 신처럼 행동했습니다. 그는 하나님께 가야 할 영광을 가로챘습니다. 그런 그를 주님의 천사가 즉시 쳤습니다. 그는 벌레에 먹혀 죽었습니다. 그가 아무리 신처럼 행동할지라도 신이 아닙니다. 세상에서 아무리 칼을 휘두르며 절대자처럼 군림할지라도 벌레에 먹혀 죽을 수밖에 없는 하찮은 존재입니다. 신은 오직 하나님 한 분뿐입니다. 세상을 정말로 다스리는 분은 오직 예수님뿐입니다.

그 사실을 말해주는 또 다른 증거는 무엇입니까? 24절을 읽읍시다. "하나님의 말씀은 흥왕하여 더하더라." 하나님의 말씀은 점점 더 널리 퍼지고, 믿는 사람은 많아집니다. 하나님의 말씀은 "생육하고 번성하라."(창 1:28)라는 약속처럼, "땅에 심기는 씨앗"(눅 8:8)처럼 때로는 적극적으로, 때로는 조용하게 자랍니다. 하나님의 말씀은 세상의 환경에 지배당하지 않고, 오히려 지배합니다.

그때 바나바와 사울은 무엇을 했습니까? 그들은 예루살렘 교회를 위한 구제 헌금 전달하는 일을 마쳤습니다(25). 그들은 요한 마가를 데리고 돌아왔습니다. 그들은 세상 권력자가 무엇을 하든지 흔들리지 않고, 맡은 일에 충성합니다. 하나님께서 하시는 생명 사역은 어떤 상황에서도 중단하지 않습니다. 만왕의 왕 예수님께서 함께하시기 때문입니다.

이 말씀이 당시 교회에 주는 의미는 무엇입니까? 교회는 로마 황제라는 거대한 세상 세력 앞에 서 있습니다. 그 황제 앞에서 교회는 막 피어난 새싹과 같았습니다. 교회는 거대한 파도 속에서 출렁이는 작은 배와 같았습니다. 그들에게 누가는 강력하게 말합니다. "로마 황제가 세상을 다스리지 않는다. 하늘의 왕 예수님이 다스리신다. 그 예수님께서 말씀으로 일하신다. 예수님의 말씀은 교회를 통해서 세상으로 파고든다. 그 위력은 헤롯을 꺾었듯이 로마 황제도 꺾고 세상도 꺾을 것이다." 왜냐하면 하나님의 말씀은 흥왕하여 더하기 때문입니다. 하나님은 당신의 살아계심과 전능하심을 그 말씀을 통해서 나타내십니다. 풀은 마르고 꽃은 시드나 하나님의 말씀은 영원히 섭니다(사 40:8). 말씀은 죄인을 변화시키고 세상을 변혁시키는 힘이 있습니다.

종교 개혁자들은 "오직 성경으로(*Sola Scriptura*)"를 외치며 개혁운동을 했었습니다. 개혁자들의 이 외침이 한국교회에서는 '사경회(査經會, Bible Study Conference)'로 이어졌습니다. 그 사경회를 통해서 "평양 대부흥 운동"이 일어났습니다. 이 운동이 "성경 한국(Bible Korea)"이라는 이름으로 오늘에 이르렀습니다. 그래서 오늘도 말씀의 능력을 아는 교회는 말씀 사역을 강조합니다. 말씀 사역을 통해서 하나님은 살아계시고, 전능하시고, 세상을 다스리시는 진짜 왕이심을 체험하기 때문입니다.

그런데 세상에서는 돈과 쾌락의 유혹이 들풀처럼 일어나고 있습니다. 우리는 이런 세상에 맨몸으로 부딪힐 때가 많습니다. 그러다가 유혹에 넘어지기도 하고, 두려움으로 기쁨을 잃기도 합니다. 여기에 최근에는 '목사'라는 타이틀을 걸고 목사답지 않게 행동하는 사람이 많습니다. 그들의 행태는 '헤롯'을 편들어주고, 하나님의 살아 계심과 전능하심을 깎아내립니다. 어떤 사람은 "요즘 시대는 그리스도인으로 살기 정말 어렵다."라고 말합니다.

하지만 역사를 돌아보면 그리스도인으로 살기 쉬운 시대는 없었습니다. 교회에 도전하는 세력이 있고, 그 세력은 대단히 강해 보이기 때문입니다. 그때마다 교회는 "헤롯이냐? 예수님이냐?"라는 변곡점에 섰습니다. 그리고 그때마다 성경은 "진짜 왕이 나타났는데, 그분이 예수님이다. 하나님의 말씀은 흥왕하여 더하더라."라고 증언합니다. 하나님의 말씀은 모든 방해물을 뛰어넘어서 생명 사역을 흥왕하게 이룹니다. 하나님의 말씀은 어떤 열악한 환경에서도 절대로 멈추지 않습니다. 오히려 역동적으로 생명 사역을 이룹니다.

지난주에 싱가포르, 말레이시아, 그리고 브루나이 세 지부가 연합 수양회를 했습니다. 그런데 말레이시아 구성원은 모두 현지인이었습니다. 그중 대표자는 미국에서 유학할 때 성경을 배웠고, 예수님을 믿었습니다. 그는 말레이시아로 돌아와서 한국 선교사가 없는데도 섬기고 있습니다. 그 비결은 바로 하나님의 말씀을 믿는 믿음이었습니다. 그를 통해 두세 사람이 말씀을 받고 예수님을 믿었습니다. 하나님의 말씀은 정말로 조용하지만 자라고 있었습니다.

우리는 목요일 점심시간에 '동방'에서 기도 모임을 합니다. 세상의 세력에 비해 연약하고 작습니다. 하지만 그 열매는 위대할 줄 믿습니다. 하나님의 말씀은 흥왕하여 더하기 때문입니다.

우리가 오늘도 세상의 도전 앞에서 이 말씀을 믿고 예수님을 따르며, 세상에 말씀으로 도전하기를 기도합니다.

19
성령님이 이르시되

본문 사도행전 **13:1-12**
요절 사도행전 **13:2**
찬송 **191장, 197장**

"주를 섬겨 금식할 때에 성령이 이르시되 내가 불러 시키는 일을 위하여 바나바와 사울을 따로 세우라 하시니."

많은 사람이 "초대교회로 돌아가자! 초대교회를 배우자!"라고 말합니다. 그 교회가 모범적이었기 때문입니다. 그 초대교회 중 안디옥 교회가 있었습니다. 그 교회는 어떤 점에서 모범적이었습니까?

첫째, 예배에 집중했습니다(1-2a).

1절을 봅시다. "안디옥 교회에 선지자들과 교사들이 있으니 곧 바나바와 니게르라 하는 시므온과 구레네 사람 루기오와 분봉 왕 헤롯의 젖동생 마나엔과 및 사울이라." '안디옥 교회'는 수리아에 있었습니다. 지금의 시리아와 튀르키예 국경 지대입니다. 스데반의 순교 사건 후 박해를 피해 흩어진 사람이 세운 최초의 이방인 교회였습니다(11:20). 바나바와 바울은 1년간 그곳에서 가르쳤습니다. 그 교회에서 '그리스도인'이란 말을 처음 들었습니다(11:26). 그 교회의 구성원이 어떠했습니까? 그곳에 선지자들과 교사들이 있었습니다. '선지자'란 주님한테 말씀을 받아서 가르치는 사람입니다. '교사'는 성경 교사인데, 선지자와 교사를 엄격히 구분하기는 쉽지 않습니다.

19, 13:1-12 성령님이 이르시되

그 성경 교사 중에는 바나바가 있었습니다. '바나바'는 위로의 '아들'이라는 뜻인데, 그는 밭을 팔아 그 값을 사도의 발 앞에 두었습니다(4:35-36). 니게르라 하는 시므온이 있었습니다. '니게르'는 '검다.'라는 뜻인데, 시므온은 검은색 피부를 가졌습니다. 또 구레네 사람 루기오가 있었습니다. 구레네는 예수님의 십자가를 대신 졌던 시몬의 고향입니다(마 23:32). 또 분봉 왕 헤롯의 젖동생 마나엔이 있었습니다. '젖동생'은 '같은 젖을 먹고 자란 동생'을 뜻합니다. 마나엔은 헤롯 왕과 같은 젖을 먹고 자랐으니 왕족입니다. 그는 사회적 정치적 지위가 높은 사람이었습니다. 마지막으로 사울도 있었습니다. 안디옥 교회는 국제적인 성경 교사가 있는 다문화 교회였습니다.

그 구성원을 볼 때 교회의 특징이 어떠했습니까? 외형적으로는 출신지, 학벌, 그리고 사회적 지위가 달랐습니다. 정통 유대인도 있었고, 북아프리카 출신 검은색 피부도 있었습니다. 사회적 지위가 높은 정치인도 있었고, 사울처럼 랍비 교육을 받은 학자도 있었습니다. 그들은 다른 점이 많은데도, 한 공동체 안에서 한마음으로 섬겼습니다.

어떻게 서로 다른 사람들이 한마음으로 섬길 수 있었을까요? 그들은 나와 다른 상대를 인정하고, 세워주었기 때문입니다. 나와 '다른 점'은 '틀린 점'이 아닙니다. 나와 '다른 점'은 그 사람의 장점일 수 있습니다. 나와 다른 점을 상대의 장점으로 받아들인다면, 한마음으로 섬길 수 있습니다.

우리는 무엇을 배웁니까? 교회의 모범을 배웁니다. 교회는 특정인만이 있는 곳이 아닙니다. 다양한 사람이 예수님을 그리스도로 믿고 고백함으로써 하나가 되는 곳입니다. 인종적 문화적 사회적 신분의 다양성이 주님 안에서 하나로 조화를 이루는 곳입니다. 이 점에서 우리의 렌즈는 물론이고, 마음도 넓혀야 함을 배웁니다.

안디옥 교회는 신앙생활을 어떻게 했습니까? 2절을 읽읍시다. "주를 섬겨 금식할 때에 성령이 이르시되 내가 불러 시키는 일을 위하여 바나바와 사울을 따로 세우라 하시니." '주를 섬겨 금식할 때'라는 말은 '금식하면서 주님을 섬기면서'라는 뜻입니다. '금식'은 심각한 일이 있을 때 합니다. '섬기면서'라는 말은 '예배하면서'라는 그들은 예배를 심각한 일로 여겨서 금식하며 예배하고 있습니다. 그들은 그만큼 예배에 집중하고 있습니다.

예배 집중은 초대교회의 특징 중 하나였고, 오늘의 교회가 강조하는 일 중 하나입니다. 신앙생활에서 예배만큼 중요한 일도 없기 때문입니다.

그런데 언젠가부터 우리 곁에는 '가나안 교인'이 등장했습니다. '가나안 교인'은 '교회에 안나가'는 교인입니다. 이와는 다르게 '플로팅 크리스천(Floating Christian)'이 등장했습니다. '플로팅(floating)'은 '떠 있는'이라는 뜻입니다. '플로팅 크리스천'은 어떤 교회에 소속하지 않고, 어떤 섬김이나 사귐도 하지 않으면서 자기 방식대로 신앙 생활하는 사람을 말합니다. '플로팅 크리스천'은 신앙인이라는 정체성을 갖고 있지만, 현장 예배에 참석하지 않습니다. 그들은 '코로나19'라는 불가항력에 의해 비자발적으로 등장했는데, 여전히 그 형태를 유지하고 있습니다.

하지만 현장 예배, 대면 예배의 중요성은 아무리 강조해도 지나치지 않습니다. 왜냐하면 예배는 하나님을 만남과 함께 섬김과 교제가 있어야 하기 때문입니다. 섬김과 교제는 현장에서 대면을 통해서 나타나기 때문입니다.

둘째, 성령님을 믿고 순종했습니다(2b-12).

안디옥 교회가 예배에 집중했을 때 무슨 일이 일어났습니까? 2절을 다시 읽읍시다. "주를 섬겨 금식할 때에 성령이 이르시되 내가 불러 시키는 일을 위하여 바나바와 사울을 따로 세우라 하시니." 성령님은 당신을 위해서 바나바와 사울을 따로 세우도록 하셨습니다. '따로 세운다.'라는 말은 특별한 일을 위해서 구별하여 임명함을 뜻합니다.

여기에는 무슨 뜻이 있었습니까? 성령님이 교회의 주인이심을 보여주었습니다. 본문에서 주어는 '사도'가 아닌 '성령님'이십니다. 성령님은 당신의 일을 위해서 당신의 일꾼을 세우셨습니다. 성령님은 당신 스스로 일하기보다는 일꾼을 부르고 세워서 일하셨습니다. 그리고 성령님은 일꾼을 세우실 때 두 사람을 한 팀으로 세우셨습니다. 바나바와 사울이 서로 동역하여 일하도록 하셨습니다.

이 성령님이 오늘 우리 안에서는 어떻게 일하십니까? 성령님은 지금도 여전히 교회에서 주도적으로 일하십니다. 기독교를 제외한 모든 종교는 사람이 주도권을 쥐고 있습니다. 다른 종교에서는 사람이 자기가 의지하는 신을 조종합니다. 그들은 자기가 믿는 신에게 자기가 원하는 일을 요구하고 협박하고 뇌물을 바칩니다.

그러나 우리의 하나님은 다릅니다. 잠언 16:1은 말씀합니다. "마음의 경영은 사람에게 있어도 말의 응답은 여호와께로부터 나오느니라." 계획은 사람이 세우지만, 결정은 여호와께서 하십니다. 어떤 사람은 교회의 주인을 목사로 알고 있습니다. 어떤 사람은 교회의 주인을 성도로 알고 있습니다. 교회의 주인은 성령님이십니다. 그러므로 우리는 성령님의 방향에 귀 기울이어야 합니다. 그 말씀에 순종해야 합니다.

안디옥 교회는 성령님의 방향에 어떻게 했습니까? 3절을 보십시오. "이에 금식하며 기도하고 두 사람에게 안수하여 보내니라." 그들은 금식하며 기도한 후에 바나바와 사울을 성령님의 능력과 권위로 파송했습니다. 안디옥 교회는 기둥 같은 교회의 지도자를 선교사로 파송했습니다. 그들이 처음부터 선교사를 파송하려고 계획한 것이 아니라, 성령님께서 그들에게 방향을 주셨습니다. 그들은 다만 성령님의 방향에 순종했습니다.

물론 그 일은 현실에서는 쉽지 않았습니다. 왜냐하면 바나바와 사울이 워낙 존재감이 컸기 때문이었습니다. 교회의 기둥 같은 그들이 교회를 떠나서 다른 지역으로 가면 교회가 휘청거릴 수 있기 때문이었습니다. 그런데도 교회는 성령님의 방향에 순종했습니다.

우리도 개척 초기에는 믿음의 조상을 선교지로 파송했습니다. 성령님께서 우리에게 믿음과 비전을 주셨기 때문이었습니다. 그랬을 때 하나님께서 넘치는 복을 주셨습니다. 교회의 생명력, 건강성은 파송을 통해서 나타납니다.

그러면 당사자인 바나바와 사울은 어떻게 했습니까? 두 사람이 성령님의 보내심을 받아 실루기아에 내려가 거기서 배 타고 구브로로 향했습니다(4). 교회가 성령님을 믿고 순종하여 그들을 파송하니, 그들도 성령님을 믿고 순종했습니다.

그들은 그곳에 도착해서 무엇을 합니까? 그들은 살라미에 도착했는데, 그곳의 유대인 여러 회당에서 하나님의 말씀을 선포합니다(5). 그들은 처음부터 말씀 사역에 집중합니다. 성령님께서 그들을 따로 세운 목적이 말씀을 전하는 일이기 때문입니다. 그들은 여러 곳에 다니며 많은 사람에게 말씀을 계속해서 전합니다.

그런 중에 누구를 만났습니까? 그들은 섬 가운데로 지나서 바보에 이르러, '바 예수'라는 유대인 거짓 선지자인 마술사를 만났습니다(6). '바 예수'는 '예수의 아들'이라는 뜻입니다. '예수'는 '구원자'라는 뜻이니, 그의 부모는 '구원자의 아들'로 살라고 지었습니다. 하지만 그는 그 이름값을 못 하고 있습니다. 그는 거짓 선지자인 무당입니다. 무당은 사람을 살리는 것처럼 말하지만 실은 병들어 죽게 합니다.

바 예수는 누구와 함께합니까? 그는 그 섬의 총독 서기오 바울과 함께합니다(7). 그는 총독의 종교 자문위원 역할을 합니다. 거짓 선지자가 정치권력에 빌붙어서 삽니다. 그런데 서기오 바울은 지성적인 사람입니다. 그는 바나바와 사울을 불러 하나님의 말씀을 들으려고 했습니다. 그는 영적인 관심과 소원이 있었습니다.

그러나 이 마술사는 무엇을 합니까? 이 마술사 엘루마는 총독이 믿지 못하도록 바울과 바나바를 대적했습니다(8). '엘루마'는 마술사라는 뜻입니다. '바 예수'는 마술사입니다. 그는 총독이 믿으면 자기 위치가 흔들리니 바울과 바나바를 대적했습니다. 그는 총독이 말씀을 듣지 못하도록 방해했습니다.

그런 그에게 누가 도전했습니까? 9절입니다. "바울이라고 하는 사울이 성령이 충만하여 그를 주목하고." '바울'은 헬라식 이름으로 '작다.'라는 뜻입니다. '사울'은 히브리식 이름으로 '구하여진(be asked)'이라는 뜻입니다. 사울의 이름이 지금 여기서 바울로 바뀐 것이 아닙니다. 바울이라는 이름은 이미 있었습니다. 그의 정식 이름은 '사울 바울'입니다. 사울은 로마인 서기오 바울 총독의 부름을 받았을 때 로마 이름인 바울을 사용했습니다. 그는 유대에서는 '사울'로 불렸지만, 이방 선교를 시작하면서 그들과 접촉점을 찾을 수 있는 '바울'로 불립니다.

바울은 성령님으로 가득하여 그 마술사를 뚫어지게 쳐다보면서 무슨 말을 했습니까? 10절입니다. "이르되 모든 거짓과 악행이 가득한 자요 마귀의 자식이요 모든 의의 원수여 주의 바른길을 굽게 하기를 그치지 아니하겠느냐." 엘루마는 속임수와 악행으로 가득 찬 악마의 자식이며, 모든 정의의 원수입니다. 그는 주님께서 가르치는 바른 삶, 그분의 말씀을 왜곡하는 일을 당장 그쳐야 합니다.

바울은 그를 어떻게 저주했습니까? "보아라, 이제 주님의 손이 너를 내리칠 것이니, 눈이 멀어서 얼마 동안 햇빛을 보지 못할 것이다"(11). 그러자 곧 안개와 어둠이 그를 내리덮었습니다. 그는 앞을 더듬으면서 손을 잡아 자기를 이끌어 줄 사람을 찾았습니다.

왜 바울은 이렇게 그를 심판한 겁니까? 그가 말씀 사역을 방해했기 때문입니다. 예수님을 믿고 생명을 얻는 일을 방해했기 때문입니다. 누구든지 말씀 사역을 방해하면 저주받습니다. 말씀 사역을 방해하는 일은 성령님의 사역을 방해하는 일입니다. 성령님의 사역을 방해하는 일은 생명 사역을 방해하는 일입니다. 성령님께서 세우신 일꾼은 말씀 사역을 하는 사람입니다. 생명 사역을 하는 사람입니다. 그러므로 말씀의 종을 방해하는 일은 성령님을 방해하는 겁니다. 말씀 공부 못하게 하고, 주일예배에 참석을 방해한다면 악당입니다. 그런 사람은 성령님의 심판을 피할 길이 없습니다.

바울이 말씀을 선포했을 때 무슨 일이 일어났습니까? 12절을 읽읍시다. "이에 총독이 그렇게 된 것을 보고 믿으며 주의 가르치심을 놀랍게 여기니라." 총독은 주님에 대한 가르침에 놀라서 주님을 믿었습니다.

여기서 볼 때 말씀과 믿음의 관계가 어떠합니까? 말씀을 통해서 능력이 나타납니다. 그 능력을 보고 예수님을 믿을 수 있습니다. 그러므로 믿음은 말씀을 들음에서 시작합니다(롬 10:14). 말씀 사역 없이는 그 어떤 능력도 일어날 수 없습니다. 믿음의 사역도 일어날 수 없습니다. 말씀을 통한 믿음의 사역이야말로 가장 모범적이고 건강한 사역입니다.

그러면 우리는 무엇을 해야 합니까? 우리는 안디옥 교회처럼 예배에 집중하는 교회로 자라야 합니다. 안디옥 교회처럼 성령님을 믿고 순종하는 교회로 자라야 합니다. 그리하여 우리가 이 시대에 말씀 사역을 통해 생명 살리는 일에 쓰임 받기를 기도합니다.

20

이방의 빛

본문 사도행전 **13:13-52**
요절 사도행전 **13:47**
찬송 **510장, 516장**

"주께서 이같이 우리에게 명하시되 내가 너를 이방의 빛으로 삼아 너로 땅끝까지 구원하게 하리라 하셨느니라 하니."

우리는 예수님을 증언하는 증인들입니다. 예수님을 증언할 때 어떻게 해야 할까요?

첫째, 말씀으로 시작하여 말씀으로(13-43)

안디옥 교회에서 선교사로 파송을 받은 바울과 바나바는 바보에서 배 타고 밤빌리아에 있는 버가에 이르렀습니다(13). 그들은 버가를 떠나 비시디아 안디옥에 이르렀습니다(14). 그들을 파송한 수리아 안디옥은 동쪽에 있는 큰 도시였는데, 비시디아 안디옥은 중부 남쪽에 있는 작은 도시였습니다. 비시디아 안디옥은 바울과 바나바가 이방 선교를 시작한 곳입니다. 그들은 이곳에서 안식일에 회당 예배에 참석했습니다.

그때 회당장은 율법과 선지자의 글을 읽었고, 설교할 사람을 찾았습니다(15). 회당장이 말씀을 읽은 후에 그 말씀을 설교할 사람이 있으면, 누구나 할 수 있었습니다.

회당장의 요청에 누가 일어났습니까? 16절을 봅시다. "바울이 일어나 손짓하며 말하되 이스라엘 사람들과 및 하나님을 경외하는 사람들아 들으라." 바울이 일어나 메시지를 전했습니다. 이 메시지는 바울의 첫 메시지입니다. 그는 이스라엘과 하나님을 경외하는 사람이 듣도록 했습니다.

그의 메시지는 어디서부터 시작했습니까? 그는 하나님이 이스라엘의 조상, 아브라함, 이삭, 그리고 야곱을 택하신 데서부터 시작했습니다(17). 그 조상을 택하신 하나님은 애굽 땅에서 나그네 된 그 백성을 높이셨고, 그들을 큰 권능으로 인도하셨습니다. 하나님은 광야에서 약 40년간 그들의 행동을 참으셨습니다(18). 그들은 하나님보다도 눈에 보이는 우상을 섬기려고 했습니다. 하나님은 가나안 일곱 족속을 심판하신 후에 그 땅을 이스라엘에 기업으로 주셨습니다(19). 애굽에서부터 그 땅을 차지할 때까지 약 450년이 걸렸습니다. 그 후로 하나님은 선지자 사무엘 때까지 사사들을 보내셨습니다.

그러나 그 후에 그들은 왕을 구했습니다(21). 하나님은 베냐민 지파 사울을 왕으로 세워 40년 동안 다스리게 하셨습니다. 하나님은 사울을 폐하고, 다윗을 왕으로 세우고 말씀하셨습니다(22). "내가 이새의 아들 다윗을 만나니 내 마음에 맞는 사람이라. 내 뜻을 다 이루리라." 하나님은 약속하신 대로 다윗의 후손에서 이스라엘을 위하여 구주를 세우셨습니다(23). 그분이 곧 예수님이십니다. 예수님은 다윗의 후손으로 나셨고, 하나님께서 약속하신 그리스도이십니다.

그런데 그분이 오시기 전에 누가 먼저 와서, 무엇을 준비했습니까? 요한이 먼저 와서 회개의 세례를 그 백성에게 전파했습니다(24). 요한은 달려갈 길을 마칠 때 말합니다(25). "여러분은 나를 누구로 생각합니까? 나는 그리스도가 아닙니다. 그분은 내 뒤에 오실 터인데, 나는 그분의 신발 끈을 풀어드릴 자격도 없습니다." 요한은 자기는 그리스도가 아니고, 자기 뒤에 오시는 그분이 그리스도라고 증언했습니다.

하나님은 마침내 누구를 보내셨습니까? 26절을 보십시오. "형제들아 아브라함의 후손과 너희 중 하나님을 경외하는 사람들아 이 구원의 말씀을 우리에게 보내셨거늘." 지금 바울의 설교를 듣는 사람은 아브라함의 후손이며, 하나님을 경외하는 사람입니다. 하나님께서 바로 그들에게 구원의 말씀을 보내셨습니다. '구원의 말씀'이란 '구원을 주시는 메시지', '말씀으로 구원을 이룬다.'라는 뜻입니다. 예수님을 말합니다.

왜 예수님을 '구원의 말씀'이라고 할까요? 예수님은 태초에 말씀으로 계셨습니다. 그 말씀이 육신이 되셨습니다(요한 1:1, 14). 말씀이신 예수님은 그 말씀으로 사람에게 구원을 주십니다. 누구든지 예수님의 말씀을 믿으면 구원받습니다.

하지만 사람들은 그분을 어떻게 대했습니까? 예루살렘에 사는 사람과 그들 관리는 예수님과 안식일마다 외우는 선지자의 말을 알지 못했습니다(27). 그들은 안식일마다 선지자들의 말을 읽었는데도 그 뜻을 몰랐고, 예수님이 그리스도이신 줄 몰랐습니다. 그 결과 그들은 예수님을 정죄했는데, 그것은 선지자들의 말을 그대로 이룬 것이었습니다. 선지자들의 말을 깨닫지 못하면 예수님을 정죄할 수밖에 없습니다. 왜냐하면 선지자들은 "예수님이 그리스도시다."라고 전하기 때문입니다.

그들은 예수님한테서 죽일 죄를 하나도 찾지 못했지만, 빌라도에게 죽여달라고 강요했습니다(28). 그들은 예수님에 관한 모든 기록을 다 이루었습니다(29). 그들은 예수님의 시신을 나무에서 내려다가 무덤에 두었습니다.

그러나 하나님은 죽은 자 가운데서 그분을 살리셨습니다(30). 예수님은 자기와 함께 갈릴리에서 예루살렘으로 올라간 사람들에게 여러 날 동안 나타나 보이셨습니다(31). 그들은 예수님의 증인입니다. 바울과 바나바도 하나님께서 조상들에게 약속하셨던 좋은 소식을 그들에게 전합니다(32). 하나님은 예수님을 다시 살리심으로써 그들의 후손인 우리에게 그 약속이 이루어지게 하셨습니다(33). 시편 둘째 편에 "너는 내 아들이다. 오늘 내가 너를 낳았다."라고 쓰여 있습니다.

또 하나님께서 죽은 사람들 가운데서 예수님을 살리시고, 다시는 썩지 않게 하셨습니다(34). 그것은 "내가 다윗에게 약속한 거룩하고 확실한 복을 너희에게 주겠다."라고 하신 말씀과 같습니다. 다른 시편은 이렇게 말씀하셨습니다(35). "주님께서는 주님의 거룩한 분이 썩지 않게 하실 것이다." 다윗은 하나님의 뜻을 따라 섬기다가 잠들었습니다(36). 조상들 곁에 묻혔습니다. 그리고 썩었습니다. 하지만 하나님께서 살리신 그분은 썩음을 당하지 않았습니다(37).

그러므로 그들은 무엇을 알아야 합니까? 38절을 읽읍시다. "그러므로 형제들아 너희가 알 것은 이 사람을 힘입어 죄 사함을 너희에게 전하는 이것이며." 그들은 이 사람, 썩음을 당하지 않은 예수님을 통해서 죄 용서가 선포되었음을 알아야 합니다. 또 모세의 율법으로 의롭다 하심을 얻지 못하던 모든 일에도 예수님을 힘입어 믿는 자마다 의롭다 하심을 얻는다는 사실도 알아야 합니다(39).

그들은 무엇을 삼가야 합니까? 그들은 선지자들이 말한 일이 일어나지 않도록 조심해야 합니다(40). 선지자들은, "예수님을 믿음으로 구원받음을 비웃는 사람은 놀라고 죽어 없어져야 한다."라고 했습니다(41). 또, "하나님께서 그 시대에 한 일을 행하시는데, 누가 그 일을 설명해도 그들은 절대로 믿지 않는다. 그런 그들은 심판받는다."라고 했습니다. 오늘 메시지를 듣는 그들은 그런 일이 일어나지 않도록 조심해야 합니다.

여기까지가 바울이 전한 메시지입니다. 그 메시지에는 어떤 특징이 있습니까? 그의 메시지는 역사적 사실을 선지자의 말과 시편에 근거해서 해석했습니다. 그는 말씀에 근거해서 예수님을 증언했습니다. 그 메시지의 원천은 성경입니다. 그의 메시지는 말씀에서 시작하여 말씀으로 끝납니다.

그런데 오늘의 많은 설교는 어떠한가요? 자기 말에서 시작하여 자기 말로 끝나는 경우가 많습니다. 성경을 말하는데도, 성경에 나타난 피상적인 사건이나 특정한 어휘를 이용하여 자기 주제나 개념을 전하는 경우도 많습니다. 또 어떤 사람은 자기 경험에만 기초해서 증언하기도 합니다. 경험에 기초한 증언 자체는 나쁘지 않습니다. 다만 객관성과 일반성이 약하다는 데 문제가 있습니다. 이런 설교들을 '즉석식품(fast food)'에 비유합니다. 즉석식품은 일단은 맛있지만, 계속 먹으면 건강을 해칩니다.

제가 요즘 몸무게를 늘리려고 애를 쓰고 있습니다. 어떤 특별한 비법이 있는 줄 알았는데, 없다는군요. “그냥 잘 먹고, 특히 야식을 먹으면 찐다.”라는 내용이 대세라는군요. 대신 몸무게를 줄이는 데는 다양한 비법이 있습니다. 그만큼 많은 사람이 몸무게가 늘어서 고민하고, 마음대로 살이 빠지지 않아서 고민한다는 겁니다. 현대인의 몸이 균형을 잃은 데는 여러 이유가 있지만, 그중 하나가 즉석식품을 많이 먹은 데 있습니다. 영적 세계에서도 즉석식품을 많이 먹어서 균형을 잃고 영적 건강을 해칠 수 있습니다.

이런 시대 분위기에 도전하는 ‘아이 전문 건강기능식품’ 광고 문구가 들어왔습니다. “엄마는 아무거나 주지 않는다.” “아이는 주는 대로 먹지 않는다.” 엄마들의 공감을 얻는 대사라고 합니다. 설교자도 아무 설교나 하지 않아야 합니다. 공동체 구성원도 주는 대로 먹지 않아야 합니다. 우리는 말씀에 기초한 신앙을 첫째로 여깁니다. 말씀에 기초한 메시지를 잘 먹는 것보다 더 좋은 길은 없습니다.

그런데 바울의 메시지를 듣고 사람들은 어떻게 반응했습니까? 어떤 사람들은 다음 안식일에도 말씀을 들으려고 바울과 바나바를 초청했습니다(42).

바울과 바나바는 그들을 어떻게 격려합니까? 43절을 읽읍시다. “회당의 모임이 끝난 후에 유대인과 유대교에 입교한 경건한 사람들이 많이 바울과 바나바를 따르니 두 사도가 더불어 말하고 항상 하나님의 은혜 가운데 있으라 권하니라.” 바울과 바나바는 자기를 따르는 많은 사람에게 “하나님의 은혜 가운데 있으라.”라고 격려합니다. 이 말은 “말씀을 통해 받은 은혜 안에서 살라.”라는 뜻입니다. 삶의 현장은 만만하지 않습니다. 만만하지 않은 현장에서 믿음으로 살려면 말씀을 통해 받은 그 은혜로 살아야 합니다. 말씀의 은혜를 붙드는 것이 승리의 비결입니다.

둘째, 성령님으로 시작하여 성령님으로(44-52)

한 주 동안 말씀의 은혜 안에서 산 사람은 무엇을 했습니까? 그다음 안식일에도 하나님의 말씀을 듣고자 모였습니다(44). 그러나 말씀의 은혜 안에서 살지 않은 유대인들은, 말씀을 들으려는 사람을 보고 시기가 가득했습니다(45). 그들은 바울의 메시지를 비방하면서 반박했습니다.

두 사도는 무엇을 했습니까? 바울과 바나바는 말씀 듣기를 거부하는 그들에게 담대하게 말했습니다(46). "우리는 하나님의 말씀을 당신들에게 먼저 전해야 했습니다. 그러나 당신들이 그 말씀을 배척하고, 영원한 생명을 얻을 가치가 없다고 스스로 판단했습니다. 따라서 우리는 이제 이방 사람에게로 갑니다."

그런데 그들이 이방인으로 향한 더 근본 이유는 무엇입니까? 47절을 읽읍시다. "주께서 이같이 우리에게 명하시되 내가 너를 이방의 빛으로 삼아 너로 땅끝까지 구원하게 하리라 하셨느니라 하니." 그들이 이방인에게로 방향을 바꾼 표면적 이유는 유대인이 거부했기 때문이었습니다. 하지만 더 깊은 이유는 주님께서 그렇게 방향을 주셨기 때문입니다. 주님께서 일찍이 바울을 택하셨을 때 아나니아에게 말씀하셨습니다. "주께서 이르시되 가라 이 사람은 내 이름을 이방인과 임금들과 이스라엘 자손들에게 전하기 위하여 택한 나의 그릇이라"(행 9:15).

하지만 오늘 성령님은 '그릇' 대신에 '이방의 빛'이라고 말씀하셨습니다. '이방의 빛'이란 '이방을 비추는 빛'입니다. 물론 빛 자체는 예수님이십니다. 그들은 빛이신 예수님을 증언하는 사람입니다.

그런데 이 말에는 이방이 어둠에 있음을 전제합니다. 왜냐하면 이방에는 구원의 말씀이 없기 때문입니다. 구원의 말씀이 없으니, 구원이 없고 생명이 없습니다. 대신 죽음과 심판만 있습니다. 그래서 그들은 어둡습니다. 빛은 구원과 생명이신 예수님한테서 옵니다. 따라서 바울과 바나바는 빛이신 예수님을 이방인에게 증언하는 이방의 빛으로 세움을 받았습니다. 그리하여 그들은 예수님께서 완성하신 구원을 땅끝까지 증언하는 일을 해야 합니다.

이방을 구원하려는 계획은 언제부터 있었습니까? 하나님은 그 일을 아브라함 때부터 시작하셨습니다. 예수님을 통해서 더 힘차게 이루셨습니다. 그런데 오늘 바울과 바나바에게 그 일을 물려주시며, 더 역동적으로 감당하기를 바라십니다. 그리고 그 하나님은 오늘 우리가 그 일을 이어가기를 바라십니다.

왜 오늘도 그 일을 해야 합니까? 세상이 어둡기 때문입니다. 겉으로만 보면 세상을 밝습니다. 하지만 그 속을 보면 어둡습니다. 지구 환경도 심각하고, 인류의 미래 또한 밝지 않습니다. 우리나라는 정치는 여전히 이념 갈등이 심하고, 경제도 만만하지 않습니다. 서로 포용하고 인정하고 칭찬하는 모습이 그립습니다. 그래서 세상은 오늘도 어둡고, 내일도 어둡습니다. 이 어둠을 해결할 유일한 처방은 빛이신 예수님을 증언하는 일입니다. 어둠에 있는 사람이 예수님을 믿으면 빛을 받습니다. 따라서 성령님은 오늘 우리가 이방의 빛으로 살기를 바라십니다. 오늘 우리가 어디에서든지, 누구에게든지 구원의 말씀 예수님을 증언하면 어두운 세상의 빛으로 살 수 있습니다.

이방인의 반응은 어떠했습니까? 이방 사람들은 이 말을 듣고 기뻐합니다(48). 그들은 하나님을 찬양합니다. 그들 중에 영원한 생명을 얻도록 정하신 사람은 모두 믿었습니다. 이방인이라고 해서 누구나 믿은 것은 아닙니다. 이렇게 해서 주님의 말씀이 온 지방으로 퍼지고 있습니다(49).

그러나 유대인은 무엇을 했습니까? 그들은 그 성의 지도층 인사를 선동했습니다(50). 바울과 바나바를 박해하도록 했고, 쫓아냈습니다. 두 사람은 그들을 향하여 발의 티끌을 떨어버리고 이고니온으로 갔습니다(51). '발의 티끌을 떨어 버림'은 그들이 사도의 설교를 믿지 않아서 심판받으면, 그 책임이 그들에게 있음을 보여주는 행위입니다(마 10:14).

우리는 가끔 전도할 때나, 말씀을 가르칠 때 자의식이 듭니다. '내가 좀 더 잘 가르치지 못해서 받아들이지 않는 것은 아닌가?' 그런 점도 있을 수 있습니다. 하지만 보다 중요한 점은 말씀을 듣는 사람의 자세입니다. 말씀을 전하는 사람의 책임보다는 듣는 사람의 책임이 더 큽니다. 그러므로 우리는 말씀을 거부하는 사람한테 미련일랑 두지 말고, 성령님이 인도하시는 사람한테로 가야 합니다.

한편 제자들의 반응은 어떠합니까? 그들은 사도들이 쫓겨난 것을 보면서도 기뻐합니다(52). 성령님이 함께하시기 때문입니다.

오늘 우리는 예수님을 증언할 때 어떻게 해야 합니까? 말씀으로 시작하여 말씀으로, 성령님으로 시작하여 성령님으로 증언해야 합니다. 그리하여 이 세상의 어둠을 비추는 빛으로 살기를 기도합니다.

21

믿음의 문을 여셨다

본문 사도행전 **14:1-28**
요절 사도행전 **14:27**
찬송 **520장, 521장**

"그들이 이르러 교회를 모아 하나님이 함께 행하신 모든 일과 이방인들에게 믿음의 문을 여신 것을 보고하고."

이런 말을 들은 적이 있을 겁니다. "하나님이 다 하셨습니다!" 이 말은 무슨 뜻입니까?

첫째, 믿는 사람, 믿지 않는 사람(1-23)

1절을 봅시다. "이에 이고니온에서 두 사도가 함께 유대인의 회당에 들어가 말하니 유대와 헬라의 허다한 무리가 믿더라." '두 사도'는 바울과 바나바를 말합니다. 본래 '사도'란 예수님의 열두 제자에게만 붙였습니다. 그런데 오늘 본문은 바울과 바나바를 '사도'로 부릅니다. 주님께서 그들을 그만큼 인정하심을 뜻합니다. 그들은 비시디아 안디옥에서 전도하다 쫓겨나 이고니온으로 왔습니다. 그들은 그곳 회당에 들어가서 전도했는데, 다양한 사람이 믿었습니다.

그러나 순종하지 않은 유대인은 이방인의 마음을 선동하여 사도들에게 악감을 품도록 했습니다(2). 언제나 말씀을 믿지 않는 사람이 있는데, 그들은 믿는 사람에게 나쁜 감정을 품습니다.

두 사도는 그들과 어떻게 맞섰습니까? 그들은 주님을 의지하고 담대히 말하면서 그곳에 오래 있었습니다(3). 그러자 주님께서 표적과 기사를 그들의 손으로 하도록 하셔서 은혜의 말씀을 증언하도록 하십니다. 표적과 기사는 그 자체가 목적이 아니라, 말씀 사역을 돕는 데 목적이 있습니다.

그 사역의 결과가 어떻게 나타났습니까? 그 도시 사람들은 두 편으로 나뉘었습니다(4). 그들은 박해자의 편에 서든지, 사도 편에 서든지 했습니다. 해가 비추면 빛과 어둠이 있는 것처럼, 말씀 사역이 있는 곳에는 믿는 사람과 함께 믿지 않는 사람이 있습니다. 그런데 박해자의 편에 선 사람은 서로 연합하여 두 사도를 모욕하며 돌로 치려고 달려들었습니다(5). 믿지 않는 사람은 나쁜 감정을 품은 것으로 그치지 않고 행동으로 옮깁니다.

두 사도는 무엇을 했습니까? 그들이 알고 루스드라와 더베와 그 근방으로 도망했습니다(6). 하지만 그들은 그곳에서 숨지 않고 복음을 전합니다(7). 박해는 복음 전파를 멈추게 하지 않습니다. 오히려 더 많은 지역으로 전파하도록 합니다.

그곳에서 어떤 놀라운 일이 일어났습니까? 루스드라에는 발을 쓰지 못하는 지체장애인 한 사람이 앉아 있었습니다(8). 그는 나면서부터 못 걷는 사람이어서, 걸어본 적이 없었습니다. 그는 바울이 말하는 것을 들었습니다(9). 바울이 그를 똑바로 바라보니, 그에게는 고침을 받을 만한 믿음이 있습니다.

그 믿음을 보고 바울은 무엇을 했습니까? 10절입니다. “큰 소리로 이르되 네 발로 바로 일어서라 하니 그 사람이 일어나 걷는지라.” 사도는 그의 믿음을 보고 그에게 “일어서라!”라고 명령했습니다. 그 사람은 일어났고, 걷습니다. 예수님께서 행하셨던 그 일을 사도가 그대로 했습니다(눅 5:24).

그 장애인이 일어나 걷게 된 뿌리는 무엇입니까? 말씀을 들음입니다. 그 장애인은 물론이고, 누구든지 말씀을 들으면 믿음이 생깁니다. 믿음이 생기면 치유 사역이 일어납니다. 말씀, 믿음, 그리고 치유로 이어지는 모습이 가장 건강한 사역입니다.

그런데 사람들은 그 일을 어떻게 받아들였습니까? 그들은 바울이 한 일을 보고 그들의 언어로 소리 지르며 말합니다(11). "신들이 사람의 형상으로 우리 가운데 내려오셨다!" 왜냐하면 그들은 장애인을 걷게 하는 일은 신들만이 할 수 있는 일이라고 믿었기 때문입니다.

그들은 이어서 말합니다. "바나바는 제우스라 하고 바울은 그중에 말하는 자이므로 헤르메스라 하더라"(12). '제우스(Zeus)'는 그리스 신화의 '주신(Father of Gods and men)'입니다. 로마 신화의 주피터(Jupiter)와 같습니다. '헤르메스(Hermes)'는 로마 신화의 머큐리(Mercury)와 같습니다. 헤르메스는 그리스 신화에서 제우스의 수행원으로 등장합니다. 바나바를 제우스로, 바울을 헤르메스로 생각한 것은 바나바는 가만히 있고, 바울이 그 곁에서 메시지를 전했기 때문입니다. 제우스 신당의 제사장이 소와 꽃장식을 가지고 대문 앞에 와서 사람들과 함께 바울과 바나바에게 제사하려고 합니다(13).

두 사도는 그들을 어떻게 말렸습니까? 그들은 옷을 찢었습니다(14). 이 모습은 사람들의 태도가 몹시 불경함을 보여줍니다. 두 사도는 소리 지르며 온몸으로 그들을 말렸습니다.

그리고 그들에게 무슨 메시지를 전합니까? 15절을 읽읍시다. "이르되 여러분이여 어찌하여 이러한 일을 하느냐 우리도 여러분과 같은 성정을 가진 사람이라 여러분에게 복음을 전하는 것은 이런 헛된 일을 버리고 천지와 바다와 그 가운데 만물을 지으시고 살아 계신 하나님께로 돌아오게 함이라." 두 사도는 그들에게 "심지어 우리까지도 너희와 똑같은 사람이다. 너희와 다를 바가 전혀 없는 사람임"을 강조합니다. 그리고 두 사도는 그들에게 복음을 전하는 목적을 분명하게 밝힙니다. 복음을 전하는 목적은 그들이 헛된 일을 관두도록 함입니다. 헛된 일이란 사람을 신으로 섬기는 일입니다. 그들은 그 헛된 일에서 돌아서야 합니다.

그들은 누구에게로 돌아가야 합니까? 창조주이시며 살아 계신 하나님께로 돌아가야 합니다. 창조주 하나님만이 우리가 섬겨야 할 유일한 분입니다. 하나님은 이 모든 것을 만드시고 역사와 자연의 현상 속에서 일하십니다. 그분을 섬기는 일 외에는 그 어떤 것도 다 헛된 일입니다.

왜 이제야 그들에게 이 사실을 알리는 겁니까? 16절입니다. "하나님이 지나간 세대에는 모든 민족으로 자기들의 길들을 가게 방임하셨으나." '지나간 세대'란 예수 그리스도의 십자가와 부활을 믿음으로 구원받기 이전의 세대를 말합니다. 하나님은 예수님 시대 전까지는 그들이 제멋대로 살도록 내버려 두셨습니다.

그렇지만 하나님께서 당신을 드러내지 않으신 것은 아닙니다(17). 하나님은 하늘에서 비를 내리시고, 철을 따라 열매를 맺게 하셨습니다. 먹을거리를 주셔서, 그들의 마음을 기쁨으로 가득 채워주셨습니다. 지금까지 삶의 현장에서 일어난 일은 하나님의 은혜 안에서 이루어진 일입니다.

바울은 이렇게 말하여 겨우 그들을 말렸습니다(18). 그들의 마음을 하나님께 돌리면서 제사하지 못하도록 했습니다.

오늘도 사람들이 왜 헛된 신을 섬깁니까? 창조주 하나님을 모르기 때문입니다. 말씀을 모르기 때문입니다. 성경을 모르면 헛된 신을 섬길 수밖에 없습니다. 헛된 일을 할 수밖에 없는 헛된 사람이 됩니다. 그 점에서 우리가 말씀을 통해서 창조주 하나님을 알고 섬기는 일이 얼마나 복된 일인가요? 이 복된 일을 다른 사람에게 증언하는 일 또한 얼마나 복된 일입니까?

그러나 유대인들은 여전히 어떤 가운데 있었습니까? 그들은 떼를 지어서 원정길에 올랐습니다(19). 그들의 열심은 과거의 사울처럼 대단합니다. 그들은 바울을 직접 대적하기보다는 사람들을 선동하여 바울을 대적하게 만듭니다. 사람들은 바울을 돌로 쳤습니다. 그들은 바울이 죽은 줄 알고 성 밖으로 끌어냈습니다.

그런데 제자들이 둘러섰을 때 바울이 일어났습니다(20). '일어났다.'라는 말은 '죽은 자로부터 일으킨다.' '죽은 자로부터 일어난다.'라는 뜻입니다. 바울은 마치 죽은 자 가운데서 다시 살아난 것처럼 일어났습니다. 그는 일어나서 성으로 다시 들어갔습니다. 그는 죽음 앞에서도 물러서지 않고 담대하게 복음을 전했습니다. 그는 복음 전파를 위해서 생명을 아끼지 않았습니다.

그는 더베로 가서 무엇에 힘썼습니까? 그는 복음을 전하여 많은 사람을 제자로 삼았습니다(21a). 한쪽에서는 바울을 대적하여 죽이려고 합니다. 그러나 다른 한쪽에서는 바울을 통하여 믿음의 사람들이 탄생합니다. 어둠도 있지만 빛도 있습니다.

두 사도는 루스드라, 이고니온, 그리고 안디옥으로 돌아갔습니다(21b). 그는 지금까지 거쳐왔던 선교지를 역순으로 돌아가면서 방문했습니다. 그의 이 여정을 '제1차 선교여행'이라고 부릅니다.

두 사도는 돌아오는 길에 무엇을 했습니까? 22절을 봅시다. "제자들의 마음을 굳게 하여 이 믿음에 머물러 있으라 권하고 또 우리가 하나님의 나라에 들어가려면 많은 환난을 겪어야 할 것이라 하고." 두 사도는 제자들의 마음을 굳게 하고 언제나 믿음에서 살라고 격려하면서, "우리가 하나님의 나라에 들어가려면 많은 고난을 겪어야 한다."라고 했습니다.

왜 고난을 말할까요? 거대한 세상에 비해서 그들의 믿음과 환경은 너무나 연약하고 열악하기 때문입니다. 그들은 그런 현실에서 믿음을 지키는 일이 쉽지 않습니다. 하지만 그들은 계속해서 믿음으로 살아야 합니다. 이렇게 살려면 고난에 대한 바른 이해가 있어야 합니다. 고난은 하나님의 나라에 들어가는 필수 사항입니다. 꽃길만 생각하면 현실의 어려움 앞에서 믿음을 지킬 수 없습니다. 그러나 고난이 따름을 알면, 어려움 앞에서 흔들리지 않고 갈 수 있습니다.

사도는 또 무엇을 했습니까? 23절을 읽읍시다. "각 교회에서 장로들을 택하여 금식 기도하며 그들이 믿는 주께 그들을 위탁하고." '장로'는 '손위의'라는 말인데, '더 존경받는'을 뜻합니다. 장로는 공동체에서 연장자이면서 하나님의 말씀도 잘 알고, 공동체 구성원으로부터 존경받는 인물이었습니다. 사도는 각 교회에 이런 지도자를 임명하고, 금식하며 기도한 후에 그들을 주님 앞에 놓았습니다.

왜 장로를 세웠을까요? 세상이 교회를 박해할 때 지도자가 중요하기 때문입니다. 지도자가 굳게 서면 교회도 굳게 섭니다. 그리고 건강한 교회로 자랍니다.

오늘의 장로교회는 이 전통을 이어받았습니다. 그런데 장로를 다시 두 종류로 구분했습니다. 말씀 사역에 집중하는 장로를 '목사'로,

교회의 행정과 치리 등에 집중하는 장로를 '장로'로 부릅니다. 그래서 교회 행정적으로는 목사만 있지 않고 장로가 있을 때 '건강한 교회'로 부릅니다. 장로교회에서는 장로를 그만큼 중요하게 여기기 때문입니다.

둘째, 하나님 중심, 내 중심(24-28)

두 사도는 어디를 거쳐서 안디옥으로 돌아왔습니까? 그들은 밤빌리아로 갔고, 버가에서 말씀을 전하면서 앗달리아로 내려갔습니다(24-25). 그곳에서 배를 타고 안디옥으로 갔습니다(26). 이 안디옥은 그들이 선교하기 위해 하나님의 은혜에 몸을 맡겼던 시리아 안디옥입니다. 이제 그들은 그 일을 다 이루었습니다.

그들은 그곳에서 무엇을 보고합니까? 27절을 읽읍시다. "그들이 이르러 교회를 모아 하나님이 함께 행하신 모든 일과 이방인들에게 믿음의 문을 여신 것을 보고하고." 그들은 교회 회중을 모았습니다. 그리고 그들은 하나님이 함께 행하신 모든 일과 이방인에게 믿음의 문을 여신 일을 보고합니다. 그들은 그곳의 제자들과 오랫동안 함께 합니다(28).

그들의 보고를 통해서 무엇을 배웁니까? 그들의 하나님 중심의 세계관을 배웁니다. 사람 중심으로 보면, 그들의 제1차 선교여행은 그들이 했습니다. 그들이 이방 세계에 들어가 복음을 전했습니다. 그들이 박해받았고, 그들이 제자를 세웠고, 그들이 장로를 임명했습니다. 그런데도 그들은 하나님이 하신 일이라고 보고합니다. 왜냐하면 그들은 하나님 중심의 렌즈로 보기 때문입니다.

사실 그들이 수리아 안디옥에서 선교사로 세움을 받고 비시디아 안디옥으로 간 일은 자기 뜻이 아니었습니다. 그들의 선교 생활은 처음부터 성령님의 뜻이었고, 성령님의 인도하심의 결과였습니다. 그들은 성령님께서 이방 세계에 복음을 전하는 그 일에 쓰임 받는 도구에 불과했습니다. 하나님께서 그들과 함께하시고, 그들을 쓰셔서 이방 세계에 믿음의 문을 여신 겁니다. 그동안 이방 세계는 문이 닫혀있었습니다. 아무도 그 문을 열지 못했습니다. 그런데 이제 하나님께서 그 문을 여셨습니다. 이방 사람을 향한 선교의 시대가 열렸습니다.

그러므로 그들의 선교 사역의 주체는 그들이 아닙니다. 성령님이십니다. 그들의 삶과 사역에서 주어는 언제나 성령님이십니다. 그들은 그 렌즈를 가졌기에 "하나님이 믿음의 문을 여셨습니다!"라고 보고합니다.

이 렌즈를 오늘 우리에게 어떻게 적용할 수 있습니까? 우리 사회는 갈수록 복음의 수용성이 약해지고 있습니다. 복음을 믿는 사람도 있지만, 믿지 않는 사람이 연합하여 공격합니다. 그 세력이 만만하지 않습니다. 세상 중심으로만 보면, 현대인의 믿음 문이 열리기가 쉽지 않습니다.

그러나 하나님 중심의 렌즈로 보면 다릅니다. 우리는 세상의 겉만 보지 말고 하나님께서 행하시는 일을 봐야 합니다. 하나님께서 사람의 닫힌 문을 여심을 믿어야 합니다. 하나님은 예나 지금이나 당신의 종을 세우시고, 그 종과 함께하며 일하십니다. 하나님은 오늘 우리와 함께하며 캠퍼스 영혼은 물론이고, 삶의 현장에서 만나는 사람의 믿음 문을 여십니다. 그러므로 우리는 바울과 바나바처럼 하나님 중심의 세계관으로 말씀 전하는 일에 힘쓰기를 기도합니다.

22
우리와 동일하게

본문 사도행전 **15:1-35**
요절 사도행전 **15:11**
찬송 **260**장, **261**장

"그러나 우리는 그들이 우리와 동일하게 주 예수의 은혜로 구원받는 줄을 믿노라 하니라."

우리 시대가 '글로벌'이라고는 하지만, 안을 들여다보면 정말로 다양한 사람이 다양한 문화에서 살고 있습니다. 그런데도 그들에게 공통된 한 가지가 있다면, 무엇일까요?

1절을 보십시오. "어떤 사람들이 유대로부터 내려와서 형제들을 가르치되 너희가 모세의 법대로 할례를 받지 아니하면 능히 구원을 받지 못하리라 하니." 어떤 유대인 그리스도인이 안디옥 교회에 와서 가르쳤습니다. "모세의 법대로 할례받지 않으면 구원받지 못한다." 모세의 율법은 할례를 하나님의 언약 백성의 표시로 가르쳤습니다. 할례가 언약 백성의 조건은 아니었습니다. 그런데 어떤 유대인은 할례를 언약 백성의 조건으로 가르쳤습니다. 말은 "믿음 더하기 할례"인데, 내용은 할례가 믿음을 지배했습니다. 왜냐하면 할례 하지 않으면 믿음이 소용없기 때문입니다.

그 가르침으로 안디옥 교회는 어떻게 되었습니까? 바울과 바나바와 그들 사이에 적지 않은 다툼과 변론이 일어났습니다(2). 왜냐하면 바울과 바나바는 "오직 예수님을 믿음으로만 구원받는다."라고 가르쳤기 때문입니다. 유대인의 가르침은 바울과 바나바의 이방 사역을 완전히 뒤집었습니다.

그때 교회는 그 문제를 어떻게 해결했습니까? 바울과 바나바와 그중의 몇 사람을 예루살렘에 있는 사도와 장로에게 보내기로 작정했습니다. 안디옥 교회는 '어머니 교회'인 예루살렘 교회에 도움을 청했습니다. 안디옥 교회는 신학적 논쟁을 어머니 교회인 예루살렘 교회의 지도자를 통해서 해결하고자 했습니다.

바울 일행은 어디를 거쳐 예루살렘으로 갔습니까? 그들은 교회의 보냄을 받으면서 베니게와 사마리아를 방문합니다(3). 그곳 성도에게 이방 사람이 주님께 돌아온 일을 자세히 말하여 그들을 매우 기쁘게 합니다.

바울 일행은 예루살렘에 도착하여 교회와 사도와 장로에게 영접받았습니다(4). 그리고 그들은 하나님이 자기들과 함께 계셔 행하신 모든 일을 보고했습니다. 여기서 중요한 표현은 "하나님께서 그들과 함께 행하신 일"입니다. 그들은 이방 선교를 하나님께서 친히 하셨음을 강조했습니다.

그 보고에 대한 반응은 어떠했습니까? 바리새파의 어떤 사람은 "구원받기 위해서는 할례가 꼭 필요하다."라고 주장했습니다(5). 이 주장 앞에서 사도들과 장로들은 그 일을 의논하려고 모였습니다(6).

많은 변론을 한 후, 베드로가 일어나 무엇을 말했습니까? 7절을 보십시오. "많은 변론이 있은 후에 베드로가 일어나 말하되 형제들아 너희도 알거니와 하나님이 이방인들로 내 입에서 복음의 말씀을 들어 믿게 하시려고 오래전부터 너희 가운데서 나를 택하시고." 베드로는 사도들의 대표자입니다. 그의 주장은 사도 전체를 대변합니다. 바울과 바나바가 "하나님이 이방인들 속에서 일하셨다."라고 증언했습니다(4). 이것을 베드로가 받아서 그 하나님이 어떤 분인가를 증언합니다.

하나님은 이방인에게 복음을 전하시려고 베드로를 택하셨습니다. 베드로는 유대인 중의 유대인이요, 사도 중의 사도입니다. 하나님께서 그런 베드로를 택하셔서 이방인 복음 사역을 시작하셨습니다. 이방인 복음 사역은 하나님께서 친히 시작하신 일입니다.

그 하나님께서 계속해서 무엇을 하셨습니까? 하나님은 유대인뿐만 아니라 이방인의 마음도 아십니다(8). 하나님은 유대인과 같이 이방인에게도 성령님을 주어 증언하셨습니다. 하나님은 유대인과 이방인 사이에 아무런 차별을 두지 않으셨습니다. 하나님은 믿음으로 이방 사람의 마음을 깨끗이 하셔서 차별하지 않았습니다(9). 세상에는 혈통이나 민족이나 나라와 같은 외형적 차별이 있습니다. 하지만 하나님은 그런 외형으로 사람을 차별하지 않으셨습니다. 믿은 안에는 어떤 차별도 없습니다.

그런데 지금 그들은 하나님을 시험합니다(10). 그들은 유대 조상은 물론이고, 지금 유대인도 능히 메지 못하는 멍에를 이방 사람의 목에 두려고 합니다. 그들이 이방 사람에게 할례를 요구하는 일은 이방 사람의 목에 멍에를 두는 일입니다.

그러나 베드로의 결론은 무엇이었습니까? 11절을 읽읍시다. “그러나 우리는 그들이 우리와 동일하게 주 예수의 은혜로 구원받는 줄을 믿노라 하니라.” ‘동일하게’란 ‘같은 방식으로’입니다. ‘예수님의 은혜’는 ‘예수님이 주도적으로’, ‘예수님의 선물로’라는 뜻입니다. 여기에는 인간의 주도권이나 인간의 행위가 ‘1도’ 들어있지 않습니다. 인간이 할 수 있는 일, 해야 하는 일은 그 은혜를 받아들이는 일뿐입니다. 그것을 ‘믿음’이라고 부릅니다. 따라서 은혜는 믿음으로 이어지고, 은혜받음은 믿음으로 나타납니다. 이방 사람도 유대 사람이 구원받은 같은 방식으로 구원받습니다. 이것이 베드로의 결론인데, 그의 결론은 믿음의 고백이기도 합니다.

‘동일하게 구원받는다.’라는 말을 통해 무엇을 배웁니까? 첫째로, 모든 사람은 같은 방식으로 구원받아야 합니다. 어떤 사람은, 구원은 교회 다니는 사람이나 받는 것으로 생각합니다. 교회 다니는 사람이 구원에 관한 교리를 만들었다고 생각합니다. 그래서 교회 다니지 않는 사람은 구원과는 상관없다고 말합니다.

하지만 인간은 본질에서 죄인이고, 죄인은 하나님의 심판을 받습니다. 그 심판은 죽음과 영원한 형벌로 나타납니다. 그 심판을 피할 인간은 아무도 없습니다. 삶의 스타일, 사는 방법, 문화의 차이는 있을 수 있지만, 인간이 죄인이라는 사실은 다르지 않습니다. 따라서 다양한 민족, 다양한 문화, 다양한 먹거리와 상관없이 인간이라면 누구나 같은 방식으로 구원받아야 합니다.

둘째로, 모든 사람은 같은 방식으로 예수님의 은혜로 구원받습니다. 구원은 내가 주도적으로 뭔가를 해서 받지 않습니다. 할례를 한다고 해서 구원받지 않습니다. 유대인이 구원받음은 할례를 했기 때문이 아닙니다. 예수님의 은혜를 받았기 때문입니다. 그들은 예수님의 은혜로 예수님이 자기를 위해 십자가에서 죽으시고 사흘 만에 살아나셨음을 믿었습니다. 이방인도 유대인과 같은 방식으로 예수님의 은혜로 구원받습니다. 예수님의 은혜는 유대인이나 이방인이나 차별이 없습니다.

종교 개혁자들은 '5대 강령'을 강조했습니다. 다른 말로는 'Five *Solas*(다섯 개의 오직)'라고 부릅니다. '*Sola*'는 라틴어로 '홀로', '오직'이라는 뜻입니다. '*Five Solas*'중 첫 번째는 "오직 성경(*Sola Scriptura*)"입니다. 이 말은 구원의 최고 권위가 교회라는 조직이 아닌 성경에 있음을 뜻합니다. 두 번째는, "오직 그리스도(*Solus Christus*)"입니다. 이 말은 구원은 오직 예수님께만 있음을 뜻합니다. 세 번째는, "오직 은혜(*Sola Gratia*)"입니다. 이 말은 '예수님의 은혜'를 말하는데, 구원의 주체가 사람이 아닌 예수님께 있음을 뜻합니다. 네 번째로, "오직 믿음(*Sola Fide*)"입니다. 이 말은 구원은 오직 믿음으로만, 즉 행위가 전혀 상관없음을 뜻합니다. 마지막으로, "오직 하나님께 영광(*Soli Deo Gloria*)"입니다. 이 말은 구원받은 우리 삶의 목적이 나한테 영광 돌림이 아닌, 오직 하나님께 영광 돌림에 있음을 뜻합니다.

그런데 '5대 강령'을 보면 한 가운데 "오직 은혜"가 있습니다. 그만큼 은혜가 중요함을 보여줍니다. 예수님의 은혜는 구원의 출발점이고 구원의 완성입니다. 우리는 은혜로 구원받고, 은혜로 삽니다. 따라서 구원받음에 그 어떤 일도 들어올 수 없습니다. 말 그대로 구원은 오직 은혜로만 받습니다.

이 메시지 앞에서 사람들의 반응은 어떠했습니까? 그들은 잠자코 있었습니다(12). 그들은 바나바와 바울이 하나님께서 자기들을 통해 이방인 중에 하신 표적과 기사에 관하여 말하는 내용을 들었습니다. 그때 예수님의 동생이며, 예루살렘 교회의 큰 기둥인 야고보가 등장합니다(13).

그는 어떤 메시지를 전합니까? 14절입니다. "하나님이 처음으로 이방인 중에서 자기 이름을 위할 백성을 취하시려고 그들을 돌보신 것을 시므온이 말하였으니." 시므온, 즉 베드로는 하나님이 처음으로 이방인 중에서 당신 이름을 위할 백성을 취하려고 그들을 찾아오신 일을 설명했습니다. 야보고는 베드로의 이 설명이 선지자들의 말씀과 일치함을 알았습니다(15). 아모스 선지자는 다윗 왕조와 그 영토의 회복을 말했습니다(암 9:11-12). 하나님은 다윗의 무너진 집을 회복하고, 그 허물어진 곳을 다시 고치십니다(16). 이 말씀은 다윗의 씨인 예수 그리스도의 부활과 승천을 통하여 그 백성을 만드실 것에 대한 예언입니다.

이렇게 하신 목적은 무엇입니까? 17절입니다. "이는 그 남은 사람들과 내 이름으로 일컬음을 받는 모든 이방인들로 주를 찾게 하려 함이라 하셨으니." 그 목적은 모든 이방 사람이 하나님께서 다시 지은 다윗 왕국으로 들어오는 데 있었습니다. 하나님께서 먼저 다윗의 무너진 집을 회복하면 이방인이 주님을 찾습니다. 다윗의 후손인 그리스도를 통해 이방인이 새 공동체로 들어옵니다. 베드로, 바울과 바나바를 통해 이방인이 하나님의 공동체로 들어온 일은 선지자의 약속을 이루신 일입니다. 야고보는 역사적인 사실을 성경에 근거해서 해석했습니다(18). 이방인 사역은 하나님께서 계획하셨고, 이루신 일입니다.

그러므로 하나님께로 돌아오는 이방 사람을 괴롭히지 말아야 합니다(19). 할례를 강요하는 일은 그들을 괴롭히는 일입니다.

그러나 이방 사람은 무엇을 하지 않아야 합니까? 20절을 읽읍시다. "다만 우상의 더러운 것과 음행과 목매어 죽인 것과 피를 멀리

하라고 편지하는 것이 옳으니.” ‘우상의 더러운 것’은 우상에게 바친 음식을 말합니다. 그들은 많은 음식을 우상 신전에서 제물로 드렸는데, 그 제물을 시장에서 팔았습니다. 사람들은 그것을 사서 먹었습니다. 반면 유대인은 그 음식을 부정하게 여겼습니다. 유대인에게 음식은 하나님 백성의 정체성을 상징하기 때문입니다.

‘음행’은 성 윤리의 왜곡을 말합니다. 이방인은 결혼의 질서가 엄격하지 않아서 근친혼을 허용했습니다. 반면 유대인은 성 윤리에 민감했습니다.

‘목매어 죽인 것’은 ‘목 졸려 죽은’이라는 뜻입니다. 이방 사람은 짐승을 잡을 때 피를 빼지 않았습니다. 하지만 유대인은 피를 생명으로 여겨서 피를 빼지 않은 음식을 먹지 않았습니다.

‘피’는 짐승의 피를 먹는 행위입니다. 이방 사람은 짐승의 피를 특별식으로 먹었지만, 유대인은 먹지 않았습니다.

야고보는 이방인이 이 네 가지만을 멀리하기를 바랍니다. 왜 그렇게 하기를 바랍니까? 21절입니다. “이는 예로부터 각 성에서 모세를 전하는 자가 있어 안식일마다 회당에서 그 글을 읽음이라 하더라.” 왜냐하면 아직도 안식일마다 모세 율법을 회당에서 가르쳤기 때문입니다. 유대인은 율법에 민감했습니다. 이방 사람 편에서는 그런 유대 사람을 이해하고 배려해야 합니다. 물론 유대인도 자기주장만 해서는 안 됩니다. 비본질적인 문제는 서로에 대한 배려로 풀어야 합니다.

교회는 야고보의 결정을 어떻게 실행했습니까? 안디옥 교회를 비롯한 소아시아 지역 교회에 그 결정을 담은 공문서와 함께 파송할 인물을 정했습니다(22). 그 인물은 유다와 실라였습니다. 그들은 이방인 형제자매에게 그 내용을 편지로 전하려고 합니다(23).

왜 편지로 전하려고 합니까? 어떤 사람은 교회 지도자의 명령 없이 개인 자격으로 선교지로 갔습니다(24). 그리고 개인 생각을 성경의 가르침처럼, 또는 교회의 공식 입장처럼 가르쳤습니다. 그들은 이방인 신자를 괴롭게 했고, 마음을 혼란에 빠뜨렸습니다. 이런 폐단을 막으려고 교회법을 만들고 공문서를 보냅니다. 그리고 예수 그리스도의 이름을 위하여 생명을 아끼지 않고, 모든 동역자가 사랑하는 바나바와 바울을 유다와 실라와 함께 보내기로 만장일치로 정했습니다(25).

그들은 안디옥 교회에 가서 무엇을 해야 합니까? 그들은 예루살렘 교회가 정한 내용을 말로 직접 전해야 합니다(27). 그들은 성령님과 교회 지도자가 정한 요긴한 것들 외에는 아무 짐도 이방인에게 지우지 않아야 함을 알았습니다(28). 그 요긴한 것들은 우상의 제물, 피와 목매어 죽인 것, 음행을 멀리하는 일입니다(29). 예루살렘 교회는 이방 교회가 이 네 가지만 잘 지키기를 바랍니다. 그러면 이방 성도는 잘되고 평안을 누립니다.

그들이 안디옥에 내려가 사람을 모으고 편지를 전했습니다(30). 안디옥 교회는 예루살렘 교회의 결정을 기쁨으로 받았습니다(31). 그들도 교회의 하나 됨, 성도의 하나 됨을 위해 자신들이 해야 할 일을 알았습니다. 유다와 실라도 성경 교사답게 안디옥 교회를 하나님의 말씀으로 격려하고 굳게 했습니다(32). 그들은 안디옥 교회의 전송을 받고 다시 예루살렘으로 돌아왔습니다(33). 바울과 바나바는 안디옥에서 주님의 말씀을 가르치며 전파하면서 머뭅니다(35).

다양한 문화에서 다양한 삶을 사는 다양한 사람에게 우리가 전파해야 하는 메시지는 무엇입니까? 첫째로, 모든 사람은 같은 방식으로 구원받아야 합니다. 둘째로, 모든 사람은 같은 방식으로 예수님의 은혜로 구원받습니다. 성령님께서 우리와 함께하셔서 이 메시지를 믿고, 전할 수 있기를 기도합니다.

23
마게도냐로 떠나기를 힘쓰니

본문 사도행전 15:36-16:10
요절 사도행전 16:10
찬송 508장, 510장

"바울이 그 환상을 보았을 때 우리가 곧 마게도냐로 떠나기를 힘쓰니 이는 하나님이 저 사람들에게 복음을 전하라고 우리를 부르신 줄로 인정함이러라."

대부분 사람은 자기 인생을 자기가 계획하고, 그 계획대로 나가기를 기대합니다. 그런데 그 계획대로 사는 사람도 있지만, 그렇지 못한 사람도 있습니다. 자기 뜻과는 전혀 다른 길을 가기도 합니다. 어쩌면 믿음으로 사는 우리야말로 자기 뜻과는 전혀 다른 길을 걷는 사람이 아닐까요? 여기에는 무슨 뜻이 있습니까?

바울과 바나바는 안디옥에서 주님의 말씀을 가르치고 전하면서 여러 날을 머물렀습니다(15:35). 며칠 후 바울이 바나바에게 말했습니다(36). "우리가 주님의 말씀을 전했던 곳으로 다시 가서 형제자매들이 어떻게 지내는지 살펴봅시다." 바울이 다시 방문하려는 목적은 형제자매의 영적 상태를 확인하는 데 있었습니다.

그 제안에 바나바는 무엇을 합니까? 그는 마가라하는 요한도 데리고 가고자 합니다(37). '마가'는 로마식 이름이고, '요한'은 유대식 이름입니다. 그는 유대식 이름보다 로마식 이름으로 더 알려졌습니다. 바나바는 마가의 외삼촌이고, 마가는 베드로에 의해 예수님을 믿었을 겁니다(벧전 5:13). 바나바는 그런 마가와 함께 가려고 합니다.

그러나 바울의 반응은 어떠합니까? 바울은, 밤빌리아에서 자기들을 버리고 함께 일하러 가지 않은 그 사람을 데리고 가는 것을 좋게 여기지 않았습니다(38). 마가는 예전에 밤빌리아에서 바울과 바나바와 헤어져서 예루살렘으로 돌아갔습니다(13:13). 바울은 신실하지 못했던 그를 영접하지 못합니다.

바울과 바나바는 그 일로 어떤 길을 걷습니까? 그들은 서로 심히 다투었습니다(39). 그들은 서로 갈라서서, 바나바는 마가를 데리고 배를 타고 키프로스로 떠났습니다. 바울은 실라를 택하고 형제자매의 축복받은 후 길을 떠났습니다(40). 이로써 바울은 새로운 동역자와 함께 제2차 선교 사역을 시작합니다. 지금까지 선배로서 자기를 섬겨준 바나바와 길을 달리하여 자립적으로 선교 사역에 임합니다.

그는 무엇을 합니까? 41절을 보십시오. “수리아와 길리기아로 다니며 교회들을 견고하게 하니라.” 바울은 그곳의 교회들을 방문하여 튼튼하게 합니다.

여기서 볼 때 ‘돌봄’의 중요성을 배웁니다. 어머니가 어린아이를 꾸준하게 돌봄 같이 영적인 세계에서도 꾸준한 돌봄이 있어야 합니다. 한번 말씀을 주고 버려 두면 잘 자랄 수 없기 때문입니다. 한 사람에게 예수님을 증언하고 성경을 가르치는 일은 중요합니다. 하지만 더 중요한 것은 꾸준하게 ‘캐어(care)’해 주는 겁니다. 그럴 때 그 사람은 세상에서 소금과 빛으로 설 수 있습니다.

바울은 다시 어디로 향했습니까? 16:1을 봅시다. “바울이 더베와 루스드라에도 이르매 거기 디모데라 하는 제자가 있으니 그 어머니는 믿는 유대 여자요 아버지는 헬라인이라.” ‘루스드라’는 제1차 선교여행 때 장애인을 걷게 한 곳입니다. 사람들이 신이 사람의 형상으로 나타났다며 제사하려 했던 곳입니다(14:6). 바울은 이곳에서 디모데를 만났습니다. 그 어머니는 믿는 유대 여인이고, 아버지는 헬라 사람입니다. 그는 일종의 ‘모태 신앙인’입니다.

그는 루스드라와 이고니온에 있는 형제자매한테 칭찬받습니다(2).

그는 동역자 세계에서 평판이 좋습니다. 보통은 '하나님께 인정받는 사람'이라고 하는데, 디모데는 '동역자들한테 인정받는다.'라고 합니다. 하나님께 인정받음의 표현은 동역자한테 인정받으므로 나타납니다. 하나님께 인정받는다고 하면서 동역자한테 인정받지 못하면, 그것은 사실이 아닐 수 있습니다. 그 점에서 디모데는 신실한 하나님의 사람이라고 할 수 있습니다.

바울은 그런 그와 무엇을 했습니까? 3절입니다. "바울이 그를 데리고 떠나고자 할새 그 지역에 있는 유대인으로 말미암아 그를 데려다가 할례를 행하니 이는 그 사람들이 그의 아버지는 헬라인인 줄 다 앎이러라." 바울은 디모데와 함께 선교지를 방문하려고 했습니다. 바울은 디모데를 사역의 동역자로 삼고자 했습니다. 그런데 바울은 그에게 할례를 하도록 했습니다. 그런데 예루살렘 교회는 "할례는 하지 않아도 된다."라고 결론을 내렸습니다. 그리고 그 일에 바울이 앞장섰습니다.

왜 바울은 할례를 하도록 한 겁니까? 왜냐하면 그 지역의 유대인이 디모데의 아버지가 헬라 사람인 것을 알기 때문입니다. 유대인은 디모데를 자기들과 함께할 수 없는 사람으로 생각했습니다. 그래서 바울은 디모데가 할례를 하여 유대인과 하나가 되도록 했습니다. 할례는 하나님께 받아들여지는 데는 전혀 필요하지 않습니다. 하지만 유대인들에게 받아들여지는 데는 필요합니다.

구원 문제와 교제 문제는 다릅니다. 구원은 기독교의 핵심 진리입니다. 구원은 '오직 은혜로', '오직 믿음으로' 받습니다. 그 어떤 것도 더해질 수 없습니다. 그런 점에서 구원의 원리는 배타적입니다. 절대적입니다. 하지만 교제는 사랑의 표현입니다. 교제는 자기를 비우고 여는 데서부터 시작합니다. '자기를 비우고 연다.'라는 말은 내 중심이 아닌 상대방 중심이 되는 겁니다. 상대방의 문화와 눈높이에 맞추는 겁니다.

바울은 고린도 교회를 섬길 때는 이렇게 눈높이를 맞추었습니다. 그는 유대인을 대할 때는 그들을 얻으려고 유대인처럼 되었습니다. 그는 율법이 없는 사람을 대할 때는 그들을 얻으려고 율법이 없는 사람처럼 되었습니다. 그리고 그는 믿음이 약한 사람을 대할 때는 그들을 얻으려고 약한 사람이 되었습니다. 그리하여 그들과 다 같이 복음의 복을 나누려고 했습니다(고전 9:19-23).

우리는 구원의 원리에서는 보수가 되어야 합니다. 하지만 교제의 원리에서는 진보가 되어야 합니다. 따라서 가장 건강한 신자는 보수이면서 동시에 진보인 사람입니다. 구원에 관해서는 타협하지 않아야 하지만, 교제에서는 바람에 흔들리는 갈대처럼 유연해야 합니다. 이것이 보수와 진보를 다 품는 균형 잡힌 신앙생활입니다.

노예 선장을 했다가 영국의 복음주의 성직자가 되었던 존 뉴턴(John Newton, 1725~1807)은 『절충주의 사회』 *Eclectic Society*라는 책에서 말했습니다. "바울은 비본질적인 것들에 대해서는 갈대였으나 본질적인 것들에 대해서는 철 기둥이었다."

그런데 바울 일행은 가는 곳마다 무엇을 줍니까? 4절을 봅시다. "여러 성으로 다녀갈 때에 예루살렘에 있는 사도와 장로들이 작정한 규례를 그들에게 주어 지키게 하니." '작정한 규례'란 이방 교회가 멀리해야 할 네 가지를 말합니다(15:20). 바울은 이방교회가 유대인을 배려하기를 바랍니다. 그 가르침 앞에서 그 누구도 토를 달지 않습니다. 그들은 이것을 구원의 원리가 아닌 교제의 원리로 받아들이기 때문입니다. 그들이 먼저 마음의 문을 열고 비움으로써 유대인과 하나가 됩니다.

그랬을 때 그 열매가 어떻게 나타납니까? 여러 교회가 믿음이 더 굳건해집니다(5). 수가 날마다 늘어갑니다. 구원의 본질이 분명하니 삶의 본질도 분명했습니다. 말씀이 교회 안에서 역동적으로 일했습니다.

그러므로 오늘 우리도 전통과 같은 비본질의 문제를 본질로 오해하지 않아야 합니다. 비본질의 문제가 본질로 들어오는 일을 어떤 사람은 '신발 속의 작은 모래알'로 비유했습니다. 신발 속의 작은 모래알은 걷는 데 결정적 장애 요소입니다. 역동적으로 걸으려면 모래알을 없애야 합니다. 우리의 비본질적 요소를 제거할 때 역동적으로 살 수 있습니다. 교회의 믿음은 더 굳건해지고 수도 늘어납니다.

그런데 바울은 어떤 뜻밖의 문제를 만났습니까? 6절을 보십시오. "성령이 아시아에서 말씀을 전하지 못하게 하시거늘 그들이 브루기아와 갈라디아 땅으로 다녀가." 바울은 아시아에서 말씀 사역을 확장하기를 원합니다. 그런데 성령님은 그곳에서 말씀 전하는 일을 막으셨습니다.

그들은 무시아 가까이 이르러서 비두니아로 들어가려고 합니다(7). 바울은 아시아의 주요 도시들을 계속해서 돌아다닙니다. 그러나 그가 애를 쓰면 쓸수록 열매가 없습니다. 그는 처음에는 사탄이 방해한다고 생각하며 더 적극적으로 도전합니다. 믿음이 없어서 그런 줄 알고 더 헌신적으로 섬깁니다. 하지만 이상하리만큼 잘 안 됩니다. 예수님의 영이 그것을 허락하지 않으셨기 때문입니다. 바울의 계획과 성령님의 계획이 다르기 때문입니다.

성령님의 뜻은 무엇입니까? 8절과 9절을 읽읍시다. "무시아를 지나 드로아로 내려갔는데, 밤에 환상이 바울에게 보이니 마게도냐 사람 하나가 서서 그에게 청하여 이르되 마게도냐로 건너와서 우리를 도우라 하거늘." 그들은 무시아를 지나 드로아로 내려갔습니다. 그때 밤에 환상이 바울에게 보였습니다. "마게도냐 사람 하나가 서서 그에게 청하여 이르되 마게도냐로 건너와서 우리를 도우라!" '마게도냐'는 그리스 반도 북쪽 지방의 빌립보, 데살로니가, 뵈뢰아 등이 있는 지역입니다. 그곳은 아시아 지역이 아닌 유럽 지역입니다. 성령님은 복음을 아시아가 아닌 유럽으로 전하려고 하십니다. 성령님은 아시아 사람이 아닌 유럽 사람을 돕기를 바라셨습니다.

이 환상 앞에서 바울은 어떻게 반응했습니까? 10절도 읽읍시다. "바울이 그 환상을 보았을 때 우리가 곧 마게도냐로 떠나기를 힘쓰니 이는 하나님이 저 사람들에게 복음을 전하라고 우리를 부르신 줄로 인정함이러라." '우리'는 사도행전을 기록한 누가와 바울, 즉 제2차 선교팀을 말합니다. 바울이 그 환상을 보았을 때 그들은 즉시 마게도냐로 떠나기를 힘썼습니다. 그는 성령님의 뜻을 알았을 때 곧 자기의 뜻을 비웁니다. 그는 지금까지의 수고가 아깝다고 아쉬워하지 않습니다. 그는 즉시 자기 삶의 방향을 '유턴(U-turn)'합니다. 그리고 이제는 성령님의 뜻을 이루기 위해서 힘을 씁니다. 왜냐하면 그는 하나님께서 아시아 사람이 아닌 유럽 사람에게 복음을 전하라고 자신을 부르신 줄로 인정하기 때문입니다.

여기서 볼 때, 선교 사역의 주체는 누구입니까? 겉으로만 보면 바울이 복음 사역의 운전대를 잡고 열심히 앞으로 나가고 있는 것처럼 보입니다. 하지만 선교 현장에서 사역을 섬기는 사람이 선교 사역의 주체가 아닙니다. 성령님이십니다. 성령님은 우리가 어떤 방향으로 가려고 할 때 막으십니다. 그리고 다른 방향으로 가도록 인도하십니다. 그때 우리가 할 일은 그 성령님께 즉시 순종하는 겁니다.

그런데 우리가 성령님의 뜻에 순종하는 일이 쉽나요? 어렵나요? 가장 어려운 일은 내 뜻을 성령님의 뜻으로 오해할 때입니다. 성령님의 뜻으로 알고 열심히 하는데도 일이 풀리지 않을 때입니다. 그 때 방향을 바꾸기가 쉽지 않습니다. 하지만 우리는 최선의 노력을 했는데도 안 풀릴 때는 자기를 비우는 법도 배워야 합니다. 내가 믿음으로 기도하고 노력하면 모든 일이 반드시 이루어진다고 생각하는 그것은 잘못일 수 있습니다. 우리는 성령님께서 내 뜻을 막으심에 대해서도 민감해야 하고, 인도하심에 대해서도 민감해야 합니다.

이사야는 이 하나님에 대해서 가르칩니다. "이는 내 생각이 너희의 생각과 다르며 내 길은 너희의 길과 다름이니라 여호와의 말씀이니라, 이는 하늘이 땅보다 높음같이 내 길은 너희의 길보다 높으며 내 생각은 너희의 생각보다 높음이니라"(사 55:8-9). 여호와의 길과 생각은 내 길과 생각보다 높습니다. 그러므로 우리는 여호와의 길과 그 생각에 순종할 수 있습니다. 물론 당장은 마음이 쓰리고 아플 수 있습니다. 하지만 멀리 보면 성령님께서 인도하시는 길이 가장 좋은 길입니다.

개신교 현대선교의 아버지로 불리는 윌리엄 캐리(William Carrey, 1761~1834)는 남태평양에 있는 폴리네시아로 가려고 했는데, 인도로 보내셨습니다. 조선 최초의 장로교 선교사 호러스 언더우드(Horace Grant Underwood, 1859~1916)는 인도로 가려고 의학 공부까지 했는데, 조선으로 왔습니다.

이런 성령님의 인도하심은 오늘 우리 안에서 계속되고 있습니다. 우리 공동체는 물론이고, 우리 한 사람을 돌아봐도 여기까지 인도하신 분은 우리가 아니라 성령님이십니다. 우리는 전혀 생각하지도 않았는데, 성령님은 새로운 길로 인도하십니다.

그러므로 우리는 무엇을 해야 합니까? 바울 사도가 성령님의 인도하심을 믿고 마게도냐로 떠나기를 힘썼던 것처럼, 성령님의 인도하심을 따르는 일에 힘써야 합니다. 그리하여 성령님께서 우리에게 두신 놀라운 뜻을 이루기를 기도합니다.

24
예수님을 믿으라

본문 사도행전 **16:11-40**
요절 사도행전 **16:31**
찬송 **5251**장, **258**장

"이르되 주 예수를 믿으라 그리하면 너와 네 집이 구원을 받으리라 하고."

우리는 이런 말을 하기도 하고, 듣기도 합니다. "예수님 믿고 구원받으세요!" 이 말의 뜻은 무엇이며, 그 출발은 어디였습니까?

첫째, 루디아(11-15)

바울 일행은 "마케도니아로 건너와서 우리를 도와주십시오."라는 환상을 보았습니다(9). 그 후 그들은 드로아에서 배로 떠나서 사모드라게로 직행했습니다(11). 이튿날 네압볼리로 향했고, 빌립보에 이르렀습니다(12). '빌립보'는 알렉산더 대왕(Alexander The Great)의 아버지 빌립 2세(Philip II of Macedon)의 이름에서 왔습니다. 그곳은 마게도냐 지방에서 으뜸가는 도시였습니다. '마게도냐'는 필립이 다스렸던 나라이며, 수도는 펠라(Pella)였습니다. 그들은 그곳에 머물렀습니다.

그들은 안식일에 기도할 곳을 찾았습니다(13). 그들은 성문 밖 강가로 나갔고, 그곳에 앉아 있던 여인들에게 전도합니다.

바울이 전도할 때 누가 듣습니까? 14절을 봅시다. "두아디라 시에 있는 자색 옷감 장사로서 하나님을 섬기는 루디아라 하는 한 여자가 말을 듣고 있을 때 주께서 그 마음을 열어 바울의 말을 따르게 하신지라." 그들 중에 자줏빛으로 염색한 직물을 팔면서 하나님을 섬기는 루디아라는 여인이 있습니다. '루디아'란 실제 이름보다는 '루디아 출신 아줌마'일 겁니다. 그녀는 바울의 메시지를 귀담아듣는데, 성령님께서 그녀가 바울을 따르도록 마음을 여셨기 때문입니다.

"주님께서 마음을 열어주신다."라는 사실을 통해 무엇을 배웁니까? 우리가 말씀을 듣고 따르려면 성령님께서 마음을 열어야 함을 배웁니다. 물론 내가 말씀을 듣고, 내가 따릅니다. 하지만 우리는 성령님께서 내 마음의 문을 열어서 말씀을 듣고 따르도록 하심을 알아야 합니다. 말씀 사역은 성령님의 사역입니다. 그러므로 우리는 내 마음을 성령님께서 열어주시도록 도움을 청해야 합니다. 내가 전도할 때도 성령님께서 상대의 마음을 열어주시도록 도움을 청해야 합니다.

바울의 메시지를 귀담아들은 그녀는 어떻게 변화했습니까? 15절을 보십시오. "그와 그 집이 다 세례를 받고 우리에게 청하여 이르되 만일 나를 주 믿는 자로 알거든 내 집에 들어와 유하라 하고 강권하여 머물게 하니라." 그녀를 비롯한 온 가족이 세례를 받았습니다. 이것은 믿음의 표현입니다. 그녀를 비롯한 가족 모두는 예수님을 믿었습니다.

예수님을 믿은 그녀는 바울 일행을 자기 집에서 머물도록 강력하게 설득했습니다. 말씀 앞에서 마음의 문을 열었던 그녀는 이제 목자 앞에서 가정의 문도 열었습니다. 말씀이 믿음을 낳고 믿음이 섬김을 낳습니다. 섬김은 교회의 뿌리로 이어집니다. 루디아와 그 집은 빌립보 교회를 세우는 데 쓰임 받았습니다. 말씀을 귀담아들으면 이런 변화를 체험합니다.

둘째, 간수(16-40)

바울 일행은 다른 날 기도하는 곳에 가다가 점치는 귀신 들린 여종 하나를 만났습니다(16). 여기서 '점치는'이라는 말은 '파이던(the

Python)'을 말합니다. '파이던/퓌돈'은 그리스 신화에 나오는 뱀의 이름인데, 신의 말을 전한다고 여겼습니다. 그런데 아폴로(Apollo)가 '퓌돈'을 죽이고 대신 신탁을 전해주었습니다. 로마 시대부터 '퓌돈'은 '점치는 영'을 상징했고, 여자 점쟁이들(Pythonesses)에게 투시력을 불어넣어 준다고 생각했습니다. 이 점쟁이는 그 주인들에게 큰돈을 벌어주고 있습니다.

그런데 그 점쟁이가 바울 일행을 따라와 소리 지릅니다(17). "이 사람들은 지극히 높은 하나님의 종으로서 구원의 길을 너희에게 전하는 자라." 이 점쟁이는 바울과 실라를 정확히 알았습니다.

하지만 그 점쟁이는 매일같이 이렇게 하여 바울을 심히 괴롭게 합니다(18). 바울은 귀신에게 말했습니다. "예수 그리스도의 이름으로 내가 네게 명하노니 그에게서 나오라!" 바울의 말에 귀신은 즉시 순종했습니다. 예수님께서 귀신을 쫓아내신 일을 바울 사도가 이어 받았습니다.

그때 무슨 일이 일어났습니까? 그 여종의 주인들은 돈벌이 소망이 끊어졌습니다(19). 귀신이 나가버려서 더는 점을 칠 수 없었습니다. 그들은 바울과 실라를 붙잡아 장터로 관리들에게 끌고 갔습니다. '장터'는 '아고라(agora)'입니다. 그곳은 시장이며, 공공 생활의 중심지였습니다. 주인들의 관심은 불쌍하고 가련한 여인이 구원받은 데 있지 않았습니다. 자기 돈벌이가 사라졌다는 사실에 있었습니다. 그들은 사람의 존귀함보다도 돈의 가치를 더 높이 평가했습니다.

그런데 그 주인들은 상관들 앞에서는 무엇이라고 말했습니까? 바울과 실라가 유대인인데, 빌립보 도시를 큰 혼란에 빠뜨린다는 겁니다(20). 왜냐하면 유대인이 로마 사람이 받지도 못하고 행하지도 못할 풍속을 전하기 때문입니다(21). 그들은 바울과 실라를 이단 사상을 전파하는 이상한 사람으로 몰았습니다. 자신의 이익을 위해서 다른 사람을 희생양으로 삼는 선동정치의 어두운 모습을 보여줍니다.

그 선동에 누가 말려들었습니까? 군중이 말려들어서 바울과 실라를 공격하는 데 합세했습니다(22). 그러자 상관들은 바울과 실라의 옷을 벗기고 그들을 매로 치도록 했습니다. '매로 친다.'라는 말은

법 집행관이 범법자에게 가하는 체벌행위입니다. 그런데 상관들은 정확한 심문도 하지 않고 일방적인 말만 듣고 체벌하도록 했습니다. 그들을 감옥에 가두고, 발에 쇠고랑을 든든히 채웠습니다(23-24). 바울과 실라는 중한 죄인으로 취급받았습니다. 예전에 바울은 예수님 믿는 사람을 감옥에 넣었는데, 오늘은 자기가 예수님을 믿어서 감옥에 갇혔습니다.

바울과 실라는 감옥에서 무엇을 합니까? 25절을 읽읍시다. "한밤중에 바울과 실라가 기도하고 하나님을 찬송하매 죄수들이 듣더라." 그들은 기도하면서 찬양합니다. 그들은 불평 대신 기도하고, 신음 대신 찬양합니다. 다른 죄수들도 그들의 찬양에 귀를 기울입니다.

그때 무슨 일이 일어났습니까? 갑자기 큰 지진이 났습니다(26). 감옥의 터전이 흔들리며 문이 모두 열렸습니다. 모든 죄수의 쇠고랑이 풀렸습니다. 간수가 잠에서 깨어서 옥문들이 열린 것을 보았습니다(27). 그는 죄수들이 달아난 줄로 알고 칼을 빼서 자살하려고 합니다. 간수는 죄수가 도망했느니, 그 책임을 죽음으로 갚아야 한다고 여긴 겁니다.

그때 바울은 무엇을 했습니까? 바울은 큰 소리로 알렸습니다. "네 몸을 상하지 말라. 우리가 다 여기 있노라"(28). 간수는 등불을 찾아 들고 뛰어 들어가 무서워 떨면서 바울과 실라 앞에 엎드렸습니다(29). 바울과 실라는 감옥 문이 열렸을 때 탈출할 수 있었습니다. 하지만 그들을 그렇게 하지 않았습니다. 간수는 그런 그들의 모습을 보고 엎드릴 수밖에 없었습니다.

그리고 그는 무엇을 합니까? 30절을 읽읍시다. "그들을 데리고 나가 이르되 선생들이여 내가 어떻게 하여야 구원을 받으리이까 하거늘." 간수는 바울과 실라를 감옥에서 밖으로 데리고 나와서 물었습니다. '선생'은 '주님'을 말하는데, 간수는 그들을 하나님의 종으로 높여 부릅니다. 그리고 그는 구원받는 길을 물었습니다.

왜 그는 이 순간 구원받는 길에 관해서 물었을까요? 그는 바울이 잡범이 아닌 하나님의 사람임을 알았기 때문입니다. 반면 자신의 실존에 대해서 깨달았기 때문입니다. 그는 지금 죽음의 문턱까지 갔다

왔습니다. 지금까지 이루어놓은 모든 것을 한순간에 날릴 수 있음을 알았습니다. 자기 삶이 영원하지 않고 한순간에 불과함을 알았습니다. 그런 그는 구원에 관심을 품었습니다.

그가 묻는 구원받는 길은 무엇일까요? 죽지 않고 사는 길입니다. 그는 간수의 책임을 다하지 못했으니 죽어야 합니다. 물론 그가 지금이라도 바울과 실라를 감옥으로 다시 넣으면 살 수 있습니다. 하지만 그는 바울과 실라를 감옥에 다시 가둘 수 없습니다. 그렇다고 그가 죽을 수도 없습니다. 그래서 그는 죽지 않고 사는 길에 관해 묻습니다. 그 물음은 인간 실존 문제 해결을 위한 물음이기도 합니다. 사람이 죽지 않고 사는 길, 죽음에서 구원받는 길에 관해 묻습니다.

바울과 실라의 대답은 무엇이었습니까? 31절도 읽읍시다. "이르되 주 예수를 믿으라 그리하면 너와 네 집이 구원을 받으리라 하고." '주님 예수님'은 누구십니까? 그분은 본래 하나님이신데, 죄로 죽을 수밖에 없는 인간을 구원하기 위해 육신의 몸을 입고 이 땅에 오셨습니다. 고난을 받고 십자가에서 죽으셨습니다. 죽은 사람 가운데서 살아나셨고, 하나님 나라에 오르셨습니다. 그리고 장차 세상을 심판하고 구원하는 분으로 다시 오십니다. 간수는 이 예수님을 믿어야 합니다. 그리하면 그는 죽음에서 구원받습니다. 그뿐만 아니라, 그 집, 즉 그 가족이 구원받습니다.

우리는 무엇을 배웁니까? 첫째로, 죽음에서 구원받는 길은 예수님을 믿는 것뿐입니다. 죽음은 자연현상처럼 보이지만 실은 죄의 결과입니다. 따라서 죽음을 해결하려면 죄를 먼저 해결해야 합니다. 죄 문제를 해결하면 죽음을 해결합니다. 그 죽음에서 구원받는 길은 오직 예수님을 믿음으로만 가능합니다. 인간의 유일하고 절대적인 구원자는 예수님입니다.

당시 사람은 로마 황제를 구원자로 믿었습니다. 황제가 죽이기도 하고 살리기도 했기 때문입니다. 그런 시대에도 구원자는 오직 예수님뿐입니다.

그 후 역사에서 많은 사람, 많은 종교는 죽음에서 구원받는 길을 찾고, 제시합니다. 어떤 사람은 말합니다. "산의 정상은 하나이지만, 그 정상으로 오르는 길은 여럿이다. 구원의 정상은 하나이지만, 그곳에 이르는 길은 여럿이다." 그러면서 "인간 스스로 인간을 구원할 수 있다."라고 말합니다. "인간의 행위가 죽음에서 구원하는 길이다."라고 말합니다. 하지만 인간은 스스로 자신을 구원할 수 없습니다. 그 어떤 행위도 구원의 조건이 될 수 없습니다. 오직 예수님을 믿음으로만 구원받습니다.

둘째로, 예수님을 믿으면 그 사람은 물론이고, 그 가정도 구원받습니다. '나비효과(butterfly effect)'라는 말이 있는데, '나비의 작은 날갯짓처럼 미세한 변화, 사소한 사건이 후에 예상하지 못한 엄청난 결과로 이어지는 현상'을 말합니다. 1961년 미국의 기상학자 에드워드 노턴 로렌즈(Edward Norton Lorenz)가 기상관측을 하다가 생각한 원리입니다. 그는 "지구상 어디에서인가 일어난 조그만 변화로 예측할 수 없는 날씨가 나타났다."라고 설명한 겁니다.

이처럼 영적인 세계에서도 한 사람의 작은 믿음의 씨앗이 가정 안에서 큰 결과를 나타냅니다. 믿음은 한 사람의 믿음입니다. 하지만 그 사람의 믿음이 가족의 믿음으로 이어집니다. 루디아 한 사람이 말씀을 귀담아들었더니, 그 가정 모두가 세례를 받았습니다. 그리고 빌립보 교회를 탄생하는 데 큰 역할을 했습니다. 그 점에서 지금 내가 예수님을 믿음은 나 한 사람으로 끝나지 않습니다. 나를 통해 우리 가정이 구원받습니다. 예수님을 믿으면, 우리 안에서 '믿음의 나비효과'가 나타납니다.

바울 일행은 무엇을 했습니까? 그들은 주님의 말씀을 통해서 예수님을 믿고 구원받는 길에 관해 그 사람과 그 집에 있는 모든 사람에게 전했습니다(32).

그 결과가 어떠했습니까? 첫째로, 그 간수는 그 밤 그 시각에 바울과 실라를 데려다가 맞은 자리를 씻어 주었습니다(33). 그것은 간수가 바울과 실라를 때린 일을 회개했음을 뜻합니다.

둘째로, 그 간수와 그 가족 모두 세례를 받았습니다. 세례받음은 예수님을 믿고 구원받았음에 대한 표현이었습니다.

셋째로, 그 간수는 바울과 실라를 음식으로 섬겼습니다(34). 그것은 감사의 표현이었습니다.

넷째로, 그와 온 집안이 하나님을 믿으므로 크게 기뻐했습니다. 구원의 감격은 큰 기쁨으로 나타납니다.

그때 상관들은 무엇을 했습니까? 날이 밝자 상관들은 부하들을 보내어 두 사람을 놓아주라고 명령했습니다(35). 그들은 공개적으로 매질하고 하룻밤을 감옥에서 보낸 것으로 처벌했다고 여겼습니다. 간수는 상관의 말대로 바울에게 평안히 가도록 했습니다(36).

그러나 바울은 그때 자신의 신분을 밝힙니다(37). 그는 로마 시민권자입니다. 로마법은 타당한 재판 절차를 통하여 형이 확정되지 않은 로마 시민에게는 체벌을 가하거나 투옥하는 일을 금지했습니다. 그런데 상관들은 로마 사람인 바울을 정당하게 재판하지 않았습니다. 바울은 감옥에서 나가는 것을 거부하고, 상관들이 친히 와서 데리고 나가도록 했습니다.

부하들은 이 사실을 상관들에게 알렸고, 상관들은 "로마 사람이다."라는 말에 두려워했습니다(38). 그들은 바울과 실라한테 애원하여 그 성을 떠나도록 청합니다(39). 바울과 실라는 옥에서 나와 루디아의 집에 들어가서 형제자매를 보고 위로했고, 떠났습니다(40).

왜 바울은 이제야 신분을 밝혔을까요? 그것은 점쟁이 주인들의 주장이 거짓임을 드러내고자 함이었습니다. 그리하여 빌립보 교회를 보호하고자 함이었습니다. 이로써 바울은 "예수님을 믿어라!"라는 메시지가 사회 질서를 파괴한다는 오해를 없앴습니다.

"예수님을 믿으라!"라는 메시지의 능력이 어떠합니까? 루디아와 그 집을 세례받도록 했습니다. 간수를 죽음에서 구원했습니다. 그리하여 빌립보 교회를 세우고, 그 사회를 변혁하는 데 쓰임 받았습니다. 오늘 우리도 이 말씀을 믿고 전하여, 우리 교회를 튼튼히 하고 캠퍼스와 세상을 변혁하는 데 쓰임 받기를 기도합니다.

25

날마다 성경을 상고하므로

본문 사도행전 17:1-34
요절 사도행전 17:11
찬송 200장, 204장

"베뢰아에 있는 사람들은 데살로니가에 있는 사람들보다 더 너그러워서 간절한 마음으로 말씀을 받고 이것이 그러한가 하여 날마다 성경을 상고하므로."

'날마다 성경을 상고하므로'라는 말을 들을 때 무엇을 생각합니까? 누가 이렇게 살았으며, 오늘 우리에게 주는 뜻은 무엇입니까?

첫째, 데살로니가 사람과 베뢰아 사람(1-15)

바울과 실라는 데살로니가에 이르렀습니다(1). 데살로니가는 마게도냐의 수도로서 가장 크고 번창한 도시였습니다. 그곳에는 빌립보와는 달리 유대인의 회당이 있었습니다. 회당은 유대인 열 가정이 있으면 지을 수 있었습니다. 이곳에서 유대인은 기도하고 모이고 가르침을 받았습니다.

바울은 평소 습관대로 회당에 가서, 삼 주 동안 안식일마다 성경을 가지고 강론했습니다(2). '강론한다.'라는 말은 '토론한다.' '설득한다.'라는 뜻입니다. 그는 세 안식일마다 성경으로 그들과 토론하며 설득했습니다.

어떻게 설득했습니까? 3절을 보십시오. "뜻을 풀어 그리스도가 해를 받고 죽은 자 가운데서 다시 살아나야 할 것을 증언하고 이르되 내가 너희에게 전하는 이 예수가 곧 그리스도라 하니." 그는 성경을 완전히 열어서 설명하고 증명하면서 예수님이 그리스도이심을 선포합니다. 구약성경은 그리스도께서 반드시 고난을 받고 죽은 사람 가운데서 살아나셔야 한다고 예언했습니다(사 53:5). 유대인은 이 메시지 자체에 대해서는 이의가 없었습니다. 다만 '그 그리스도가 누구냐?'라는 겁니다. 바울은 그 그리스도가 예수님임을 증언합니다. 이 메시지는 성경의 핵심이며, 오늘 우리가 배우고 증언해야 할 핵심이기도 합니다.

그 메시지에 대해 어떤 두 가지 반응이 나타났습니까? 많은 경건한 그리스 사람과 적지 않은 귀부인은 말씀의 감화를 받고 바울과 실라를 따랐습니다(4).

그러나 유대인은 시기하여 장터에서 깡패를 동원하여 도시를 소란하게 합니다(5). 야손의 집에 침입하여 바울과 실라를 사람들 앞에 끌어내려고 찾습니다. 하지만 그들은 바울과 실라를 찾지 못하자 야손과 형제들을 끌고 갑니다(6a). 시청 관원들에게 큰 소리로 고소합니다. "천하를 어지럽게 하던 이 사람들이 여기에 나타났다. 야손이 그들을 영접했다. 그들은 모두 예수라는 또 다른 왕이 있다면서 황제의 명령을 거슬러 행동한다"(6b-7). 로마는 오직 황제만을 왕으로 섬기도록 했습니다. 하지만 예수님을 그리스도로 믿는 사람은 황제 대신 예수님을 왕으로 섬겼습니다. 그것은 가이사의 명령을 거역하는 대역죄입니다. 유대인은 그 점을 강조하며 바울 일행을 정치범으로 몰았습니다.

사람들의 반응은 어떠했습니까? 군중과 도시 당국자는 이 말을 듣고 소동했습니다(8). 당국자는 야손과 형제들에게 보석금을 받고 놓아주었습니다(9). 밤이 되자 형제들은 즉시 바울과 실라를 베뢰아로 보냈습니다(10). 그들은 도착하자마자 성경을 가르치려고 유대인의 회당으로 들어갑니다.

베뢰아 사람의 말씀에 대한 자세가 어떠합니까? 11절을 읽읍시다. "베뢰아에 있는 사람들은 데살로니가에 있는 사람들보다 더 너그러워서 간절한 마음으로 말씀을 받고 이것이 그러한가 하여 날마다 성경을 상고하므로" '보다 더 너그러워서'라는 말은 '고귀한 혈통의', '마음이 고상한'인데, 말씀 앞에서 '마음이 트인'이라는 뜻입니다. 베뢰아 사람은 하나님과 그 말씀 앞에서 마음이 열려 있습니다. 그들은 성경의 가르침 그대로 귀를 열고 마음을 열어서 받아들입니다.

말씀 앞에서 너그러운 그들은 구체적으로 무엇을 했습니까? 그들은 정말 열심히 말씀을 받았습니다. 그런 자세로 그들은 말씀이 그러한가 하여 날마다 성경을 상고합니다. '상고한다.'란 '조사한다.' '자세하게 참고하거나 검토한다.'라는 뜻입니다. 그들은 마음이 트인 사람이어서 성경을 자세하게 검토하면서 말씀을 받았습니다.

그들로부터 무엇을 배웁니까? 말씀을 듣는 자세입니다. 그들은 어떤 사람처럼 말씀을 들을 때 '이념의 프레임'을 앞세우며 반발하지 않았습니다. 그렇다고 해서 무조건 '아멘' 하지도 않았습니다. 그들은 머리로 영접한 후에 그것을 되새김질하여 가슴으로 받아들이고, 최종적으로 행동으로 옮겼습니다. 그들은 '*Lectio Divina*(거룩한 독서)'를 삶에서 실천했습니다.

그리고 그들은 그런 일을 '날마다' 했습니다. 그들은 날마다 말씀을 묵상하고, 말씀대로 살기 위해서 애를 씁니다. 그들의 삶은 말씀으로 시작하여 말씀으로 마쳤습니다.

'날마다 성경을 상고하는 삶'이 어떤 점에서 중요합니까? 우리 신앙의 기초를 말씀으로 탄탄하게 하고, 건강한 믿음의 사람으로 자라게 합니다. '옳고 그름'에 대한 분명한 기준을 제시하고, '해야 할 일'과 '해서는 안 된 일'에 대한 분명한 경계선을 보여줍니다. 그 점에서 말씀을 날마다 상고하는 일은 일용할 양식을 먹는 일과 같습니다. 성경을 배우고 가르치는 일은 우리의 영적 생명을 건강하게 하고, 우리의 생명을 풍성하게 합니다. 더 나아가, 가정과 세상을 변혁하는 디딤돌로 쓰임 받습니다.

영국의 존 위클리프(John Wycliffe, 1320~1384)는 라틴어 성경을 영어로 최초로 번역했습니다. 그가 내건 유명한 구호가 있는데, "국민의, 국민에 의한, 국민을 위한 정부"였습니다. 미국의 링컨 대통령이 이 말을 인용하여 연설해서 더 유명해졌습니다. 그런데 위클리프는 성경을 국민이 바르게 배운다면, “국민의, 국민에 의한, 국민을 위한 정부를 만들 수 있다.”라고 주장했습니다.

그의 영향을 받은 체코의 얀 후스(Jan Hus, 1372~1415)가 있는데, 그는 라틴어 성경을 모국어인 체코어로 가르쳤습니다. 그는 대중 앞에서 설교를 통해 가르침을 설파했습니다. 특히 그는 성만찬 때 포도주를 성직자와 평신도가 함께 나눠마셨습니다. 전에는 성직자만 포도주를 마셨습니다. 그 결과 교회 안에서 ‘계급화’가 사라지고 평등이 자리 잡았습니다. 그 또한 성경을 바르게 배우고 가르친 열매였습니다.

이런 영향은 자연스럽게 종교개혁운동으로 이어졌습니다. 종교개혁운동은 성경을 바르게 배우고 가르치는 데서 시작했습니다. 독일의 마르틴 루터(Martin Luther, 1483~1546)도 독일어로 성경을 번역했습니다. 그는 오직 성경의 권위를 앞세우면서 성경에 어긋나는 가르침을 거부했습니다.

스위스 종교개혁을 이끌었던 울리히 츠빙글리(Ulrich Zwingli, 1484~1531)도 “성경은 하나님의 영감 된 말씀이며 그 권위는 어떤 종교회의나 교부의 주장보다도 더 높다.”라고 했습니다. 그의 가장 주목할 만한 공헌 중 하나는 1519년부터 마태복음에서 시작해 신약성경 전체를 강론한 겁니다. 그는 성경 본문에 기초한 설교를 처음으로 시작했습니다.

그리고 장 칼뱅(Jean Calvin, 1509~1564)은 마르틴 루터, 울리히 츠빙글리가 시작한 종교개혁을 완성했습니다. 그는 “누구든지 창조주 하나님께 나아가기 위해선 성경을 이정표이자 교사로 삼아야 한다.”라며 성경을 상고하는 일의 중요성을 강조했습니다.

종교 개혁자들의 영향으로 조선의 선교사들도 성경을 상고하는 일의 중요성을 강조했습니다. 초대 한국교회는 ‘사경회(Bible Study Conference)’가 있었고, 그것이 교회 부흥의 원동력이었습니다. 우리 교회의 뿌리도 성경을 상고함에 있습니다.

그런데 요즘은 성경을 상고함이 줄어들고 있습니다. 전철 안에서는 물론이고 길거리에서도 많은 사람이 스마트폰을 보고 다닙니다. '스마트폰 상고 시대'처럼 보입니다. 이런 시대 분위기 자체를 어찌할 수는 없지만, 교회는 그래도 성경을 상고하는 일에 힘써야 합니다. 왜냐하면 사람은 죄인이고, 그 죄인은 죽은 사람 가운데서 살아나신 예수님을 믿음으로만 구원받기 때문입니다. 무엇보다 그 사실을 알 수 있는 길은 오직 성경을 배움에만 있기 때문입니다. 누가 성경을 가르칠 수 있습니까? 성경 교사인 우리가 가르쳐야 합니다. 성경을 가르치려면 날마다 성경을 상고해야 합니다.

그 열매가 어떻게 나타났습니까? 그들 가운데 많은 사람이 믿었습니다(12). 그들 중에는 헬라의 귀부인과 남자도 적지 않았습니다. 말씀을 듣고 공부하면 누구든지 변할 수 있습니다.

그러나 데살로니가에 사는 유대인은 바울이 베뢰아에서도 하나님의 말씀을 전한다는 사실을 알고, 그곳까지 군중을 선동하여 소란을 피우며 갔습니다(13). 형제들은 바울을 바닷가로 보냈고, 실라와 디모데는 아직 베뢰아에 머물렀습니다(14). 바울을 안내하는 사람들은 바울을 아덴까지 데리고 갔습니다(15). 그들은 실라와 디모데도 할 수 있는 대로 빨리 바울에게 오도록 하라는 말을 들으면서 베뢰아로 돌아갔습니다.

둘째, 아덴 사람(16-34)

16절을 보십시오. "바울이 아덴에서 그들을 기다리다가 그 성에 우상이 가득한 것을 보고 마음에 격분하여." '아덴'은 헬라 최고의 지성과 문화의 도시인 아테네(Athens)입니다. 여신 '아테나(Athena)'에서 유래했는데, '아테나'는 '하늘의 여왕'이라는 뜻입니다. '아테나'는 제우스의 외동딸이며, 아테네의 수호신입니다.

그런데 아테네는 우상으로 가득했습니다. 황제에게 바친 신전, 황제의 가족에게 바친 신전, 여신 아테나 신전, 그리고 12신들의 신전 등이 있었습니다. 도시 전체가 하나의 신전이었습니다. 신의 동상을 모두 사람의 형상으로 만들었습니다. 바울은 실라와 디모데를 기다리면서 그 도시에 우상이 가득한 것을 보고 크게 격분합니다.

그래서 그는 무엇을 합니까? 17절을 봅시다. "회당에서는 유대인과 경건한 사람들과 또 장터에서는 날마다 만나는 사람들과 변론하니." 바울은 회당에서는 유대인과 경건한 이방 사람과 토론합니다. 시장에서는 날마다 만나는 사람과 토론합니다.

그때 누가 바울과 논쟁합니까? 에피쿠로스 철학자와 스토아 철학자도 바울과 논쟁합니다(18). 에피쿠로스는 "최상의 삶은 지금 이생에서 최상의 쾌락과 행복을 누리는 것이다."라고 하면서 "죽은 다음에는 아무것도 없으니 먹고 마시자."라고 했습니다. 스토아는 "인간이 행복하게 사는 방법은 바꾸지 못하는 운명의 길로 가야 하므로 그 운명에 자발적으로 순종하는 길밖에는 없다."라고 했습니다.

그런데 바울이 그들에게 성경을 가르치자 그 반응이 어떠합니까? 어떤 사람은 "이 말쟁이가 도대체 무슨 소리를 하려는 것인가?"라고 했습니다. 또 어떤 사람은 "그는 외국 신을 선전하는 사람 같다."라고 했습니다. 왜냐하면 바울이 예수님을 전하고 부활을 전하기 때문입니다. 그들은 예수님을 몰랐습니다. 예수님은 그들이 알고 있는 신 중 하나가 아니었습니다. 새로운 신이었습니다.

그들은 무엇에 관심을 품었습니까? 19절입니다. "그를 붙들어 아레오바고로 가며 말하기를 네가 말하는 이 새로운 가르침이 무엇인지 우리가 알 수 있겠느냐." '아레오바고'는 '전쟁의 신 아레스의 언덕(the Areopagus)'이라는 뜻입니다. 산 위에 공설 운동장과 같이 계단으로 좌석을 만들고 원고와 피고를 중앙에 세우고 재판관이 심문하고 판결하는 곳입니다. 그들은 바울을 아레오바고 광장으로 데리고 가서 물었습니다. "당신이 전하는 이 새 교훈은 무엇이오?" 그들은 바울의 가르침을 '새로운 것'으로 이해했습니다. 바울이 가르치는 성경은 그들 편에서는 '이상한 것', 생소한 내용이었습니다(20). 그들은 그것을 알고자 합니다.

왜 그들은 알고자 합니까? 21절을 봅시다. "모든 아덴 사람과 거기서 나그네 된 외국인들이 가장 새로운 것을 말하고 듣는 것 이외에는 달리 시간을 쓰지 않음이더라." 그들은 끊임없이 새로운 것을 찾습니다. 도시 전체가 한동안 바울이 선포하는 복음을 듣는 일에 전적으로 시간을 보내고, 그 새로운 내용을 소개하는 일에 시간을 보냅니다. 그러나 그들은 삶으로 받아들이지는 않습니다.

그들의 종교성은 어느 정도였습니까? 그들은 종교심이 매우 큽니다(22). 그들은 많은 신을 섬기는데, 신의 이름을 새긴 제단만 있지 않습니다(23). 신의 이름을 새기지 않은 제단도 있습니다. 그들은 아는 신만 섬긴 것이 아니라 이름을 모르는 신까지 섬겼습니다. 신의 이름을 잘못 말하면 그 신이 화를 낸다고 생각했기 때문입니다. 또 모르고 그냥 넘어간 신이 있으면 안 된다고 생각했기 때문입니다.

바울은 그들에게 무엇을 알도록 합니까? 그들이 알지 못하고 예배하는 그 대상을 알려주려고 합니다. 바울은 이름을 모르는 한 신을 지목하여 구체화합니다.

그 신은 누구입니까? 24절을 봅시다. “우주와 그 가운데 있는 만물을 지으신 하나님께서는 천지의 주재시니 손으로 지은 전에 계시지 아니하시고.” 그 신은 바로 천지 만물을 창조하신 하나님이십니다. 그분은 하늘과 땅의 주인이므로 사람의 손으로 만든 신전에서 사시지 않습니다. 또 무엇이 부족한 것처럼 사람이 드리는 것을 받지도 않습니다(25). 그분은 모든 사람에게 생명과 호흡과 만물을 직접 주신 분이시기 때문입니다. 창조 사역은 과거 한 번에 이루어진 사건입니다. 하지만 하나님은 지금도 필요한 것을 채워주십니다. 하나님은 사람의 도움이 필요한 것이 아니라, 오히려 사람이 하나님의 도움이 필요합니다.

그분은 한 사람에게서 모든 민족을 만들어 온 땅 위에 살게 하셨습니다(26). 하나님은 한 사람, 아담으로부터 모든 인류를 만드셨습니다. 그들이 사는 시기와 거주할 지역의 경계를 정하셨습니다. 나라의 운명과 영토가 모두 하나님께 달려 있습니다.

이렇게 하신 목적은 무엇입니까? 사람이 그분을 더듬어 찾도록 하심이었습니다(27). 하나님은 우리에게서 멀리 떠나 계시지 않습니다. 우리는 그분 안에서 살고, 움직이며, 존재합니다(28). 당시 아덴의 어떤 시인도 말했습니다. “우리는 그분의 아들딸이다.”

그러므로 우리는 그분께 어떤 자세를 가져야 합니까? 우리는 하나님을 사람의 생각과 기술로 금이나 은이나 돌이 새긴 형상 따위로 여겨서는 안 됩니다(29). 사람이 하나님을 물건으로 형상화하는 일은 하나님을 무시하고 거부하는 겁니다.

하나님은 무엇을 명령하십니까? 하나님께서 알지 못하던 시대에는 눈감아 주셨지만, 이제는 어디에서나 모든 사람에게 "회개하라."라고 명령하십니다(30). 왜냐하면 하나님께서 세계를 정의로 심판하실 날을 정해 놓으셨기 때문입니다(31). 하나님은 자기가 정하신 사람을 내세워서 심판하실 터인데, 그를 죽은 사람 가운데서 살리셔서 모든 사람에게 믿을 만한 증거를 주셨습니다. 하나님께서 예수님을 죽은 자 가운데서 살리신 사건은, 예수님을 온 세상의 심판자로 세우셨음을 확증합니다.

그들은 죽은 사람의 부활에 관해 듣고 어떻게 반응했습니까? 어떤 사람은 조롱하고, 어떤 사람은 그 일에 관해 다시 듣고자 했습니다(32). 바울은 메시지를 전하고 그곳을 떠났습니다(33). 그러나 몇 사람은 바울을 따르며 믿었습니다(34). 그중에는 관리 디오누시오, 여자 다마리라, 그리고 다른 사람도 있었습니다. 비록 믿은 사람의 수는 적지만 바울의 메시지는 열매를 맺었습니다.

그러면 우리는 어떻게 살아야 합니까? 우리도 날마다 성경을 상고하며 살아야 합니다. 성경은 어떤 사람도 변화시킬 수 있는 능력이 있습니다. 성경은 가정과 캠퍼스, 그리고 세상을 변혁하는 힘이 있습니다. 성경을 알면 예수님을 믿고, 세상의 소금과 빛으로 살 수 있습니다. 우리가 성경을 날마다 상고하여 성경 교사로 쓰임 받기를 기도합니다.

26

내 백성이 많음이라

본문 사도행전 18:1-22
요절 사도행전 18:10
찬송 355장, 502장

"내가 너와 함께 있으매 어떤 사람도 너를 대적하여 해롭게 할 자가 없을 것이니 이는 이 성 중에 내 백성이 많음이라 하시더라."

우리가 사는 세상을 보면 예수님 믿는 사람이 많습니까? 믿지 않는 사람이 많습니까? 당연히 믿지 않는 사람이 많습니다. 이런 세상에서 하나님은 왜 성경 교사와 교회를 세우시는 걸까요?

바울은 아덴을 떠나 고린도로 왔습니다(1). 고린도는 그리스에서 가장 규모가 큰 세계적인 도시였습니다. 잡다한 인종이 모여 살아서 동서 문화와 종교의 혼잡을 이루었습니다. 아크로 고린도(Acrocorinth) 산 정상에는 사랑의 여신 아프로디테(Aphrodite/Venus) 신전이 있었는데, 천여 명의 성전의 노예와 창녀가 있었습니다. 종교의식으로 성행위를 신전 안과 밖에서 했습니다. "고린도 사람처럼 산다."라는 말은 '성적으로 문란하게 산다.'라는 뜻이었습니다. 운동경기가 유명했는데, 격년마다 열리는 과격한 경기를 통하여 많은 경제적 이익을 누렸습니다.

그런데 얼마 전에 로마 제4대 황제 글라우디오는 "모든 유대 사람은 로마를 떠나라."라는 칙령을 내렸습니다(2). 그때 아굴라는 아내 브리스길라와 함께 이탈리아에서 고린도로 왔습니다. 바울은 그들에게 갔습니다. 왜냐하면 그들의 직업이 바울과 같았기 때문입니다(3). 그 직업은 천막을 만드는 일입니다. 바울은 그들 집에 묵으면서 함께 일합니다.

바울이 천막 만든 데는 무슨 뜻이 있습니까? 첫째는, 스스로 벌어서 생활비를 감당합니다. 그는 랍비 교육을 받았습니다. 그 교육을 받은 사람은 가르침의 대가로 돈 받는 일을 부당하게 여겼습니다.

둘째는, 다윗의 무너진 장막을 다시 세우고 있습니다(15:16). 그는 천막을 만들면서 한편으로는 영적인 천막을 만들고 있습니다. 예수님을 증언하여 영적인 다윗 왕국을 세우기 때문입니다.

그는 영적인 천막을 어떻게 세웁니까? 4절을 봅시다. "안식일마다 바울이 회당에서 강론하고 유대인과 헬라인을 권면하니라." 그는 안식일마다 회당에서 강론하고, 유대인과 헬라인을 설득합니다. 그는 말씀 사역을 통해 영적인 장막을 세우고 있습니다.

그때 바울에게 무슨 일이 있습니까? 5절입니다. "실라와 디모데가 마게도냐로부터 내려오매 바울이 하나님의 말씀에 붙잡혀 유대인들에게 예수는 그리스도라 밝히 증언하니." 그때 실라와 디모데가 마게도냐에서 내려왔습니다. 바울은 하나님의 말씀에 붙잡혔습니다. '붙잡혔다.'라는 말은 '포위한다.'라는 뜻입니다. 죄수를 감옥에 가두는 것을 말합니다. 바울은 혼자 있을 때는 스스로 생활비를 벌었습니다. 그러나 동역자들이 함께하니 말씀의 포로가 됩니다. 그는 '시간제(part time)' 사역자에서 '전임(full time)' 사역자로 방향을 바꿉니다. 그는 물질 문제에 붙잡히지 않고 오직 말씀에만 붙잡힙니다. 그는 예수님이 그리스도이심을 증언합니다.

그러나 바울을 대적하여 비방하는 사람이 있습니다(6). 바울은 그들 앞에서 옷을 털었습니다. 바울은 비시디아 안디옥에서는 신발의 먼지를 떨었습니다(13:51). 여기서는 왜 옷을 털까요? 느헤미야 때는 옷자락을 턴 행동이 하나님께서 죄를 지은 사람을 심판하여 흔들 것을 상징했습니다(느 5:13). 바울은 자신을 대적하고 비방하는 그들이 하나님의 심판을 피할 수 없음을 경고한 겁니다. 말씀을 받아들이지 않은 책임은 그들에게 돌아갑니다. 바울은 사역의 대상을 바꿔서 이방 사람에게로 갑니다.

바울은 회당을 떠나 디도 유스도라 하는 사람의 집으로 갔습니다 (7). 그는 이방 사람이고, 하나님을 경외했습니다. 그의 집은 회당 옆에 있습니다. 바울은 유대인에서 이방인에게로, 회당에서 가정집으로 그 사역의 대상과 장소를 옮겼습니다. 지금까지 해 왔던 데서 벗어나 새로운 사역에 대한 도전이었습니다. 그것은 사역의 일대 대전환이었습니다.

방향 전환을 통하여 어떤 일이 일어났습니까? 8절을 읽읍시다. “또 회당장 그리스보가 온 집안과 더불어 주를 믿으며 수많은 고린도 사람도 듣고 믿어 세례를 받더라.” 회당장은 여러 명이었습니다 (막 5:22). 회당장은 회당의 낭독자나 교사를 선택하고, 가르침의 내용을 검토합니다. 그 모든 것이 예법과 전통에 맞는지를 살핍니다. 그런 회당장과 가족이 예수님을 믿었습니다. 다른 고린도 사람도 듣고 예수님을 믿고 세례를 받습니다. 회당장의 변화는 주위 사람에게 영향을 끼쳤습니다. 회당은 줄어들고 바로 옆에 있는 디도의 가정교회는 부흥했습니다. 이런 변화는 다른 유대인에게는 심각한 도전이었습니다.

그때 주님께서 바울에게 어떤 방향을 주셨습니까? 9절을 보십시오. “밤에 주께서 환상 가운데 바울에게 말씀하시되 두려워하지 말며 침묵하지 말고 말하라.” 바울은 두렵고 침묵하고 있습니다.

왜 그는 두려워할까요? 사역이 힘들어서일까요? 지금은 사역을 잘하고 있습니다. 바울은 사역이 잘 되어 오히려 두렵습니다. 왜냐하면 회당장의 변화가 강경파 유대인을 자극했기 때문입니다. 아무리 바울일지라도 그들의 보복이 두려웠습니다. 그런 그는 말씀 사역에 소극적이었습니다. 하지만 주님은 말씀하십니다. “두려워 말라. 침묵하지 말라!”

왜 그는 두려워하지 않아야 합니까? 10절을 읽읍시다. “내가 너와 함께 있으매 어떤 사람도 너를 대적하여 해롭게 할 자가 없을 것이니 이는 이 성 중에 내 백성이 많음이라 하시더라." 성령님께서 그와 함께하십니다. '임마누엘'만큼 강력한 말씀이 있을까요? 성령님이 함께하시니 두려워하지 않습니다. 침묵하지 않습니다. 계속해서 전도할 수 있습니다.

예수님께서 이 세상을 떠나시며 열한 제자에게 큰 사명을 주셨습니다. "그러므로 너희는 가서 모든 민족을 제자로 삼아 아버지와 아들과 성령의 이름으로 세례를 베풀고, 내가 너희에게 분부한 모든 것을 가르쳐 지키게 하라"(마 28:19-20a). 하지만 그들은 그 일을 감당하기가 몹시 벅찼습니다. 두려웠습니다. 그런 그들에게 주님께서 결정적인 말씀을 하셨습니다. "볼지어다 내가 세상 끝 날까지 너희와 항상 함께 있으리라"(마 28:20b). 비록 육신으로 오신 예수님은 그들 곁을 떠나시지만, 성령님으로 그들과 세상 끝 날까지 항상 함께하십니다. 그들은 그 말씀을 믿고 두려움을 이기고 예수님의 증인으로 살았습니다.

그 성령님께서 이제는 바울과 함께하십니다. 그러므로 그 어떤 사람도 바울을 대적하여 해롭게 하지 못합니다. 성령님께서 보호하시고 인도하시면, 그 누구도 감히 도전하지 못합니다. 그리고 그 도시에는 '내 백성', 즉 '성령님의 백성'이 많습니다. '내 백성'은 예수님을 이미 믿은 사람보다는 앞으로 믿을 사람입니다. 바울의 증언을 듣고 예수님을 믿고 구원받아야 할 사람입니다. 그 사람이 그 도시에 많습니다. 이 사실이 성령님께서 바울과 함께하시는 이유입니다. 성령님께서 바울을 보호하시는 목적입니다.

우리는 무엇을 배웁니까? 바울의 마음과 예수님의 마음이 다름을 배웁니다. 바울의 눈에는 대적자만 많고 주님의 백성은 안 보일 수 있습니다. 그러나 예수님의 눈에는 그곳에도 구원을 갈망하는 사람이 많이 있습니다. 그러므로 우리는 세상을 볼 때 겉만 보지 말고 안을 볼 수 있어야 합니다. 내 '렌즈'가 아닌 성령님의 '렌즈'로 세상을 봐야 합니다.

옛적에 여호와의 말씀이 요나에게 임했습니다. "니느웨로 가서 회개의 메시지를 전하라." 그러나 그는 여호와의 얼굴을 피했습니다

(욘 1:1-3). 여호와의 말씀이 두 번째로 요나에게 임했습니다. 이제는 요나가 여호와의 말씀대로 니느웨로 가서 외쳤습니다. 그런데 니느웨는 사흘 동안 걸을 만큼 큰 성읍인데, 요나는 하루 동안만 다니며 '영혼 없는 메시지'를 전했습니다. 요나는 니느웨 사람이 회개하지 않고 다 죽기를 바랐습니다. 하지만 니느웨 사람은 요나의 '영혼 없는 말씀'을 듣고도 왕에서부터 서민은 물론이고, 소 떼 양 떼까지 금식하며 회개했습니다(욘 3:1-7).

요나는 그런 그들을 매우 싫어하고 성냈습니다. 그는 성읍 동쪽에 초막을 짓고 니느웨에 무슨 일이 일어나는가를 살폈습니다. 여호와는 박넝쿨로 그늘을 만들어 요나를 시원하게 했습니다. 그런데 다음날 하나님이 벌레를 보내서 그 박넝쿨을 갉아 먹게 하셨습니다. 요나는 뜨거운 햇빛으로 혼미하여 불평했습니다. 여호와께서 그에게 말씀하셨습니다(욘 4:1-11). "너는 수고하지도 않았고, 네가 키운 것도 아니며, 그저 하룻밤에 자라났다가 하룻밤에 죽어 버린 이 식물을 네가 그처럼 아까워하는구나. 하물며 좌우를 가릴 줄 모르는 사람들이 십이만 명도 더 되고 짐승도 수없이 많은 이 큰 성읍 니느웨를 어찌 내가 아끼지 않겠느냐?" 요나는 '니느웨에는 하나님의 백성이 단 한 명도 없다.'라고 생각했습니다. 하지만 하나님은 "12만 명이나 있다."라고 하십니다. 하나님은 요나에게 니느웨를 보는 그 마음과 그 '렌즈'를 가르칩니다.

엘리야는 갈멜산에서 바알 선지자와 싸워서 이겼습니다. 하지만 그는 이스라엘 왕 아합의 아내이며 악처로 유명한 이세벨한테 쫓기는 신세였습니다. 그는 세상과 싸우는 일에 지쳤습니다. 홀로 외로운 싸움을 한다는 생각으로 피해의식에 빠졌습니다. 그는 로뎀 나무 아래에 앉아서 죽기를 바랐습니다(왕상 19:1-4). 여호와께서 말씀하셨습니다. "그러나 내가 이스라엘 가운데에 칠천 명을 남기리니 다 바알에게 무릎을 꿇지 아니하고 다 바알에게 입 맞추지 아니한 자니라"(왕하 19:18). 엘리야는 '하나님의 사람은 자기 혼자뿐이다.'라고 생각했는데, 하나님은 "칠천 명이나 있다."라고 하십니다.

예수님 당시 제자들은 '사마리아에는 하나님의 사람이 아직은 없다.'라고 여겼습니다. 그들이 그렇게 주장할 만한 근거는 차고 넘쳤습니다. 그러나 예수님은 그 사마리아로 가셨고, 상처 많은 한 여인을 구원하셨습니다. 그리고 예수님은 말씀하셨습니다. "너희는 넉 달이 지나야 추수할 때가 이르겠다 하지 아니하느냐 그러나 나는 너희에게 이르노니 너희 눈을 들어 밭을 보라 희어져 추수하게 되었도다"(요 4:35). 제자들의 눈에는 사마리아는 4개월 후에나 추수할 것으로 보였습니다. 하지만 예수님의 눈에는 당장 지금 추수해야 합니다. 예수님은 제자들에게 사마리아에도 당신의 백성이 많음을 보도록 하십니다.

오늘 우리의 세상은 어떠합니까? 우리는 어떤 눈과 마음으로 세상을 봅니까? 어떤 눈으로 보느냐에 따라, 두려움을 느낄 수도 있고, 하나님의 사람이 많다는 사실을 알 수도 있습니다. 우리가 이 세상을 겉만 보면 두려움을 느낄 수 있습니다. 성경을 배우려는 사람이 없지는 않지만, 성경을 무시하고 신앙을 쉽게 여기는 사람이 더 많아 보입니다. 우리가 이 시대에 성경 교사로 사는 일이 버거울 때가 있습니다. 내 믿음이나 지키며 살고 싶습니다.

그러나 성령님은 무엇을 말씀하실까요? "두려워하지 말라. 침묵하지 말라!" "왜냐하면 내가 너와 함께 있기 때문이다. 어떤 사람도 너를 대적하여 해롭게 하지 못한다. 이 성 중에 내 백성이 많기 때문이다." 오늘의 세상에도, 캠퍼스에도 하나님의 백성이 많습니다. 우리의 증언을 들어야 할 사람, 예수님을 믿고 구원받아야 할 사람이 많습니다. 오늘 우리가 예수님의 증인으로 존재하는 이유, 하나님께서 오늘 우리 교회를 세상의 소금과 빛으로 세우신 목적은 무엇입니까? 우리의 세상에 하나님의 백성이 많기 때문입니다.

바울은 그곳에서 무엇을 합니까? 그는 성령님께 순종하여 말씀을 가르치면서 일 년 육 개월 동안 머물렀습니다(11). 그는 그곳에 있는 많은 하나님의 백성에게 성경 가르치는 일에 힘썼습니다.

그러나 갈리오가 아가야 총독으로 있을 때, 유대 사람이 일제히 일어났습니다(12). 바울을 재판정으로 끌고 갔습니다. 바울이 율법을 어기면서 "하나님을 공경하라."라고 사람을 선동한다는 겁니다(13).

그런데 갈리오는 부정한 일에 관해서는 송사를 듣지만, 언어, 명칭, 그리고 법에 관해서는 관여하지 않습니다(14-15). '언어'는 성경 해석이고, '명칭'은 메시아에 관한 내용이고, '법'은 율법입니다. 이 세 가지는 유대교의 핵심입니다. 갈리오는 유대교에 관해서는 관여하지 않습니다. 총독은 그들을 법정에서 쫓아냈습니다(16).

그러자 그들은 바울 대신에 회당장 소스데네를 붙잡아 재판정 앞에서 때렸습니다(17). 그러나 갈리오는 그 일에 조금도 참견하지 않았습니다. 총독의 이런 자세는 18개월 전에 주님이 바울에게 말씀하신 내용을 확증합니다. "내가 너와 함께 있으매 어떤 사람도 너를 대적하여 해롭게 할 자가 없을 것이니"(10). 주님의 약속은 삶의 현장에서 구체적으로 이루어졌습니다.

바울은 무엇을 합니까? 그는 약 2년 동안 사역한 고린도 교회를 떠나서 수리아에 있는 안디옥 교회로 향합니다(18a). 브리스길라와 아굴라 부부가 그와 함께합니다.

그런데 바울은 서원한 일이 있어서 겐그레아에서 머리를 깎았습니다(18b). '머리를 깎았다.'라는 말은 '서원을 시작했다.'라는 뜻이 아니라, '서원이 끝났다.'라는 뜻입니다. 성경에서는 서원하면 머리를 자르지 않습니다. 이것은 나실인 서약에서 왔습니다(민 6:18-19). 서약 기간이 끝나면 그동안 자란 머리를 깎고 예루살렘 성전에서 화목제물을 태움으로써 모든 의식을 마쳤습니다(민 6:14-18).

바울 일행은 에베소에 이르렀습니다(19). 바울은 자기 혼자 회당에 들어가서 유대 사람과 토론했습니다. 그들은 바울에게 좀 더 오래 머물러 달라고 청했지만, 바울은 거절했습니다(20). 그는 에베소를 떠났습니다(21). 그는 예루살렘으로 올라가 교회에 안부를 전하고, 다시 안디옥으로 내려갔습니다(22).

우리가 세상의 겉만 보면 두렵고 조용히 있고 싶습니다. 하지만 주님은 말씀하십니다. "내 백성이 많음이라." 하나님께서 우리와 교회를 이 시대의 성경 교사요, 소금과 빛으로 세우신 목적이 여기에 있습니다.

27
하나님의 도를 더 정확하게

본문 사도행전 **18:23-19:7**
요절 사도행전 **18:26**
찬송 **452장, 453장**

"그가 회당에서 담대히 말하기 시작하거늘 브리스길라와 아굴라가 듣고 데려다가 하나님의 도를 더 정확하게 풀어 이르더라."

요즘 'AI'를 통해서 암을 '더 정확하게' 치료하는 법을 찾고 있습니다. 의료 부분만이 아니라, 사회의 많은 부분에서 '더 정확하게'를 외칩니다. 물론 성경을 배우고 가르치는 일에서도 '더 정확하게'를 말할 수 있습니다. 그러면 "성경을 더 정확하게 가르친다."라는 말은 무슨 뜻입니까?

첫째, 알렉산드리아의 아볼로(18:23-28)

사도 바울은 안디옥에서 얼마 동안 있다가 갈라디아와 브루기아 지방을 다니면서 제자들을 굳건하게 했습니다(18:23). 이곳은 비시디아 안디옥, 이고니온, 루스드라, 더베 교회 등이 있는 곳입니다. 바울은 그 교회를 개척한 후에 그곳을 다시 방문했습니다. 그는 양 떼를 한두 번 섬김으로 그치지 않고, 꾸준히 섬기고 있습니다.

그때 알렉산드리아 출신 아볼로라는 유대인이 에베소에 왔습니다(24). 알렉산드리아는 주전 332년 알렉산더 대왕(Alexander the

Great, 주전 356~323)이 세운 도시입니다. 이곳은 50만 권의 파피루스(papyrus) 책이 있는 도서관이 있었고, 학문과 문화의 중심지였습니다. 헬라어 구약성경을 쓰는 유대인이 많이 살았습니다. 에베소는 소아시아의 항구도시인데, 시리아의 안디옥과 이집트의 알렉산드리아와 함께 지중해 동쪽 세 개의 큰 도시 중 하나였습니다. 아볼로는 학식이 있었는데, 일반 학문뿐만 아니라 성경도 잘 압니다.

그의 삶은 어떠합니까? 25절을 보십시오. "그가 일찍이 주의 도를 배워 열심으로 예수에 관한 것을 자세히 말하며 가르치나 요한의 세례만 알 따름이라." '주의 도'는 하나님의 말씀입니다. 그는 어려서부터 하나님의 말씀을 배웠습니다. 구약에서 예언한 그리스도의 고난과 죽으심, 그리고 부활과 승천에 관한 내용을 배웠습니다. 그런 그는 배움으로 그치지 않고, 예수님에 관한 내용에 열심을 품고 자세히 가르칩니다. '자세히 가르친다.'라는 말은 '정확하게 가르친다.' 라는 뜻입니다.

그러나 그의 한계가 무엇입니까? 그는 요한의 세례만 알 따름입니다. 그는 예수님을 아는데도 세례 요한에 머물렀습니다. 세례 요한은 요단강 부근에서 죄 사함을 받게 하는 회개의 세례를 전파했습니다(눅 3:3). 그때 백성이 그리스도를 바라고 기다리므로 요한을 그리스도로 생각했습니다(눅 3:15). 하지만 요한은 분명했습니다. "나는 물로 너희에게 세례를 베풀거니와 나보다 능력이 많으신 이가 오시나니 나는 그의 신발 끈을 풀기도 감당하지 못하겠노라..."(눅 3:16). 요한이 사람들에게 세례를 준 목적은 오실 그리스도를 믿도록 하는데 있었습니다.

그런데 아볼로는 요한이 세례를 준 목적을 몰랐습니다. 그리스도가 오셨는데도, 몰랐습니다. 그는 '오실 그리스도'는 알지만, '오신 그리스도'는 모릅니다. 그런 그의 메시지 내용은 '미래형' 일 수밖에 없습니다. "우리를 죄와 죽음에서 구원할 그리스도께서 장차 오실 겁니다." 그는 신약 시대에 살면서도 구약 시대의 선지자처럼 가르칩니다. 그는 예수님을 증언하면서도 정작 그분을 인격적으로 만나지 못했습니다.

그런 그를 누가, 어떻게 도와주었습니까? 26절을 읽읍시다. "그가 회당에서 담대히 말하기 시작하거늘 브리스길라와 아굴라가 듣고 데려다가 하나님의 도를 더 정확하게 풀어 이르더라." '담대하게'란 '머뭇거림이나 주저함이 없이'라는 뜻입니다. 그는 회당에서 예수님에 관하여 머뭇거림이나 주저함이 없이 말했습니다. 그런데 그때 브리스길라와 아굴라가 듣고는 따로 데려다가 하나님의 도를 더 정확하게 풀어 이르렀습니다. '풀어 이르렀다'라는 말은 '설명한다.'라는 뜻입니다.

'더 정확하게 풀어 이르렀다.'라는 말은 무슨 뜻입니까? 아볼로는 예수님에 관해 '정확하게' 말합니다(25b). 그런데 브리스길라 부부는 그에게 하나님의 말씀을 '더 정확하게' 설명했습니다. 이 말은 브리스길라 부부가 아볼로보다 '성경을 지식적으로 더 잘 가르쳤다.'라는 말은 아닙니다. 아볼로가 모르고 있는 '예수님을 설명했다.'라는 뜻입니다. 아볼로는 예수님을 말하면서도, 정작 그분이 십자가에서 죽으시고 살아나셨고, 하나님 나라에 가셨음을 몰랐습니다.

그런 그에게 브리스길라 부부는 "예수님께서 이미 세상에 오셨고, 십자가에서 죽으셨고, 다시 살아나셨다."라는 사실을 가르쳤습니다. 그리고 "누구든지 그분을 믿으면 죄를 용서받고 구원받는다."라는 사실도 가르쳤습니다. 아볼로는 이 사실을 몰랐지만, 브리스길라 부부는 이 사실을 알았습니다. 이 사실을 아는 그것이 성경을 '더 정확히' 아는 겁니다. 이 사실을 가르치는 그것이 성경을 '더 정확히' 가르치는 겁니다. 브리스길라 부부는 자기 직업이 있으면서 성경을 가르치는 평신도 사역자입니다. 그들은 평신도 사역자이면서 성경을 '더 정확하게' 가르치는 좋은 성경 교사입니다.

어떤 왕이 영국의 빅토리아(Alexandrina Victoria, 1819~1901) 여왕에게 물었습니다. "예전에는 식량 자급도 어려웠던 영국이 오늘의 국력을 쌓을 수 있었던 비결이 무엇인지요?" 여왕이 대답했습니다. "우리 국민이 성경을 사랑하고 성경대로 살려고 힘쓴 것 외에는 다른 비결이 없습니다."

러시아의 소설가이며 역사가인 알렉산드르 솔제니친(Aleksandr

Isayevich Solzhenitsyn, 1918~2008)은 『서방세계에 대한 경고』라는 책에서 말했습니다. "누가 나에게 6,000만 명이나 되는 러시아 사람들의 목숨을 앗아간 그 무서운 공산혁명이 왜 일어났느냐고 묻는다면, 나는 간단히 대답할 수 있다. 러시아 사람들이 하나님을 잊어버렸기 때문이다. 러시아 사람들이 하나님의 말씀을 잊어버렸기 때문이다."

두 사람 다 성경을 사랑하고 그 말씀대로 사는 일의 중요성을 강조했습니다. 그런데 성경을 사랑하고 그 말씀대로 살려면 성경을 잘 알아야 합니다. 성경을 잘 알려면 성경을 '더 정확하게' 가르치는 성경 교사가 있어야 합니다.

어떤 사람은 성경을 지식적으로 잘 안다며 자기를 자랑하고, 교회를 무시합니다. 하지만 성경을 지식적으로 아무리 잘 알아도 예수님을 믿지 않으면, 아무 소용이 없습니다. 반면 어떤 사람은 교회는 나름 다니는데, 정작 성경을 모릅니다. 교회를 다니니 예수님을 믿지 않는다고 할 수는 없으나, 성경을 모르니 예수님을 바르게 믿는지 헷갈립니다. 이런 사람이 이단에 쉽게 넘어갑니다. 그래서 성경 자체를 알고 싶어 합니다. 성경의 가르침에 근거해서 예수님을 믿으려고 합니다. 이런 사람에게야 말로 브리스길라 부부 같은 성경 교사가 필요합니다.

우리는 캠퍼스 학우에 대한 목자의 마음을 놓을 수는 없습니다. 동시에 우리는 주위 사람에 대한 새로운 목자의 마음도 가져야 할 때입니다. 우리는 이 시대의 성경 교사로 부르심을 받았습니다. 그리고 우리는 성경을 '더 정확하게' 가르치는 그 일을 다른 일에 비해서 잘할 수 있는 은사가 있습니다. 성경을 '더 정확하게' 가르치는 일은 한 영혼을 구원하는 일은 물론이고, 한 나라가 발전하고 부흥하는 일입니다.

그러면 브리스길라 부부는 아볼로에게 '더 정확히' 설명할 때 어떻게 했습니까? 그 부부는 아볼로를 인격적으로 가르쳤습니다. 그 부부는 성경을 좀 안다고 해서 공개적으로 자기를 나타내지 않았습니다. 성경을 '더 정확하게' 가르치는 사람은 그 인격도 다른 사람에 비해 '더 정확'합니다.

성경을 더 '정확하게' 배운 아볼로는 무엇을 했습니까? 그는 아가야로 건너가고 싶었습니다(27). 그는 오신 예수님을 믿고, 새 믿음으로 새로운 곳으로 도전합니다. 동역자들은 그런 그를 격려하고, 다른 동역자들에게 "아볼로를 영접하라."라고 편지를 보냈습니다. 아볼로는 그곳에서 하나님의 은혜로 믿은 사람에게 큰 도움을 주었습니다.

왜 큰 도움을 주었습니까? 28절을 읽읍시다. "이는 성경으로써 예수는 그리스도라고 증언하여 공중 앞에서 힘 있게 유대인의 말을 이김이러라." 그가 동역자들에게 도움을 준 이유는 성경에 근거하여 예수님이 그리스도이심을 증언하기 때문입니다. 그리하여 그는 유대인의 논리를 이깁니다. 유대인은 구약성경을 믿었습니다. 그러나 예수님이 그리스도이심을 믿지 않았습니다. 아볼로는 그들에게 성경을 더 정확하게 가르쳐서 "예수는 그리스도가 아니다."라는 유대인의 말문을 막아버렸습니다. 말씀을 정확히 알면 그 어떤 사람의 논리도 이깁니다. 성경만이 우리의 유일한 선생님입니다.

이렇게 아볼로는 바울이 복음의 씨를 뿌려놓은 곳에서 성경을 가르쳐서 그들이 잘 자라도록 합니다. 바울은 고백합니다. "나는 심었고 아볼로는 물을 주었다"(고전 3:6).

둘째, 에베소의 몇 사람(19:1-7)

한편 아볼로가 고린도에 있는 동안 바울은 높은 지역을 거쳐서 에베소로 왔습니다(19:1). 그는 그곳에서 몇몇 제자를 만났습니다. 그들에게 물었습니다(2). "여러분은 믿을 때 성령을 받았나요?" 이 말씀을 일부에서는 믿음을 두 단계를 거치는 것으로 받아들입니다. 즉 "믿음으로 시작하여 그 후에 성령님을 받아야 한다."라고 주장합니다. 그러나 이 말씀은 "너희가 예수님을 믿느냐?"라는 뜻입니다. 예수님을 그리스도로 믿으면 성령님을 받습니다. 즉 성령님께서 오십니다. 실은 성령님께서 오셔야 예수님을 믿습니다. 그러므로 "예수님을 믿는다."라는 말은 "성령님께서 함께하신다."라는 뜻이다.

그들의 대답은 무엇이었습니까? "우리는 성령이 있다는 말을 듣지 못했습니다." 그들은 성령님에 대해서 아무것도 모릅니다. 그들은 예수님을 믿지 않았습니다.

그러면 왜 바울은 그들을 '제자들'이라고 부를까요? 바울이 그들을 만났을 때는 '제자들'이라고 생각했기 때문입니다. 그들이 예수님을 믿는다고 생각했기 때문입니다. 그러나 대화를 통해서 그들의 실상을 알았습니다.

그들은 어떤 사람들인가요? 먼저 아볼로와 비교할 수 있습니다. 아볼로는 구약을 알았습니다. 오실 그리스도를 기다리고 있었습니다. 성령님을 알고 있었습니다. 다만 삶 속에서 성령님을 체험하지 못했을 뿐입니다. 예수님께서 이미 오셨음을 알지 못했기 때문입니다. 그러나 이 사람들은 성령님을 모릅니다. 예수님을 모릅니다. 그들은 그리스도인이 아닙니다.

왜 그들은 이런 상태에 머물렀습니까? 바울이 그들에게 다시 물었습니다(3). "여러분은 무슨 세례를 받았습니까?" 그들이 대답했습니다. "요한의 세례를 받았습니다." 그들은 세례 요한이 메시아인 것처럼 살고 있습니다. 그들은 요한이 세례 주는 목적을 알지 못했기 때문입니다. 그러니 그들은 예수님에 대해서 모릅니다.

바울은 그들에게 무엇을 가르쳤습니까? 19:4를 보십시오. "바울이 이르되 요한이 회개의 세례를 베풀며 백성에게 말하되 내 뒤에 오시는 이를 믿으라 하였으니 이는 곧 예수라 하거늘." 요한은 회개의 세례를 베풀면서 "내 뒤에 오시는 이를 믿어라. 그분은 예수님이시다."라고 했습니다. 요한이 회개의 세례를 베푸는 목적은 요한이 증언하는 예수님을 믿는 데 있습니다.

그런데 바울은 '성령님의 세례를 받아야 한다.'라고 말하지 않고, 왜 '예수님을 믿어라.'라고 했을까요? 그것은 예수님에 대한 믿음과 성령님의 세례가 긴밀하게 연결되어 있기 때문입니다. 그들은 세례 요한에게 머물러 있어서는 안 됩니다. 예수님을 믿어야 합니다. 그러면 성령님의 선물인 구원을 받습니다.

그들의 반응은 무엇이었습니까? 그들이 듣고 주님 예수님의 이름으로 세례를 받았습니다(5). 그들은 예수님을 그리스도로 믿었습니다. 바울이 그들에게 안수하자, 성령님이 그들에게 오셨습니다(6). 성령님은 그들에게 다른 나라 사람에게 성경을 가르칠 수 있는 언어와 말씀의 은사를 주십니다. 그들은 모두 열두 사람쯤 됩니다(7). 열두 사람은 새로운 하나님 백성의 탄생을 상징합니다.

알렉산드리아의 아볼로와 에베소의 몇 사람이 어떻게 예수님을 믿었습니까? 성경을 '더 정확하게' 가르치는 성경 교사를 만났기 때문입니다. 성경을 지식적으로 알든지 모르든지, 예수님을 그리스도로 믿지 않으면 성경을 모르는 사람입니다. 예수님을 그리스도로 믿으려면 성경을 더 정확하게 가르치는 성경 교사가 있어야 합니다. 우리가 캠퍼스 양 떼는 물론이고, 지역 사회에서도 성경을 더 정확하게 가르치는 성경 교사로 쓰임 받기를 기도합니다.

28
말씀이 흥왕하여

본문 사도행전 19:8-20
요절 사도행전 19:20
찬송 499장, 500장

"이와 같이 주의 말씀이 힘이 있어 흥왕하여 세력을 얻으니라."

사도 바울은 선교 사명을 감당할 때 세 번에 걸쳐서 했습니다. 우리는 그것을 '제1차 선교여행', '제2차 선교여행', 그리고 '제3차 선교여행'으로 부릅니다. 우리의 성경 공부에 의하면, 사도 바울은 지난주부터 제3차 선교여행을 시작했습니다(18:23). 그 사역의 중심지는 에베소입니다. 바울은 제2차 선교여행 중에 이곳을 잠깐 들렀습니다(18:19). 그런데 그곳으로 다시 와서 제3차 선교여행을 본격적으로 시작합니다. 에베소 사역의 특징은 무엇입니까?

8절을 보십시오. "바울이 회당에 들어가 석 달 동안 담대히 하나님 나라에 관하여 강론하며 권면하되." 바울은 회당에서 사역을 시작했습니다. 유대인 열 가정이 사는 지역에는 회당이 있어야 했습니다. 회당은 기도와 교육, 그리고 예배의 장소였습니다. 회당에는 유대인이 중심이었고, 유대교로 개종한 이방 사람도 있었습니다.

그는 회당에서 무엇을 말합니까? 하나님의 나라입니다. 예수님께서 그리스도로 오셨고, 십자가에서 죽으시고 부활하셔서 하나님 나라가 이 땅에 임했습니다. 누구든지 이 예수님을 믿으면 죄를 용서

받고 구원받습니다. 하나님의 새 언약 백성이 되어 하나님 나라에서 영원히 삽니다.

그는 이 메시지를 어떻게 전합니까? 담대히 전합니다. 그는 머뭇거림이나 주저함이 없이, 사람의 눈치를 보지 않고 분명한 자세로 전합니다. 그렇다고 일방적인 주입식으로는 하지 않습니다. 그는 강론하고 권면합니다. '강론한다.'라는 말은 '토론한다.'이고, '권면한다.'라는 말은 '설득한다.'라는 뜻입니다. 그는 대화나 토론의 형식을 통해서 설득의 기술을 발휘합니다. 그는 그렇게 석 달이나 하나님의 나라를 전했습니다.

사람들의 반응은 어떠합니까? 9절을 봅시다. "어떤 사람들은 마음이 굳어 순종하지 않고 무리 앞에서 이 도를 비방하거늘 바울이 그들을 떠나 제자들을 따로 세우고 두란노 서원에서 날마다 강론하니라." 어떤 사람은 마음을 굳게 합니다. 바울의 가르침을 비방하면서 순종하지 않습니다. 바울이 아무리 청중과 눈높이를 맞춰도 마음을 닫고 순종하지 않은 사람이 있습니다.

그때 바울은 무엇을 했습니까? 바울은 그들을 떠나서 제자들을 따로 세웠습니다. '제자들'은 하나님의 나라에 마음을 열고 순종하는 사람입니다. 바울은 순종하지 않는 사람과 순종한 사람을 구별했습니다. 순종하지 않은 사람과 억지로 함께할지라도 열매가 없습니다. 말씀 공부에서 가장 중요한 자세는 열린 마음입니다. 사도는 말씀에 순종하는 사람을 따로 데리고 나갔습니다.

어디로 갔습니까? 두란노 서원입니다. '두란노'는 에베소의 한 선생의 이름이었습니다. '서원'은 사람들이 모여 강의를 들을 수 있는 공공장소인 강의실입니다. 사도는 유대인 회당에서 서원으로 장소를 옮겼습니다. 그는 그곳에서 날마다 강론합니다. '날마다'는 하루 종일은 아니고, 오전 11시에서 오후 4시까지입니다. 그때 서원의 공식 일정이 쉬는 시간이었습니다. 사도는 휴식 시간을 이용하여 말씀 앞에 열린 사람을 따로 세워 매일 성경을 가르쳤습니다.

제자들을 따로 세운 바울을 통하여 무엇을 배웁니까? 사역의 전환(paradigm shift)입니다. 사역의 전환은 사역의 확장으로 이어집니다. 바울은 순종하지 않는 사람을 떠나서 순종하는 사람을 따로 세웠습니다. 그는 회당을 떠나서 서원으로 왔습니다. 회당에는 유대인이거나 유대교로 개종한 사람만 올 수 있습니다. 반면 서원은 누구나 올 수 있습니다. 바울은 지금까지 회당에서 유대인 중심으로 안식일에 말씀을 전했습니다. 하지만 그는 서원에서 말씀 앞에서 마음을 연 사람 중심으로 날마다 말씀을 전합니다. 그 점에서 볼 때 사도가 제자들을 따로 세운 일은 사역의 전환이면서 확장입니다.

그가 이렇게 사역을 확장하게 된 배경은 무엇입니까? 물론 비방하는 사람 때문이었습니다. 하지만 성령님의 인도하심이 있었기 때문입니다. 바울은 이방 사람의 증인으로 부름을 받았습니다. 성령님은 그 일을 위해서 일정 기간 회당에서 유대인 중심으로 사역하도록 했습니다. 이제 때가 되어 서원에서 새롭게 사역하도록 하십니다. 성령님은 회당에서 순종하지 않은 사람과 갈등하지 말고, 서원에서 순종하는 사람과 하나님의 나라를 확장하도록 하십니다.

우리는 그동안 '캠퍼스 사역(campus ministry)'에 헌신했습니다. 그런데 그 중심은 변하지 않았지만, 사역의 내용에서는 상황에 따라 전환이 있었습니다. 개척 초기에는 대학생 중심이었지만, 시간이 지나면서 '학사회'가 만들어지면서 사역의 범위가 넓어졌습니다. 결혼하면서 가정의 중요성이 생겼고, 2세를 위한 사역도 생겼습니다. 구성원이 점점 다양해지면서 사역의 대상과 범위도 점점 커졌습니다. 이 점에서 볼 때, 성령님께서 우리를 '캠퍼스의 목자'로 세우신 목적은 캠퍼스 자체에 있지 않습니다. 캠퍼스를 통해서 이 시대의 소금과 빛으로 살도록 하신 데 그 목적이 있습니다.

우리는 이제 '이웃 사역(neighborhood ministry)'에 대한 문제의식이 있습니다. '이웃 사역'은 우리 사역을 바꾸는 일이 아니라, 확장하는 일입니다. 사도 바울이 마음을 닫은 사람에서 마음을 연 사람으로, 회당에서 서원으로 사역을 확장했던 것처럼 우리도 '이웃'으로 사역을 확장하는 겁니다. 성령님께서 우리를 캠퍼스와 이웃의 '양날개 사역'으로 인도하신 줄 믿습니다.

그러면 서원에서의 사역 열매는 어떠했습니까? 첫째로, 모든 사람이 말씀을 들었습니다. 10절입니다. "두 해 동안 이같이 하니 아시아에 사는 자는 유대인이나 헬라인이나 다 주의 말씀을 듣더라." 사도 바울은 서원에서 2년 동안 날마다 하나님 나라를 강론했습니다. 2년 후에 유대인은 물론이고 헬라인도 말씀을 들었습니다. 서원은 누구나 올 수 있는 곳이기 때문입니다. 순종하지 않은 사람을 떠나 제자를 따로 세운 사역의 전환은 아시아에 사는 모든 사람이 주님의 말씀을 듣는 사역의 확장으로 이어졌습니다.

둘째로, 치유의 능력이 나타났습니다. 하나님께서 바울의 손으로 놀라운 능력을 행하게 하십니다(11). 심지어 바울이 사용하던 손수건이나 앞치마를 가져다가 병든 사람에게 대기만 해도 병이 낫고 악한 귀신들이 나갔습니다(12). 하나님은 바울에게 치료와 귀신을 쫓아내는 능력을 주셨습니다.

그때 몇몇 떠돌이 유대인 무당도 예수님의 이름을 이용하여 귀신을 쫓아내려고 합니다(13). 그들은 예수님의 이름을 이용합니다. 그들 중에는 유대인 제사장 스게아의 일곱 아들들도 있습니다(14).

악귀는 그 일곱 아들에게 어떻게 반응했습니까? 15절을 보십시오. "악귀가 대답하여 이르되 내가 예수도 알고 바울도 알거니와 너희는 누구냐 하며." 악귀는 예수님도 알고 바울도 압니다. 하지만 그 일곱 아들들의 정체는 분명하지 않습니다. 왜냐하면 그들은 예수님을 믿지 않으면서 믿는 사람처럼 행동하기 때문입니다. 악귀 들린 사람이 그들에게 달려들어 짓눌러 이겼습니다(16). 그들은 상처를 입고 벗은 몸으로 도망쳤습니다. 그들은 바울의 겉모습만 보고 따라 하다가 큰 봉변을 겪었습니다.

이 사건은 무엇을 말합니까? 예수님을 믿으면 능력이 나타납니다. 병도 고치고 귀신도 쫓아냅니다. 하지만 예수님을 믿지 않고 흉내만 내면 귀신한테 눌립니다. 귀신도 하나의 실체입니다. 귀신을 이기는 힘은 예수님을 믿는 믿음입니다.

이 사건이 에베소 사람에게 어떤 영향을 주었습니까? 에베소에 사는 유대인과 헬라인이 다 그 일을 알았습니다(17). 그들은 두려웠습니다. 그들은 주님 예수님의 이름을 높입니다. 그 모든 일이 예수님의 이름 권세에서 온 줄 알았기 때문입니다.

믿은 사람은 무엇을 했습니까? 그들은 사사로운 비밀을 누설하고, 예수님을 믿고도 한 미신적인 일을 알리려고 왔습니다(18). 아마도 어떤 사람은 예수님을 믿으면서도 점을 봤을 겁니다. 그런데 그런 일을 부끄럽게 여기고 고백하기 위해 왔습니다.

또 누가 와서, 무엇을 합니까? 19절을 봅시다. "또 마술을 행하던 많은 사람이 그 책을 모아 가지고 와서 모든 사람 앞에서 불사르니 그 책값을 계산한즉 은 오만이나 되더라." '마술'이라는 단어에는 '사람의 일에 참견한다.'라는 기본 개념이 있습니다. 마술사는 속임수를 써서 다른 사람이 바라는 바를 해결해 주는 일을 했습니다. 그 일을 하기 위한 어떤 지침서, 이른바 '비법서'가 있었습니다. 그런데 마술사들이 그 책을 모아서 불태웁니다. 이것은 마술의 모든 내용을 공개적으로 거부하고 거짓이었음을 고백하는 행위입니다. 그들은 그 책값을 계산했는데, 은 5만이었습니다. '은 5만'은 노동자 5만 명의 품삯입니다. 당시에는 책이 몹시 귀해서 그 금액이 엄청났습니다.

이 사건 속에는 어떤 뜻이 있습니까? 그 사회에 놀라운 변혁이 일어났음을 뜻합니다. 그 비싼 책을 불태웠다는 사실은 그들의 가치관에 변화가 생겼음을 뜻합니다. 그들은 말씀을 통해서 마술이 최고의 가치가 아니라, 예수님이 최고의 가치임을 알았습니다. 예수 그리스도 앞에서 마술의 허구성과 허접함을 알았습니다. 말씀을 통한 한 사람 가치관의 변화는 사회 변혁으로 나타납니다.

많은 사람이 '현재 내 모습으로 이 세상을 변혁할 수 없다.'라고 생각합니다. 그만큼 내 모습이 미미하기 때문입니다. 내가 변해도 거대한 세상이 변할 것처럼 보이지 않기 때문입니다. 그러나 우리는 원숭이 세계를 통해서도 한 개체의 변화가 공동체에 미치는 영향이 얼마나 큰지를 볼 수 있습니다.

1950년대 일본 학자들이 고지마(幸島) 지역의 야생 원숭이들이 흙이 묻은 고구마를 어떻게 먹는지 관찰했습니다. 처음에는 손으로 흙을 털어냈습니다. 어느 날 생후 18개월 된 암컷 원숭이가 고구마를 강물에 씻어 먹기 시작했습니다. 그 습관은 다른 어린 원숭이와 암컷 원숭이를 중심으로 서서히 퍼져나갔습니다. 마침내 고구마를 씻어 먹는 원숭이가 100마리에 이르렀습니다. 그러자 모든 원숭이가 고구마를 씻어 먹었습니다. 그 후에는 멀리 떨어져 있는 다른 지역의 원숭이까지 고구마를 씻어 먹었습니다.

1979년 미국의 동식물학자인 라이얼 왓슨(Lyall Watson)은 *Life Tide*『생명 조류』라는 책에서 그 행동을 '100번째 원숭이 효과(The Hundredth Monkey Phenomenon)'라고 불렀습니다. 그때부터 '100번째 원숭이 효과'라는 말을 "어떤 행위를 하는 개체의 수가 일정 수준에 이르면 그 행동은 특정 집단에만 머물지 않고 그 공간을 넘어 확산한다."라는 뜻으로 쓰고 있습니다. 여기서 중요한 점은 "그 변화의 시작이 한 마리의 어린 암컷 원숭이였다."라는 데 있습니다. 나 한 사람이 깨달으면 백 명이 변하고, 백 명이 깨달으면 세계가 변합니다. 나 한 사람의 변화는 절대로 나 한 사람으로 끝나지 않습니다. 반드시 가정과 캠퍼스, 그리고 이웃에게 변화의 바람을 불게 합니다. 그런데 나 한 사람의 변화는 바로 주님의 말씀으로부터 시작합니다.

이처럼 주님의 말씀은 어떠합니까? 20절을 읽읍시다. "이와 같이 주의 말씀이 힘이 있어 흥왕하여 세력을 얻으니라." '이와 같이'는 앞의 사건들에 대한 요약입니다. 첫째로, 일곱 아들들이 귀신한테 당한 사건으로 많은 사람이 주님께로 돌아왔습니다. 둘째로, 이미 믿은 사람이 여전히 행하고 있는 미신적인 행동을 고백했습니다. 셋째로, 마술사들이 '비법서'를 불태워 사회 변혁이 일어났습니다.

이런 일련의 사건을 일어나게 한 힘은 무엇이었습니까? 성경은 이렇게 표현합니다. "주님의 말씀이 힘이 있어 흥왕하여 세력을 얻으니라." '흥왕하여'라는 말은 '힘이나 세력, 지위가 높아진다.'라는 뜻입니다. '세력을 얻으니라.'라는 말은 '강하다.'라는 뜻입니다. 주님의 말씀은 힘이나 세력, 그리고 그 지위에서 높아지고 있습니다. 주님의 말씀은 강합니다. 앞의 사건들에서 보았듯이, 주님의 말씀은 한 개인을 변화시킵니다. 그리고 그 사회를 변혁시킵니다. 이 엄청난 변화의 사건으로 에베소는 과거와는 전혀 새로운 기독교 문화를 싹틔

우기 시작합니다.

그러므로 에베소 사역의 특징은 무엇입니까? 바울이 행한 기적이 아닙니다. 무슨 '이벤트(event)'도 아닙니다. 오직 하루하루 꾸준하게 섬긴 말씀 사역입니다. 말씀이 흥왕하여 세력을 얻어 죽은 영혼을 살리고, 그 사회를 변혁시켰습니다.

말씀이 조선 사회에 처음 들어왔을 때, 귀신이 참 많았습니다. 아이나 여성은 밤에는 무서워서 화장실에 가지 못했습니다. 물론 전깃불이 없어서 그랬지만, 한편으로는 귀신 때문이었습니다. 귀신을 쫓아내려고 많은 부적을 붙였습니다. 부적을 붙여도 귀신은 사라지지 않고 더 많아졌습니다. 여기에 양반은 물론이고 서민까지도 '첩 제도'가 있어서 건강한 가정을 지키지 못했습니다. 1905년 일본은 대한제국의 외교권을 박탈하려고 '을사늑약'을 강제로 맺었습니다. 대한제국은 영적으로 사회적으로 정치적으로 매우 어두웠습니다.

그런데 1890년 미국 장로교 선교사 호러스 언더우드(Horace Grant Underwood, 1859~1916)는 광화문에 있는 자기 집 사랑방에서 7명의 교인과 함께 성경 공부를 시작했습니다. 그는 이 모임을 '사경반(査經班, Bible Study Class)'이라고 불렀습니다. 그 '사경반'이 '사경회(査經會, Bible Study Conference)'라는 특별한 모임으로 발전했습니다. 사도 바울이 두란노 서원에서 했던 그것처럼 사경회의 목적은 성경을 집중적으로 강의하여 믿음을 굳게 하고 삶을 변화하는 데 있었습니다. 사경회는 초기 한국교회 성장의 원동력이었습니다. 더 나아가, 가정과 세상을 변혁하는 힘이었습니다.

하지만 오늘처럼 주님의 말씀을 빗대어 사람의 말을 많이 하는 때도 없습니다. 어떤 사람은 "말씀의 홍수 시대이다."라고 합니다. 홍수가 나면 물은 넘치지만, 정작 마실 물이 없어서 목이 마릅니다. 설교는 홍수처럼 넘치지만 정작 주님의 말씀은 희귀합니다. 말씀은 희귀한데, 말씀을 사모하지 않습니다. 말씀을 가볍게 여깁니다.

그러나 교회는 말씀과 함께 일어서고 말씀과 함께 사라집니다. 교회가 말씀을 바르게 선포하면, 교회가 건강하게 자랍니다. 세상의 소금과 빛으로 삽니다. 하지만 교회가 말씀을 바르게 선포하지 못하면,

교회가 건강하게 자랄 수 없습니다. 교회가 건강하게 자리지 못하면 세상에 영향력을 끼치지 못합니다.

그러므로 우리는 어떻게 해야 합니까? 사람의 말이 아니라, 주님의 말씀이 나와 우리 시대를 변화할 수 있는 능력임을 믿어야 합니다. 주님의 말씀이 우리 안에서 힘차게 자라고 강해지도록 기도해야 합니다. 우리를 '캠퍼스 사역'과 '이웃 사역'을 섬기는 성경 교사로 써 주시기를 기도합니다.

29
로마도 보아야 하리라

본문 사도행전 19:21-41
요절 사도행전 19:21
찬송 505장, 507장

"이 일이 있은 후에 바울이 마게도냐와 아가야를 거쳐
예루살렘에 가기로 작정하여 이르되 내가 거기 갔다가 후에
로마도 보아야 하리라 하고."

우리는 사도행전을 통해서 "말씀이 흥왕한다."라는 사실을 배웁니다. 말씀을 겉만 보면 사람이 기록한 글에 불과합니다. 하지만 속을 보면 성령님께서 말씀을 통하여 능력으로 일하십니다. 한 사람을 죄에서 구원하고 세상을 변혁합니다. 사도 바울은 그 현장에서 어떤 희망을 품었으며, 거기에는 무슨 뜻이 있었습니까?

21절을 읽읍시다. "이 일이 있은 후에 바울이 마게도냐와 아가야를 거쳐 예루살렘에 가기로 작정하여 이르되 내가 거기 갔다가 후에 로마도 보아야 하리라 하고." '이 일이 있은 후'는 마술했던 많은 사람이 그 책을 모아서 모든 사람 앞에서 불살랐던(19) 그 일이 있고 난 뒤를 뜻합니다. 그리고 주님의 말씀이 흥왕하여 세력을 얻었음(20)을 체험한 그 일이 있고 난 뒤를 뜻합니다.

바울은 그때 무엇을 작정했습니까? 그는 마게도냐와 아가야를 거쳐서 예루살렘에 가기로 결심했습니다. 그가 예루살렘에 가려는 이

유는 두 가지입니다. 하나는, 지금까지 있었던 사역을 보고하기 위함이었습니다. 다른 하나는, 예루살렘에 헌금을 전하기 위함이었습니다(고전 16:3). 당시 예루살렘은 흉년으로 고생했는데, 선교지 교회가 그런 예루살렘 교회를 위해 헌금했습니다. 그들은 예루살렘 교회 동역자들의 어려움을 함께 지고자 했습니다. 그 헌금은 단순한 물질이 아니라, 사랑의 표현이었습니다. 바울은 그 사랑을 전하여 예루살렘 교회와 선교지 교회가 하나 되기를 바랐습니다.

그는 또 무엇을 결심했습니까? "내가 거기 갔다가 후에 로마도 보아야 하리라." '보아야 한다.'라는 말은 '반드시 가겠다.'라는 뜻입니다. 그가 로마를 반드시 가려는 이유는 로마를 여행하기 위함이 아닙니다. 예수님을 증언하기 위해 로마에 반드시 가려는 겁니다.

로마는 어떤 곳이었습니까? 세계의 수도였고, 세계의 심장부였습니다. 세상 권력의 중심지였습니다. "모든 길은 로마로 통한다."라고 할 만큼 세계 교통의 '중심축(hub)'이었습니다. 정치나 경제에 대한 야망을 꿈꾼 청년에게 로마는 '실현하고 싶은 소망', 즉 '로망(romance)'이었습니다. 바울은 그 로마를 반드시 보려고 합니다. 그 로마에 반드시 예수님을 증언하려고 합니다.

왜 그는 로마에 예수님을 반드시 증언하려는 겁니까? 예수님은 죽은 사람 가운데서 다시 살아나셨을 때 말씀하셨습니다. "오직 성령이 너희에게 임하시면 너희가 권능을 받고 예루살렘과 온 유대와 사마리아와 땅끝까지 이르러 내 증인이 되리라 하시니라"(1:8). 사도 바울은 이 말씀에 순종하여 땅끝까지 예수님을 증언하려고 합니다. 그가 땅끝까지 예수님을 증언하려면 로마를 반드시 보아야 합니다. 왜냐하면 로마는 당시 세계의 심장부였기 때문입니다. "모든 길이 로마로 통하니" 로마에서는 모든 길을 갈 수 있었습니다. 그는 로마를 땅끝까지 가는 전초기지로 삼고자 했습니다.

이런 그로부터 무엇을 배웁니까? 예수님을 증언하는 전략입니다. 그는 땅끝까지 예수님을 증언하기 위해서 로마를 전략적인 토대로 삼고자 했습니다.

예수님은 갈릴리 나사렛이란 시골에서 자랐습니다. 예수님은 초기에는 그곳을 중심으로 말씀을 전했습니다. 그 후에 예수님은 수도인 예루살렘으로 올라가셨습니다. 그곳에서 종교 지도자도 만나고, 왕족도 만나셨습니다. 그러나 예루살렘이 최종 목적지가 아니었습니다. 예수님께 예루살렘은 온 세상에 말씀을 전하기 위한 전략적 요충지였습니다.

그 예루살렘에서 바울이 예수님을 믿었고, 안디옥에서 파송 받았습니다. 그는 아덴과 고린도, 그리고 에베소 사역을 섬겼습니다. 그는 그곳에서 예수님을 효과적으로 증언하기 위해서 처음에는 회당을 찾았습니다. 나중에는 서원으로 옮겼습니다. 이제 그는 세계의 심장부인 로마로 반드시 가려고 합니다. 로마를 전략적 요충지로 삼아서 땅끝까지 가려고 합니다.

경제 용어이지만, 사회 전반에서 사용하는 '저비용 고효율(low cost high efficiency)'이라는 말이 있습니다. "적은 노력이나 비용으로 큰 효과를 얻는다."라는 뜻입니다. 그런데 이 말은 단순히 노력을 적게 하고 비용을 들이지 않음보다는 전략이 중요함을 뜻합니다. 전략의 중요성은 정치나 경제 부분만이 아니라, 교회에도 필요합니다. 예수님을 증언할 때도 중요합니다.

옛적에 복음 사역을 섬길 때 "맨땅에 박치기한다."라는 표현이 있었습니다. 전략 없이 무식하게 도전했던 모습을 표현한 겁니다. 기독교 초기 때 최권능 목사님은 사람을 만나면 무조건 외쳤습니다. "예수 천당, 불신 지옥." 한 번은 시골길을 걷다가 소가 나왔는데, 소한테도 "예수 천당, 불신 지옥"을 외쳤습니다. 그런데 그때는 그 외침으로 많은 사람이 예수님을 믿었습니다.

그 후에 어떤 사람은 그 모습을 본받아 지하철에서 "예수 천당, 불신 지옥"을 외쳤습니다. 하지만 시대의 변화와 함께 그 외침은 오히려 역효과를 낳았습니다. 새 시대 새 전략이 부족했기 때문입니다.

우리는 사역 초기부터 대학 캠퍼스 학우에게 예수님을 증언했습니다. 대학생은 우리 사회의 대들보이고, 미래이기 때문입니다. 그렇다고 대학 캠퍼스 학우가 우리의 최종 목적지는 아닙니다. 우리의 최종 목적지는 온 세상 만민입니다. 그 점에서 사도 바울이 로마를 반드시 보려고 한 그 마음과 우리가 캠퍼스를 반드시 보려고 한 그 마음은 같습니다. 로마가 바울에게 전략이었듯이 캠퍼스는 우리에게 전략입니다. 그 결과 우리 교회 구성원은 다양해졌습니다.

우리는 이제 '캠퍼스 사역(Campus Ministry)'과 함께 '이웃 사역(Neighborhood ministry)'에 대한 희망을 품습니다. 이 또한 우리의 최종 목적지는 아닙니다. 땅끝까지 예수님을 증언하기 위한 전략입니다. 온 세상 만민에게 예수님을 증언하기 위한 희망입니다.

그러면 사도 바울은 어떻게 로마를 통해서 땅끝까지 예수님을 증언하려는 희망을 품었을까요? 에베소에서 말씀이 흥왕함을 체험했기 때문입니다. 말씀은 한 사람은 물론이고 그 세대를 변혁하는 능력이 있습니다. 따라서 바울은 세계의 심장부 로마도 말씀으로 도전할 수 있다는 희망을 품었습니다. 더 나아가, 땅끝도 말씀으로 도전할 수 있다는 희망을 품었습니다. 왜냐하면 로마도 사람이 사는 곳이고, 땅끝도 죄인이 사는 곳이기 때문입니다. 죄인은 누구든지 죄를 용서받아야 하고, 구원받아야 합니다. 그런데 그 용서와 구원은 예수님을 믿음으로만 이루어집니다. 그 믿음은 말씀을 통해서 나타납니다.

저는 논문을 쓰다가 이런 말을 보고 감동했습니다. "대체할 수 없는 예수의 정체성(unsubstitutable identity of Jesus)"입니다. 많은 설교자가 설교할 때 성경에서 증언하는 예수님을 전하기보다는 자기 일상을 전하는 경우가 많습니다. 개인의 체험이나 보편적인 경험의 영역을 강조합니다. 그런 이야기가 사람을 일시적으로 편하게 하고, 감동을 줄 수는 있습니다. 하지만 사람을 죄에서 구원하지 못합니다. 구원은 오직 예수 그리스도만이 하십니다. 따라서 성경의 중심은 예수 그리스도입니다. 예수 그리스도는 대체 불가능한 신앙의 대상입니다. 저는 이번 수양회의 중심 주제를 "대체할 수 없는 예수님의 정체성"으로 삼고자 합니다.

오늘 본문은 물론이고, 사도행전 전체, 아니 성경 전체가 가르치고 증언하는 핵심 중 하나는 예수 그리스도입니다. 바울 사도가 에베소에서는 물론이고, 로마를 거쳐 땅끝까지 전하고자 한 그분이 곧 예수 그리스도이십니다. 그분을 증언하는 일은 곧 말씀을 증언하는 일입니다. 그분의 정체성, 그분의 인격과 사역을 증언하는 일은 말씀을 가르치는 일입니다. 바울 사도는 에베소에서 흥왕했던 그 말씀이 로마에서도 흥왕할 줄 믿었습니다. 더 나아가, 땅끝에서도 그 말씀이 세력을 얻을 줄 믿었습니다.

보통 교인은 먼저 예수님을 믿고, 그다음에 성경을 공부합니다. 그런데 대부분 우리는 먼저 성경을 공부했고, 그다음에 예수님을 믿었습니다. 이런 모습은 한국의 초대교회 모습이었고, 사도행전의 모습입니다. 말씀은 그만큼 흥왕하여 세력이 있기 때문입니다. 말씀은 예수님을 믿는 사람은 물론이고, 믿지 않는 사람에게 놀라운 능력이 있습니다. 우리는 이 말씀의 능력을 체험했습니다. 따라서 우리도 '캠퍼스 사역'은 물론이고, '이웃 사역'에도 희망을 품을 수 있습니다. 더 나아가, 온 세상 만민의 증인으로서도 희망을 품을 수 있습니다.

그런데 현실에서는 무슨 일이 일어났습니까? 바울은 자기를 돕는 사람 중에서 디모데와 에라스도 두 사람을 마게도냐로 보냈습니다(22). 그는 아시아에 더 있었습니다. 그때쯤 바울이 전한 메시지는 그 사회를 혼란하게 했습니다(23).

그 내용은 무엇입니까? 24절을 봅시다. "즉 데메드리오라 하는 어떤 은장색이 은으로 아데미의 신상 모형을 만들어 직공들에게 적지 않은 벌이를 하게 하더니." '아데미'는 그리스 여신 '아르테미스(Artemis)'이고, 로마 여신 '다이애나(Diana)'입니다. 다산과 풍요를 상징했습니다. 그 신상에는 공 모양의 둥근 물체가 가슴 부위에 24개가 있었습니다. 에베소 사람은 아데미가 에베소에서 태어났다고 생각하여, 3월과 4월을 '아데미의 달'로 정했습니다. 그때 각종 축제와 행사를 열었는데, 그 축제를 '에페시아(Ephesia)'라고 불렀습니다. 세계 7대 불가사의 중 하나인 아데미 신전은 길이 130m, 폭 70m이었습니다. 그 신전은 아시아 경제의 중심 역할을 했습니다. 이곳에서 '고자 제사장들(eunuch priests)'과 '처녀 제사장들(virgin-priestesses)'이 어울렸습니다.

에베소에 데메드리오라하는 어떤 은장색이 있었습니다. '은장색'은 은으로 세공하는 사람입니다. 그는 아데미 신상 모형을 만들었습니다. '신상 모형'은 사물을 실제보다 작은 크기로 만든 모형(miniature)입니다. 사람들은 그 모형을 집에 두고 복을 빌었습니다. 그 모형을 만든 사람은 돈을 잘 벌어서 풍족하게 생활했습니다(25).

하지만 바울이 에베소뿐 아니라, 거의 전 아시아의 많은 사람을 설득해서 그 마음을 돌려놓았습니다(26). "사람의 손으로 만든 것들은 신이 아니다." 에베소 사람은 바울이 설득하고 마음을 돌려놓았던 그 일을 보고 듣고 있습니다. 그러니 그들의 사업이 명성을 잃을 위험이 있을 뿐만 아니라, 위대한 아데미 여신의 신전도 무시당할 위험이 있습니다(27). 그러면 아시아와 온 세계가 섬기는 아데미 여신의 위신도 땅에 떨어지고 말 겁니다. 그때 데메드리오는 '신상 모형' 사업을 할 수 없는 문제보다는, 아데미 신을 모욕했다는 점을 강조하며 사람을 선동했습니다. 그는 본질보다는 비본질을 말하면서 사람을 선동하는 '선동 정치'의 전형을 보였습니다.

그 선동에 사람들은 어떻게 반응했습니까? 그들은 분노가 가득하여 외칩니다(28). "크다 에베소 사람의 아데미여!" 도시는 큰 혼란에 빠졌습니다(29). 아데미 신에 대한 혼란도 있으나 자기 사업이 무너진 데 대해서 더 요란했습니다. 사람들은 바울의 동역자인 가이오와 아리스다고를 붙들어 연극장으로 돌진했습니다. '연극장'은 시의회가 정규적으로 모이는 곳인데, 약 24,000명을 수용하는 대형 시설이었습니다. 극장에는 아데미 동상과 형상과 깃발이 가득했습니다.

그때 바울이 군중 앞으로 나가려고 하자, 동역자들이 말렸습니다(30). 바울을 좋게 여기는 로마 관리들도 "극장에 들어가지 말도록" 했습니다(31).

한편 군중은 극장에서 무엇을 했습니까? 더러는 이렇게 외치고, 더러는 저렇게 외쳤습니다(32). 모임은 혼란에 빠졌고, 무엇 때문에 모였는지조차 모르는 사람이 많았습니다. 그때 몇몇 유대인이 알렉산더를 앞으로 밀었습니다(33). 그가 모두 조용히 하라고 손짓하며 변명하려고 했습니다. 그러나 군중은 그가 유대 사람인 줄 알고는 한목소리로 두 시간 동안이나 외쳤습니다(34). "에베소 사람의 아데미 여신은 위대하다!"

그때 누가 와서 그 문제를 어떻게 해결했습니까? 마침내 치안 담당 서기장이 와서 군중을 진정시켰습니다(35). 그는 "에베소는 아데미 여신을 섬기는 도시임"을 강조했습니다. 아데미 여신은 사람이 아닌 제우스에게서 왔습니다. 아데미는 사람의 손으로 만든 신이 아니라 하늘에서 내려온 신입니다. 그는 바울의 가르침에 정면으로 도전하며, 에베소 사람의 편을 들었습니다.

하지만 서기장은 군중에게도 경솔하게 행동하지 않도록 당부합니다(36). 왜냐하면 군중이 끌고 온 이 사람들은 신전의 물건을 훔치지 않았고, 아데미 여신을 비방하지도 않았기 때문입니다(37). 만일 그들을 고소할 일이 있으면 정식 재판 때 고소하면 됩니다(38). 감정적으로 싸우지 말고 이성적으로 합법적으로 해결해야 합니다(39). 아무 이유도 없이 하는 정치적 선동은 로마 정부로부터 문책을 당할 수 있습니다(40). 문제의 심각성은 극장에 끌려온 바울의 동역자들에게 있지 않습니다. 합법적인 제도와 절차를 무시하고 불법 집회를 주도한 사람에게 있습니다. 서기장은 이렇게 말하여 군중을 흩어지도록 했습니다(41). 서기장의 개입은 소요의 흐름을 바꾸었습니다.

이 사건을 통해서 무엇을 배울 수 있습니까? 말씀이 흥왕할 때 반발과 도전이 있습니다. 그런데 그 도전을 성령님께서 간섭하십니다. 성령님은 말씀의 증인을 통해서 일하시고, 세상 사람을 통해서도 일하십니다.

성령님은 오늘도 당신의 증인을 통하여 땅끝까지 예수 그리스도를 증언하기를 바랍니다. 그 일을 위해서 전략적 요충지가 필요합니다. 사도 바울이 말씀의 놀라운 능력을 체험하고 로마를 반드시 보고자 했듯이, 오늘 우리도 말씀이 흥왕한 줄 믿고 '캠퍼스 사역'과 '이웃 사역'을 반드시 보기를 기도합니다.

30

그 주간의 첫날에

본문 사도행전 20:1-16
요절 사도행전 20:7
찬송 220장, 227장

"그 주간의 첫날에 우리가 떡을 떼려 하여 모였더니 바울이 이튿날 떠나고자 하여 그들에게 강론할새 말을 밤중까지 계속하매."

오늘 말씀은 드로아라는 곳에서 '그 주간의 첫날'에 일어났던 내용입니다. 그때 그곳에서 무슨 일이 있었으며, 그 일이 오늘 우리에게 주는 뜻은 무엇입니까?

사도 바울은 에베소에서 "사람의 손으로 만든 그것은 신이 아니다."라면서 많은 사람의 마음을 돌려놓았습니다(19:26). 그 일로 그 도시가 온통 소란했습니다. 소란이 잦아들자, 바울은 제자를 격려하고 마게도냐로 갔습니다(20:1). 그는 여러 교회로 다니면서 제자를 여러 말로 격려하고 헬라에 도착했습니다(2). 어떤 사람은 "믿음으로 살면 아무런 어려움이 생기지 않는다. 만사가 잘 된다."라고 말합니다. 하지만 삶의 현장에서는 아픔도 있고, 어려움도 겪습니다. 바울의 제자들은 지금 그런 일을 겪고 있습니다. 바울은 그들을 격려했습니다. 현실에 매이지 않고 끝까지 믿음의 길을 가도록 용기를 주었습니다.

그는 그곳에 석 달 동안 있었는데, 배 타고 수리아로 가려고 했습니다(3). 하지만 유대인이 자기를 죽이려는 소식을 듣고 마게도냐를 거쳐서 돌아가기로 했습니다. 그때 바울과 함께한 사람은 베뢰아 사람 소바더, 데살로니가 사람 아리스다고와 세군도, 더베 사람 가이오와 디모데, 그리고 아시아 사람 두기고와 드로비모였습니다(4). 그들은 지역의 대표로서 지역 교회의 헌금을 예루살렘으로 가지고 갔습니다(롬 15:26, 고전 16:1, 고후 9:2).

그들은 먼저 가서 드로아에서 바울 일행을 기다립니다(5). 바울 일행은 무교절 후에 빌립보에서 배를 타고 드로아로 갔습니다(6). 그곳에서 일주일을 보냈습니다.

그들은 그 주간의 첫날에 무엇을 했습니까? 7절을 보십시오. “그 주간의 첫날에 우리가 떡을 떼려 하여 모였더니 바울이 이튿날 떠나고자 하여 그들에게 강론할새 말을 밤중까지 계속하매.” ‘그 주간의 첫날에’는 ‘안식일 다음 날’, 즉 ‘그 주간의 첫날’을 뜻합니다. ‘안식일’은 토요일이고, 토요일은 한 주간의 끝 날입니다. ‘안식일 다음 날’, 즉 ‘그 주간의 첫날’은 일요일입니다. 보통 사람은 일요일을 한 주간의 끝 날로 아는데, 끝 날은 토요일이고, 첫날은 일요일입니다.

구약 시대 때는 한 주간의 끝 날을 안식일로 지켰습니다. 왜냐하면 여호와 하나님께서 세상과 사람을 엿새 동안 만드시고, 그 주간의 끝 날인 일곱째 날에 안식하셨기 때문입니다(창 2:2). 그런데 예수님께서 십자가에서 죽으시고 사흘 만에 살아나셨습니다. 그날은 안식 후 첫날이었습니다(눅 24:1). 그때부터 예수님을 믿는 사람은 예수님께서 살아나신 그날을 ‘주님의 날’, 즉 ‘주일’로 지켰습니다.

그들은 모여서 무엇을 했습니까? 첫째로, 그들은 ‘떡을 떼려’ 했습니다. ‘떡’은 ‘빵’인데, 요즘 우리가 먹는 그런 빵이 아닙니다. 그 모양은 원통형이었고, 소고기나 양고기와 함께 가장 중요한 양식이었습니다. ‘뗀다.’라는 말은 ‘빵을 찢어서 먹는다.’라는 뜻입니다. 그들은 주일에 모일 때 자기 집에서 각자 빵을 가져왔습니다. 그리고 그 빵을 형제자매와 함께 나눠 먹었습니다. 그것을 ‘사랑의 식사’, ‘애찬(love feast)’이라고 불렀습니다.

그러면서 그들은 주님께서 십자가에서 죽으시기 전날 밤에 하셨던 그 말씀을 기억했습니다. "또 떡을 가져 감사 기도 하시고 떼어 그들에게 주시며 이르시되 이것은 너희를 위하여 주는 내 몸이라 너희가 이를 행하여 나를 기념하라 하시고"(눅 22:19). 그들은 빵을 먹으면서 예수님께서 자기를 위해 죽으신 그 은혜와 사랑을 기념했습니다. 그것을 우리는 '성스러운 식사', '성찬'이라고 합니다. 영어로는 '컴뮤니온(communion)'이라고 하는데, 그 문자적 뜻은 '친밀한 사귐', '친교'입니다. '성찬'은 십자가에서 나를 위해 죽으시고 살아나신 주님과 친밀한 사귐을 뜻합니다.

그러므로 그들이 '빵을 먹는다.'라는 말은 주님과 사귀면서 동역자와 사귐을 뜻합니다. 그들은 주일에 함께 모여서 '애찬'을 하면서 '성찬'을 했습니다. '애찬'은 '성찬'에 기초해야 합니다. 동역자끼리의 사귐은 주님과의 사귐에 기초해야 합니다.

'사귐'을 헬라어로는 '코이노니아(*koinonia*)'라고 합니다. 그 뜻은 '지내는 사이가 아주 가깝고 친하게 지냄'입니다. '코이노니아'는 예수님과 가깝고 친하게 지냄에도 사용하고, 성도끼리 가깝고 친하게 지냄에도 사용합니다. 왜냐하면 예수님과 가깝게 지낼 때 성도와도 가깝게 지낼 수 있기 때문입니다. 예수님과 가깝게 지내지 않으면서 사람과만 가깝게 지낸다면 그곳은 친목 단체에 불과합니다. 교회와 친목 단체의 차이점은 주님과 가깝게 지내느냐, 않느냐에 있습니다. 드로아의 신자들은 주일에 주님과 '코이노니아'를 하면서 동역자와 '코이노니아'를 하려고 모였습니다.

그들은 모여서 또 무엇을 했습니까? 둘째로, 그들은 강론을 들었습니다. 바울은 이튿날 떠나야 해서 강론했는데, 밤이 깊은 줄 모르고 계속했습니다. 그들은 빵만 먹지 않고 말씀도 들었습니다. '성찬'은 눈으로 보고 가슴으로 체험하는 말씀입니다. '말씀 강론'은 귀로 듣고 가슴으로 체험하는 말씀입니다. 그들은 주일에 함께 모여서 빵도 먹고 말씀도 들으면서 주님과 사귀고 동역자와도 사귀었습니다.

그들로부터 무엇을 배웁니까? 첫째로, 주일예배의 내용입니다. 교회는 그때로부터 성찬과 말씀 강론을 주일예배의 내용으로 삼았습니다. 성찬과 말씀의 시행을 교회의 표지로 삼았습니다. 성찬과 말씀 선포가 있으면 교회이지만, 없으면 교회가 아니라는 겁니다. 성찬과 말씀 선포는 교회의 두 기둥으로 자리 잡았습니다.

그런데 중세 시대 때 교회는 말씀 사역을 뒷전으로 미뤘습니다. 그러자 종교 개혁자들은 말씀 사역을 강조했습니다. 그 강조가 지나쳐서 개혁파 교회에서는 성찬을 소홀히 여겼습니다. 요즘은 성찬을 강조하는 목소리가 커지고 있습니다. 다만 현실에서 실천하지 못하고 있습니다.

둘째로, 교회 공동체성입니다. 주일예배는 한 개인이 단순히 참석하는 데 의미가 있지 않습니다. 교회 공동체 전체가 주님과 함께, 그리고 동역자와 함께하는 데 의미가 있습니다. 공동체가 주님과 수직적 관계를 새롭게 하고, 그것을 기초로 동역자와 수평적 관계를 새롭게 하는 겁니다. 개인보다는 교회가 주님과 '코이노니아'에 힘쓰고, 동역자들끼리 '코이노니아'에 힘쓰는 겁니다. 우리는 그것을 '교회 공동체성'이라고 부릅니다.

그런데 요즘 젊은 세대에서는 가족은 물론 친구도 신경 쓰지 않는 '퓨빙(phubbing)' 현상이 나타납니다. '퓨빙'은 전화기의 '폰(phone)'과 '무시한다.'라는 '스너빙(snubbing)'의 합성어입니다. 사람이 주변을 신경 쓰지 않고 오직 스마트폰에만 빠져 있는 현상을 일컫는 말입니다. 그래서 젊은 사람일수록 '우리'라는 공동체보다는 이른바 '소속 없는 개인'으로 남고자 합니다. 그 결과 현대인은 그 어느 때보다 철저한 소외를 경험합니다.

교회는 어떻게 해야 합니까? 공동체성을 살려야 합니다. '공동체(community)'란 인간의 모든 욕구, 즉 신체적 심리적 사회적 욕구를 잠재적으로 충족시켜 줄 수 있는 첫 번째 체계입니다. 교회는 그 자체로 공동체성입니다. '하이테크(High Tech)'와 대조하는 말로 '하이터치(High Touch)'라는 말이 있습니다. 기술이 발전할수록 인간적인 따뜻한 감성이 필요하다는 뜻입니다. 교회는 현대인에게 이런 '하이터치'를 줄 수 있습니다. 교회는 소외를 체험하는 현대인에게 주님과의 '코이노니아', 형제자매와의 '코이노니아'를 보여줘야 합니다.

그런데 오늘 우리에게 또 하나의 고민이 있습니다. 요즘 예수님을 믿는 사람이 주일예배에 참석하는 일이 쉽지 않습니다. 심지어 주말 여가를 즐기고자 하는 사회적 추세로 주일이 걸림돌로 다가오기도 합니다. 이런 말도 있다는군요. “주일은 현대인에게 즐기기 위한 불편하기 짝이 없는 날이다.” 주일은 교회에 예배하러 가는 날보다는 삶의 휴식을 맞는 주말로 인식하는 추세입니다.

그러나 주일은 그런 날이 아닙니다. 개인적으로 각자 흩어져 살다가 일주일마다 주님을 만나고 동역자를 만나는 날입니다. 세상에서 정신없이 살다가 잠깐 멈추고 함께 말씀을 듣고 함께 식사하는 날입니다. 우리의 삶을 되살리는 날입니다. 그러므로 첫날 모여서 빵을 나누고 말씀을 듣는 일은 단순한 개인적 체험이 아닙니다. 교회 공동체가 다 함께 사귐을 체험하는 날입니다. 주일은 한 주간의 첫날이며, 교회 공동체가 ‘코이노니아’를 체험하고 실천하는 날입니다.

그런데 바울이 강론할 때 무슨 일이 일어났습니까? 그들은 저녁 시간에 모였는데, 위층 방에는 등불을 많이 켰습니다(8). 등불을 오랫동안 많이 켜서 공기가 탁했습니다. 유두고라 하는 청년이 창문에 걸터앉았는데, 바울의 강론이 너무 길어져서 졸음을 이기지 못하여 삼 층에서 떨어졌습니다(9). 사람들이 그를 일으켰지만, 그는 이미 죽은 사람이었습니다.

그때 바울은 무엇을 했습니까? 10절입니다. “바울이 내려가서 그 위에 엎드려 그 몸을 안고 말하되 떠들지 말라 생명이 그에게 있다 하고.” 그는 그 청년을 살리려고 그 몸을 안고 위에 엎드렸습니다.

옛적에 엘리야가 사르밧으로 갔는데, 그곳의 한 과부의 아들이 병들어 죽었습니다. 엘리야는 그 아이를 침상에 누이고 하나님 여호와께 기도했습니다. 여호와께서 엘리야의 소리를 들으시므로 그 아이의 혼이 몸으로 돌아오고 살아났습니다(왕상 17:10, 17, 21, 22). 그 후에 엘리사가 수넴으로 갔는데, 한 여인의 아들이 죽었습니다. 엘리사는 그 아이 위에 올라가 엎드려 자기 입을 그의 입에, 자기 눈을 그의 눈에, 자기 손을 그의 손에 댔습니다. 그러자 그 아이가 눈을 떴습니다(왕하 4:25, 34, 35). 바울도 이 두 선지자처럼 하니, 그 청년의 생명이 돌아왔습니다.

유두고가 살아난 데는 무슨 뜻이 있습니까? 예수님의 살아남을 기념하는 주일 저녁에 그가 죽었습니다. 사람들이 술렁거렸습니다. 그런데 그가 다시 살아났습니다. 그것은 예수님의 다시 살아남을 믿는 사람에게 임하는 은혜였습니다. 그 은혜는 생명 사역으로 나타났습니다. 주일에 모이는 교회 공동체성에는 바로 이런 생명 사역이 있습니다.

바울은 그를 살린 후에 무엇을 했습니까? 그는 위층으로 올라가서 빵을 먹었습니다(11). 그는 빵을 먹으면서 주님의 죽으심과 살아나심을 체험했습니다. 그리고 그는 날이 새기까지 말했습니다.

그랬을 때 사람들의 반응은 어떠했습니까? 사람들은 살아난 청년을 통해 적지 않게 위로받았습니다(12). 왜냐하면 그들은 부활과 생명의 주님을 체험했기 때문입니다. 비록 바울은 떠나도 성령님께서 함께하심을 믿었기 때문입니다.

바울은 드로아를 떠나서 어떻게 예루살렘으로 갑니까? 바울 일행은 배를 타고 먼저 앗소로 떠났습니다(13). 그곳에서 바울을 배에 태울 작정이었습니다. 왜냐하면 바울이 앗소까지 걸어가고자 했기 때문이었습니다. 바울 일행은 앗소에서 바울을 만나서 배에 태우고 미둘레네로 갔습니다(14). 그들은 이튿날 기오 맞은편에 이르고, 다음날 사모에 들렀다가 그다음 날 밀레도에 이르렀습니다(15). 바울은 아시아에서 시간을 보내지 않으려고 이런 길을 택했습니다(16). 그는 할 수 있으면 오순절까지 예루살렘에 도착하려고 서둘렀습니다.

왜 그 길을 자세하게 말할까요? 이 여정의 결론은 "바울이 예루살렘에서 오순절을 지키려고 한다."라는 데 있습니다. 그가 예루살렘에서 오순절을 지키려는 이유는 모세 율법을 존중하기 때문입니다. 그가 안식 후 첫날에 모임을 했다고 해서 구약을 무시하지 않습니다. 예수님 중심으로 구약을 해석하고 적용했을 뿐입니다. 그리고 그는 오순절이라는 특별한 날에 예루살렘 동역자들에게 헌금을 전달하려는 마음이 있었기 때문입니다.

30, 20:1-16 그 주간의 첫날에

오늘 우리에게 '그 주간의 첫날'이 주는 의미는 무엇입니까? 주일은 주님과 함께, 동역자들과 함께, 그리고 말씀과 함께하는 날입니다. 주일은 한 주간의 첫날이며, 교회 공동체가 '코이노니아'를 체험하고 실천하는 날입니다. 우리가 오늘 체험하는 '코이노니아'의 영향력이 캠퍼스와 이웃에게로 흘러가도록 기도합니다.

31
겸손과 눈물

본문 사도행전 20:17-38
요절 사도행전 20:19
찬송 455장, 452장

"곧 모든 겸손과 눈물이며 유대인의 간계로 말미암아 당한 시험을 참고 주를 섬긴 것과."

오늘 우리가 "믿음으로 산다." 또는 "예수님의 증인으로 산다."라는 말을 어떻게 바꿀 수 있습니까? "주님을 섬긴다."라는 말로 바꿀 수 있습니다. 그런데 주님을 섬기는 길이 어떠합니까? 이른바 '꽃길' 인가요? 사도 바울은 "겸손과 눈물로 주님을 섬겼다."라고 했습니다. 그 말은 무슨 뜻이며, 오늘 우리에게 주는 의미는 무엇입니까?

첫째, 거리낌 없이 가르치라(17-27)

17절을 봅시다. "바울이 밀레도에서 사람을 에베소로 보내어 교회 장로들을 청하니." 바울은 오순절 전 예루살렘에 도착하려고 서둘렀습니다(16). 그는 에베소에서 밀레도로 왔습니다. 그런데 그는 그곳에서 에베소 장로들을 불렀습니다.

'장로'란 '나이 많고 덕이 높은 사람'을 말하는데, 유대 회당에서 빌린 말입니다. 유대 사회에서 장로는 정치적, 군사적, 법적 문제를 결정했던 지방 자치 기구의 지도급 인사였습니다(수 20:4). 그들은 사도의 후임자인데, 성경은 그들을 '장로'라고 부릅니다.

그런데 바울은 왜 그들을 불렀습니까? 바울이 에베소로 다시 가기에는 시간이 촉박했기 때문입니다. 그는 에베소에서 전하지 못했던 메시지를 밀레도에서 전하려고 했기 때문입니다. 우리는 그 메시지를 '바울의 밀레도 고별 메시지'라고 부릅니다.

그의 메시지는 어떻게 시작했습니까? 그는 아시아에 온 첫날부터 장로들과 함께 지냈습니다(18). 그는 에베소 사역을 처음 시작할 때부터 장로들과 함께했습니다. 그 사실을 장로들도 잘 알고 있습니다. 바울은 이 사실을 전제로 메시지를 시작했습니다.

그는 에베소에서 주님을 어떻게 섬겼습니까? 19절을 읽읍시다. "곧 모든 겸손과 눈물이며 유대인의 간계로 말미암아 당한 시험을 참고 주를 섬긴 것과." 그는 모든 겸손과 눈물로 주님을 섬겼습니다. '겸손'은 '낮은 마음'입니다. 여기서 '겸손'은 사람 앞에서보다는 주님 앞에서입니다. 그는 주님 앞에서 자기 생각, 자존심, 그리고 체면을 비웠습니다. 그리고 주님을 높였습니다.

이런 모습은 '무익한 종의 자세'입니다(눅 17:10). 무익한 종은 하루 종일 밭에서 일하고, 양을 치고 집으로 돌아와서 주인을 위해 저녁 식사를 준비합니다. 그는 주인이 먹은 후에야 식사합니다. 그는 자기를 비우고 주인만을 높입니다. 그런데도 그는 주인한테 칭찬 듣지 않습니다. 왜냐하면 그 모든 일은 종이 당연히 해야 할 일이기 때문이다.

그런데 그 무익한 종의 자세는 예수님한테서 왔습니다. 예수님은 본질상 하나님과 동등하시나 하나님과 동등함을 당연하게 생각하지 않으셨습니다. 오히려 자기를 비워서 종의 모습을 취하시고, 사람과 같이 되셨습니다. 그분은 사람의 모양으로 나타나셔서, 자기를 낮추고 죽기까지 순종하셨습니다(빌 2:6-8).

사도 바울은 에베소에서 이런 겸손으로 주님을 섬겼습니다. 그러니까 그는 주인이 아닌 무익한 종처럼, 그리고 모든 영광과 권세를 비우신 예수님처럼 섬겼습니다. 그는 아무리 많은 일을 할지라도 불평하지 않았습니다. 그는 아무리 높은 신분일지라도 그 신분을 오히려 비우고 낮췄습니다. 그는 오직 예수님만을 높였습니다. 바울이 이렇게 섬긴 사실을 장로들도 다 압니다.

그는 또 눈물로 주님을 섬겼습니다. '눈물'은 안타까운 마음의 표현입니다. 물론 그 눈물 또한 주님 앞에서 흘리는 눈물입니다. 주님 앞에서 사도답지 못한 삶을 사는 모습에 대한 안타까운 마음의 표현입니다. 자신의 연약함과 능력 없으므로 흘리는 눈물입니다.

어떤 사람이 말했습니다. "뽀송뽀송한 눈으로는 천국에 들어가기가 쉽지 않다." 눈물이 마르면 사랑도 마르고 열정도 마르기 쉽기 때문입니다. 주님을 섬기는 사람은 눈물과 가깝게 지냅니다. 바울이 그랬습니다. 장로들은 그런 바울도 알고 있습니다.

그는 어떤 상황에서 겸손과 눈물로 주님을 섬겼습니까? 그는 유대인의 음모로 여러 가지 시험을 당했습니다. 그는 여러 시험을 당하면서도 언제나 겸손과 눈물로 주님을 섬겼습니다.

그러면 그는 양 떼는 어떻게 섬겼습니까? 20절입니다. "유익한 것은 무엇이든지 공중 앞에서나 각 집에서나 거리낌이 없이 여러분에게 전하여 가르치고." '공중 앞에서'는 공적인 모임을 말하고, '각 집에서'는 사적인 관계를 말합니다. 그는 공적인 예배에서나 개인적인 관계에서나 선포하고 가르치는 일에 움츠러들지 않았습니다.

그는 무엇을 전하고 가르쳤습니까? 그는 유대인과 헬라인에게 하나님께 대한 회개와 우리 주 예수 그리스도께 대한 믿음을 증언했습니다(21). '회개'는 마음을 바꾸는 것을 말합니다. 하나님을 떠나서 살다가 하나님께로 돌아오는 삶입니다. 그리고 그 회개는 예수님을 그리스도로 믿는 믿음으로 나타납니다. 회개하면, 즉 하나님께로 돌아오면 예수님을 그리스도로 믿습니다. 회개와 믿음은 한 쌍입니다.

사도 바울은 에베소에서 여러 시험을 참으면서 주님을 겸손과 눈물로 섬겼습니다. 그리고 그는 양 떼에게는 거리낌이 없이 가르쳤습니다. 그는 양 떼가 회개하고 믿음을 갖도록 가르치는 일에 움츠러들지 않았습니다. 그가 겸손과 눈물로 주님을 섬기면서 말씀을 거리낌이 없이 가르치는 최종 목적은 양 떼가 회개하고 믿음을 갖도록 하는 데 있었습니다. 그는 좋은 성경 교사이면서 좋은 목자였습니다.

그런데 왜 그는 예루살렘으로 가야 합니까? 그는 성령님에 매여 예루살렘으로 갑니다(22). 바울이 예루살렘으로 가는 것은 성령님의 인도하심 때문입니다. 그는 자신의 의지로 가기보다는 성령님의 뜻에 순종하여 갑니다. 그는 그곳에서 무슨 일을 만날지 모릅니다. 그의 예루살렘 길은 몹시 위험합니다. 많은 유대인이 그를 죽이려고 하기 때문입니다. 그런데도 그는 성령님만을 의지하고, 성령님의 뜻에 순종하여 올라갑니다.

그가 아는 사실은 무엇입니까? 성령님께서 그에게 알려주신 것뿐입니다(23). 그런데 그것은 "결박과 환난이 그를 기다린다."라는 겁니다. 바울이 각 성에서 복음을 증언하듯이 성령님께서는 "각 성에서 바울에게 투옥과 고통이 기다리고 있다."라고 증언하셨습니다.

그러나 그는 그 길을 어떤 자세로 갑니까? 24절을 읽읍시다. "내가 달려갈 길과 주 예수께 받은 사명 곧 하나님의 은혜의 복음을 증언하는 일을 마치려 함에는 나의 생명조차 조금도 귀한 것으로 여기지 아니하노라." "달려갈 길", "받은 사명", 그리고 "복음을 증언하는 일"은 같은 말입니다. 그가 달려야 할 길은 다메섹에서 예수님을 만났을 때부터 시작했습니다. 그는 그 길을 예루살렘에서 마칠 줄로 알았습니다. 물론 그에게는 예루살렘에 갔다가 후에 로마도 보려는 희망이 있었습니다(19:21). 어쨌든 그는 달려갈 길을 끝내려 함에는 자기 생명조차 귀하게 여기지 않습니다. 그렇다고 해서 자기 생명을 무시한다는 말은 아닙니다. 주님께서 맡기신 사명을 감당하기 위해서 자기 생명을 상대적으로 가치 없는 것으로 여긴다는 뜻입니다. 그는 삶의 우선순위가 분명했습니다.

요즘 '버킷리스트(bucket list)'라는 말을 참 많이 씁니다. 일반적으로 이 말의 뜻은 '죽기 전에 꼭 해 보고 싶은 일들을 적은 목록'입니다. 이 말이 유행하게 된 계기는 어떤 영화의 대사 때문이라는군요. "우리가 인생에서 가장 많이 후회하는 것은 살면서 한 일들이 아니라, 하지 않은 일들이다."

그런데 이 말에는 함정이 있습니다. 왜냐하면 우리는 '버킷리스트'만 따라 살 수 없기 때문입니다. 우리는 우리가 하고 싶은 일만 하면서 살 수는 없습니다. 우리 앞에는 '내가 하고 싶은 일'과 함께

'해야 할 일'이 있습니다. 그 점에서 우리는 늘 선택의 순간에 섭니다. 그 선택의 순간에서 가장 좋은 점은 '해야 할 일'을 '하고 싶은 일로' 만드는 겁니다. 하나님께서 우리에게 맡기신 일이 우리가 해야 할 일이라면, 그 일을 우리가 하고 싶은 일로 만드는 겁니다. 그것을 다른 말로는 삶의 우선순위를 분명하게 하는 겁니다.

사도 바울은 자기가 하고 싶은 일보다도 해야 할 일을 앞세웠습니다. 그는 생명보다 그 일을 앞세웠습니다. 그래서 그는 에베소에 하나님의 나라를 선포하면서 들어갔습니다(25). 그러나 이제 그들은 바울의 얼굴을 다시는 보지 못합니다.

그러므로 그는 장로들에게 증언합니다(26). "모든 사람의 피에 대하여 내가 깨끗하다." '피'는 구원받지 못하고 심판받음을 뜻합니다. 어떤 사람이 구원받지 못했다면 그것은 바울의 책임이 아닙니다. 왜냐하면 그는 꺼리지 않고 하나님의 뜻을 다 전했기 때문입니다(27). 하나님의 뜻은 회개하고 예수님을 믿고 구원받는 데 있습니다. 그는 3년 동안 에베소에서 이 하나님의 뜻을 전하는 일에 꺼리지 않았습니다. 그러므로 누군가가 구원받지 못한다면, 그것은 그 사람의 책임입니다. 그 사람이 회개하지 않고 믿지 않았기 때문입니다.

둘째, 교회를 보살피라(28-38)

28절을 봅시다. "여러분은 자기를 위하여 또는 온 양 떼를 위하여 삼가라 성령이 그들 가운데 여러분을 감독자로 삼고 하나님이 자기 피로 사신 교회를 보살피게 하셨느니라." 바울은 여기서 장로들에게 메시지를 전하는 목적을 밝힙니다. 장로들은 자기를 위하여, 양 떼를 위하여 삼가야 합니다. '삼간다.'라는 말은 '마음을 쏟는다.'라는 뜻입니다. 그들은 자기는 물론이고 양 떼에게 마음을 쏟아야 합니다.

왜 그렇게 해야 합니까? 성령님이 그들을 양 떼의 감독자로 세우셨기 때문입니다. '감독자'는 어떤 일이나 사람을 잘못이 없도록 보살피는 사람입니다. 이 단어는 헬라의 사상에서 왔는데, 장로와 같은 말입니다. 그 이름은 달라도 하는 일은 같습니다. 장로와 감독자는 초대교회에서 사도를 계승하여 사역을 섬기는 후임자였습니다.

그 후임자가 하는 일은 무엇이었습니까? 하나님이 자기 피로 사신 교회를 보살피는 일이었습니다. '보살핀다.'라는 말은 '양을 돌본다.' '지킨다.'라는 뜻입니다. 감독자는 양을 돌보고, 교회를 지키는 사람입니다.

교회는 어떤 곳입니까? 교회는 하나님이 자기 피로 사신 곳입니다. '하나님의 자기 피'는 예수님께서 십자가에서 돌아가시며 흘리신 피를 뜻합니다. 예수님께서 흘리신 피는 곧 하나님의 피입니다. 하나님은 당신의 피를 값으로 지급하고 사람을 사셨습니다. 그 사람의 모임이 교회입니다. 교회는 사람이 인위적으로 만든 모임이 아닙니다. 교회는 하나님께서 자기 피를 값으로 지급하고 사신 사람의 공동체입니다. 하나님은 그 교회를 보살피도록 감독자를 세우십니다.

왜 하나님은 감독자를 세워 교회를 보살피도록 하셨습니까? 바울이 떠난 후에 사나운 이리가 와서 양 떼를 아끼지 않기 때문입니다(29). '이리'는 교회를 해하는 세력입니다. 당시에는 예수님을 믿지 않은 유대인이 이리와 같았습니다. 그들은 이리처럼 목자가 없으면 양을 공격하여 해칩니다. 바울이 교회를 떠나면 교회를 공격할 겁니다. 그들은 교회 밖에서 교회 안으로 들어옵니다. 그러므로 감독자가 교회를 지키고, 양을 돌봐야 합니다.

감독자가 교회를 지켜야 하는 또 다른 이유는 무엇입니까? 교회 안에서도 진리를 왜곡하고 제자들을 유혹하여 자기를 따르게 하는 사람이 나타나기 때문입니다(30). 교회 안에서도 교회를 공격하는 세력이 나타납니다.

그러므로 장로들은 어떻게 해야 합니까? 그들은 일깨어 있어야 합니다(31). '일깨어'는 '정신을 차리고 있다.'라는 뜻입니다. 그들은 바울의 가르침을 기억하면서 정신을 차리고 있어야 합니다. 그러면 교회에 거짓 세력이 들어와도 양 떼를 보호할 수 있습니다.

그러나 본질에서는 무엇을 의지해야 합니까? 32절을 읽읍시다. "지금 내가 여러분을 주와 및 그 은혜의 말씀에 부탁하노니 그 말씀이 여러분을 능히 든든히 세우사 거룩하게 하심을 입은 모든 자 가운데 기업이 있게 하시리라." 바울은 장로를 주님과 그 은혜의 말씀에 맡깁니다. 주님의 말씀은 그들을 튼튼히 세울 수 있고, 그들에게 기업을 차지할 수 있도록 하기 때문입니다.

사도 바울은 에베소를 떠나면서 장로를 후임자로 세웠습니다. 그리고 그들에게 하나님이 피 값으로 사신 교회를 보살피도록 했습니다. 그의 메시지는 교회에서 영적 지도자의 중요성을 강조한 겁니다. 초대교회는 물론이고 오늘 우리의 교회에도 그의 메시지를 적실하게 적용할 수 있습니다.

오늘 우리의 교회에도 영적 지도자는 매우 중요합니다. 초대교회는 물론이고, 오늘의 교회도 이리의 위협을 받고 있습니다. 교회 밖에서는 물론이고 교회 안에서도 교회를 공격합니다. 종교 다원주의나 물질주의는 교회를 심하게 공격합니다. 예수님을 믿는다는 사람조차도 성경을 왜곡하면서 교회를 흔듭니다. 하지만 영적 지도자가 깨어 있으면, 감독자가 주님과 말씀을 의지하면 교회를 보살필 수 있습니다. 지도자가 주님과 말씀 안에 굳게 서면 모든 동역자가 하나로 뭉칠 수 있기 때문입니다.

그러면 바울은 에베소에서 물질을 어떻게 관리했습니까? 그는 그 누구의 금이나 은이나 옷을 탐낸 적이 없습니다(33). 장로들도 알듯이 그는 일정 기간 스스로 돈을 벌었습니다(34). 그는 물질 사용에서 모범을 보였습니다.

그가 모범을 보인 목적은 무엇입니까? 35절을 보십시오. "범사에 여러분에게 모본을 보여준 바와 같이 수고하여 약한 사람들을 돕고 또 주 예수께서 친히 말씀하신 바 주는 것이 받는 것보다 복이 있다 하심을 기억하여야 할지니라." 그가 본을 보인 목적은 장로들이 본을 받도록 함이었습니다. 장로들이 열심히 일해서 약한 사람을 돕도록 하는 데 있습니다.

그것은 예수님의 말씀을 기억하는 일입니다. 예수님은 말씀하셨습니다. "주는 것이 받는 것보다 복이 있다." 바울이 물질생활에서 본을 보인 데는 예수님을 본받았기 때문입니다. 좋은 목자 예수님의 삶이 바울에게 이어졌습니다. 그 바울의 모습이 장로에게 이어지기를 바랍니다. 오늘 우리에게도 이어지기를 바랍니다.

31, 20:17-38 겸손과 눈물

바울은 이 말을 한 후 무릎을 꿇고 모든 사람과 함께 기도했습니다(36). 그들은 바울을 껴안고 작별의 입맞춤하면서 울었습니다(37). 특히 그들은 "다시는 나를 보지 못 하리라."(25)라는 바울의 말을 듣고 슬펐습니다(38). 그들은 바울이 예루살렘으로 가는 길을 순교의 길로 생각했습니다. 그들은 바울을 배 타는 곳까지 배웅했습니다. 그들은 슬픔 중에도 성령님의 뜻을 따르고, 인도하심을 따릅니다.

오늘 말씀이 우리에게 주는 의미는 무엇입니까? 우리도 거리낌 없이 가르쳐야 합니다. 우리도 교회를 보살펴야 합니다. 이런 삶의 뿌리는 겸손과 눈물로 주님을 섬기는 데 있습니다. 겸손과 눈물로 주님을 섬겨서 거리낌 없이 말씀을 가르치고, 교회를 보살피는 삶을 살도록 기도합니다.

32

각오하였노라

본문 사도행전 21:1-16
요절 사도행전 21:13
찬송 461장, 450장

"바울이 대답하되 여러분이 어찌하여 울어 내 마음을 상하게 하느냐 나는 주 예수의 이름을 위하여 결박당할 뿐 아니라 예루살렘에서 죽을 것도 각오하였노라 하니."

'각오한다.'라는 말은 '앞으로 해야 할 일이나 당할 어려움 따위에 대하여 마음의 준비를 단단히 한다.'라는 뜻입니다. 이 말을 사도 바울이 했는데, 왜 그렇게 말했습니까? 그의 말이 오늘 우리에게는 어떤 의미가 있습니까?

사도 바울은 밀레도에서 에베소 장로들을 초청하여 '고별 메시지'를 전했습니다. 바울 일행은 그들과 작별하고 배를 타고 그리스에 있는 고스(Cos)로 갔습니다(1). 이곳에서 '의학의 아버지(the Father of Medicine)' 히포크라테스(Hippocrates, 주전 460~370)가 태어났습니다. 바울 일행은 이튿날 로도에 들렀다가 바다라로 갔습니다(1).

그들은 이어서 베니게로 건너가는 배를 탔습니다(2). 그들은 구브로 섬을 왼쪽에 두고 수리아로 향하여 두로에 배를 댔습니다(3). '두로'는 예수님이 말씀하셨던 그 '두로'(마 11:21)입니다. 이곳은 지중해 연안에 있는 항구도시이며, 이스라엘에서 약 24km 북쪽에 있었습니다. 그 배는 그곳에서 짐을 풀었습니다.

바울 일행은 그곳에서 무엇을 했습니까? 4절을 봅시다. "제자들을 찾아 거기서 이레를 머물더니 그 제자들이 성령의 감동으로 바울더러 예루살렘에 들어가지 말라 하더라." 그들은 그곳에서 제자들을 찾으면서 일주일을 머물렀습니다. 바울은 이곳에서 사역하지 않았습니다. 따라서 여기서 '제자'는 바울이 전도하여 세운 사람이 아닙니다. 그런데도 그는 그들을 만나서 교제하고 격려하고자 합니다. 그는 양 떼를 자기중심으로 보지 않고 예수님 중심으로 봅니다.

그런데 그들은 바울을 만났을 때 무엇을 말합니까? 그들은 성령님의 감동으로 바울에게 "예루살렘에 가지 말라."라고 합니다. 바울이 지금 예루살렘으로 가는 이유는 성령님께서 "가라."라고 하셨기 때문입니다(20:22). 그런데 그 성령님이 이곳 제자들을 통해서 "바울에게 가지 말라."라고 하십니다.

왜 같은 성령님이 다르게 말씀하실까요? 지금 성령님의 마음을 자식을 향한 어머니의 안타까운 마음으로 비유할 수 있을까요? 성령님은 바울이 예루살렘에 가서 겪을 일을 생각하면 예루살렘으로 보내고 싶지 않습니다. 성령님은 당신의 아들딸이 고난을 겪으면 마음이 아프십니다. 성령님은 우리가 울면 함께 우십니다.

하지만 성령님은 더 큰 그림을 보십니다. 바울 사도의 고난을 보면서 동시에 하나님 구속의 경륜을 생각하십니다. 그 렌즈로 보면 바울은 예루살렘으로 올라가야 합니다. 바울은 고난을 감당해야 합니다. 그래서 성령님은 각각 다르게 말씀하십니다.

그런데 여기에 덧붙여 한 가지 이유가 더 있습니다. 성령님은 바울이 고난 앞에서 스스로 준비하기를 바랍니다. 성령님은 바울이 당신의 뜻에 기계적으로 순종하기를 원하지 않습니다. 바울이 자발적이면서 인격적으로 순종하기를 바랍니다. 성령님은 바울이 앞으로 겪을 고난을 알면서도 그 고난을 감당하기를 바랍니다. 그래서 바울에게는 "올라가라."라고 하시고, 다른 제자들을 통해서 "올라가지 말라."라고 하신 겁니다.

바울은 어떻게 했습니까? 5절입니다. "이 여러 날을 지낸 후 우리가 떠나갈새 그들이 다 그 처자와 함께 성문 밖까지 전송하거늘 우리가 바닷가에서 무릎을 꿇어 기도하고." 바울 일행은 일주일 동안 그곳에서 머문 후 떠났습니다. 그곳 제자들은 성령님의 은총이 바울 일행과 함께하도록 전송하면서 기도했습니다. 그들은 서로 작별했고, 배에 올랐습니다(6). 제자들은 집으로 돌아갔습니다. 바울 일행과 제자들은 성령님 안에서 서로의 길을 갔습니다.

바울 일행은 두로를 떠나서 돌레마이에 이르렀습니다(7). 그들은 그곳 형제자매와 인사하고 하루를 머물렀습니다. 이튿날 그곳을 떠나서 가이사랴에 도착했습니다(8). 두로와 돌레마이, 그리고 가이사랴는 지중해 연안에 있는 항구도시입니다. 바울 일행은 북쪽에서 남쪽으로 항해하면서 예루살렘에 점점 가까워지고 있습니다.

그 가이사랴에 누가 있습니까? 8절입니다. "이튿날 떠나 가이사랴에 이르러 일곱 집사 중 하나인 전도자 빌립의 집에 들어가서 머무르니라." '일곱 집사'라는 말은 우리 번역이고, 본래는 '그 일곱 사람 중 한 사람'을 뜻합니다. 예루살렘 교회에서 구제 문제로 헬라 말을 하는 유대인과 히브리 말을 하는 유대인끼리 다툼이 있었습니다. 그때 성령님이 함께하고 지혜가 가득한 사람 일곱을 뽑아서 구제일을 맡겼습니다(6:3). 그 대표적 인물이 스데반과 빌립입니다.

그런데 빌립은 구제 일보다도 전도자로 일했습니다. 그는 사마리아에 전도했고, 에티오피아 고위 관리에게 성경을 가르쳤습니다(8:5, 35). 그 빌립이 지금은 가이사랴에서 삽니다. 바울 일행은 그의 집에 머물렀습니다. 그에게는 결혼하지 않은 딸이 넷이 있었는데, 모두 예언자였습니다(9). 빌립은 전도자요, 성경 교사답게 딸 넷을 모두 성경 교사로 키웠습니다.

바울 일행이 그 집에 여러 날 머물렀는데, 아가보라는 예언자가 유대에서 내려왔습니다(10). 아가보는 지난번 예루살렘에서 안디옥 교회에 와서 "온 세계에 큰 흉년이 든다."라고 했었습니다(11:28). 그런데 그의 말대로 글라우디오 황제 때 흉년이 들었습니다. 그는 성령님한테서 말씀을 받아서 그 말씀을 사람들에게 그대로 선포하는 은사가 있었습니다.

오늘은 그가 바울 앞에서 무엇을 합니까? 11절을 봅시다. "우리에게 와서 바울의 띠를 가져다가 자기 수족을 잡아매고 말하기를 성령이 말씀하시되 예루살렘에서 유대인들이 이같이 이 띠 임자를 결박하여 이방인의 손에 넘겨주리라 하거늘." 그는 바울의 허리띠를 가져다가 자기 손과 발을 묶고서, "예루살렘에서 유대인이 이 허리띠 임자를 묶어서 이방 사람의 손에 넘겨줄 것이다."라고 했습니다. 그 말은 자기 말이 아니라, 성령님이 하신 말씀입니다. 성령님은 아가보를 통해서 바울이 예루살렘에서 겪을 고난을 보여주셨습니다.

그때 사람들은 어떻게 반응했습니까? 그 말을 듣고 그곳 사람과 함께 바울 일행도 바울에게 "예루살렘으로 올라가지 말라."라고 간곡히 만류했습니다(12). 성령님은 또 주위 사람을 통해서 바울에게 고난을 생각나게 하면서 예루살렘에 가는 길을 만류하십니다.

왜 성령님은 또 이렇게 하십니까? 고난은 단순한 이론이 아닌 실제 삶 속에서 만나는 현실이기 때문입니다. 성령님은 지금 바울에게 이렇게 묻고 있습니다. "바울아, 이런 실제적인 고난에도 불구하고 예루살렘으로 정말로 가겠느냐?" 동시에 이렇게 당부하는 겁니다. "바울아, 너는 이런 고난을 겪을 터이니 각오를 단단히 해야 한다." 왜냐하면 바울이 가는 길은 이상만으로 갈 수 없기 때문입니다. 그가 가는 길은 냉정한 현실이기 때문입니다. 따라서 각오 없이 고난의 길을 가다가는 포기할 수 있기 때문입니다.

그런데 어떨 때는 고난을 차라리 모르고 겪을 때가 더 좋을 수 있습니다. 고난을 미리 생각하여 각오하면 좋은 점도 있지만, 오히려 부담감도 큽니다. 고난을 생각하다가 그 길을 걷기도 전에 믿음부터 흔들릴 수 있습니다.

그러나 바울의 대답은 무엇입니까? 13절을 읽읍시다. "바울이 대답하되 여러분이 어찌하여 울어 내 마음을 상하게 하느냐 나는 주 예수의 이름을 위하여 결박당할 뿐 아니라 예루살렘에서 죽을 것도 각오하였노라 하니." 바울은 그들에게 "당신들은 왜 울어서 내 마음을 상하게 하느냐?"라고 대답했습니다. '상하게 한다.'라는 말은 '산산이 깨뜨린다.'라는 뜻입니다. 주위 사람의 애정 어린 눈물의 만류는 바울의 마음을 산산이 깨뜨리고 있습니다. 예루살렘으로 가는 그 마음을 흔들고 있습니다.

그 이유가 무엇입니까? 왜냐하면 바울은 주님 예수님의 이름을 위하여 결박당할 뿐만 아니라, 예루살렘에서 죽을 것까지도 각오하기 때문입니다. 앞에서 아가보는 바울이 예루살렘에서 허리띠로 묶일 것을 보여주었습니다. 하지만 바울은 그 묶임은 물론이고 죽음까지도 각오합니다. '각오한다.'라는 말은 '앞으로 해야 할 일이나 당할 어려움 따위에 대하여 마음의 준비를 단단히 한다.'라는 뜻이라고 했습니다. 그는 마음의 준비를 이미 단단히 했기에 주위 사람이 더는 만류하지 않기를 바랍니다.

그는 누구를 위해서 마음의 준비를 단단히 합니까? 주님 예수님을 위해서입니다. 그는 자기 이름이 아닌, 예수님의 이름을 알리고 높이기 위해서입니다. 그의 삶의 목적은 자기가 아니고 예수님입니다. 그에게 예수님은 '대체할 수 없는 신앙의 대상'입니다. '대체할 수 없는 예수님의 정체성(unsubstitutable identity of Jesus)'이 그의 삶은 물론이고 죽음까지도 지배합니다. 그에게 예수님은 삶은 물론이고 죽음에서도 모든 것이고, 최고입니다. 그래서 그는 고난은 물론이고 죽음까지도 각오합니다. 왜냐하면 그리스도를 최고로 여기는 삶에는 고난이 따르기 때문입니다. 그리스도의 이름을 알리고, 그분을 높이는 삶에는 죽음도 따르기 때문입니다.

그는 로마교회를 향해서 이렇게 말했습니다. "그로 말미암아 우리가 은혜와 사도의 직분을 받아 그의 이름을 위하여 모든 이방인 중에서 믿어 순종하게 하나니"(롬 1:5). 사도 바울은 물론이고 로마교회는 예수님을 통하여 은혜를 입어 사도의 직분을 받았습니다. 그것은 바울 사도는 물론이고 로마교회도 그분의 이름을 위하여 모든 이방 사람이 믿고 순종하게 하려는 겁니다. 그는 물론이고 예수님을 믿는 로마교회의 삶의 가치와 목적이 '나를 위하여'에서 '그리스도를 위하여'로 바뀌었습니다.

당시 세상은 종교적으로 유대교가 지배했습니다. 그들은 여호와 하나님을 믿지만, 나사렛 예수를 그리스도로 믿지 않았습니다. 그래서 나사렛 예수를 그리스도로 믿는 사람을 박해했습니다. 정치적으로는 로마 황제를 최고로 여기고 그의 이름을 높였습니다. 이런 종교적 정치적 상황에서 예수님을 그리스도로 믿는 사람은 고난을 겪을 수밖에 없었습니다. 심하면 죽기도 했습니다.

그런데 현대교회에서는 오히려 반대 현상이 나타나기도 합니다. 현대에서 일어난 가장 중요한 변화 가운데 하나는 개인주의입니다. 현대인은 자기를 추구하고 자기만족을 중요하게 여깁니다. 교회조차도 이런 현대 사회에 적응하려고 개인 문제를 해결하고, 이 땅에서 잘 사는 쪽으로만 메시지를 전했습니다. 교인이 그런 메시지를 좋아하기에 점점 설교가 그런 쪽으로 흘렀습니다. 고난의 메시지, 십자가의 메시지는 상대적으로 약해졌습니다. 오늘의 성도에게 고난은 먼 옛날 '신화'처럼 들립니다. 오히려 고난을 겪으면 이상하게 여길 정도입니다. 오늘의 교회는 '주님 예수님을 위하여' 살기보다는 '나를 위하여'를 사는 분위기입니다.

하지만 교회는 본래 성경을 연구하여 하나님의 대안적 음성을 듣고 그 메시지를 전해야 합니다. 성경에서 가르치는 하나님의 대안적 음성은 '나를 위하여'가 아닌 '예수님의 이름을 위하여' 살도록 하는 겁니다. 그리고 그런 대안적 음성에 순종하여 살면 고난도 겪고, 죽기도 한다는 겁니다. 물론 기쁨과 행복, 그리고 영생도 있습니다.

그런데도 우리는 현실에서 우선 고난보다는 영광을, 아픔보다는 웃음을 바랍니다. 어렵고 힘든 길보다는 쉽고 편한 길을 우선 원합니다. 하지만 일반적인 삶도 웃음보다는 아픔이 더 많고, 쉽고 편한 일보다는 힘들고 어려운 일이 더 많습니다. 아픔과 어려움을 피하지 못합니다. 하물며 믿음의 길은 어떠하겠습니까? 성경에 등장하는 그 누구도 만사가 형통하지는 않았습니다. 나름 크고 작은 아픔을 겪었습니까? 우리가 "예수님을 믿는다."라는 말은 "고난에 참여한다."라는 뜻입니다. 삶의 현장에서 우리는 크고 작은 아픔을 겪기 때문입니다. 물론 그 아픔은 사람마다 다릅니다.

그 다름 가운데 공통점은 무엇일까요? 물질의 어려움을 겪는 일입니다. 예수님을 위하여 살면 이 세상에서 물질의 어려움을 겪지 않아야 할 것처럼 보이는데, 현실에서는 그렇지 않습니다. 예수님을 위해서 살면 현실의 어려움을 겪지 않아야 할 것처럼 생각하는데, 실제로는 그렇지 않습니다. 그래서 마음이 답답할 때가 있고, 믿음의 길이 흔들릴 때가 있습니다.

하지만 그렇다고 해서 물질의 어려움이나 현실 문제를 영원히 안고 살지는 않습니다. 우리의 삶이 고난의 연속은 아닙니다. 때가 오면 문제를 해결하고, 고난 대신 영광을 체험합니다. 우리의 삶을 돌아보면 이런 체험이 있었습니다. 그래서 여기까지 왔습니다. 우리는 그 주님의 사랑과 은총을 기억해야 합니다. 그러면 '대체할 수 없는 예수님'을 삶과 죽음의 가치보다 더 높게 여길 수 있습니다. '나를 위하여' 사는 세상에서 우리는 '주님을 위하여' '마음을 단단히 하며' 믿음의 길을 힘차게 갈 수 있습니다. 주님께서 우리를 통해서 캠퍼스와 이웃 가운데 생명의 열매를 맺으실 겁니다.

바울 삶의 자세가 동역자들에게 끼친 영향이 어떠했습니까? 그들은 바울이 자기의 설득을 받아들이지 않자 "주님의 뜻이 이루어지기를 바랍니다."라며 더는 말하지 않습니다(14).

이런 모습은 겟세마네 동산에서 기도하신 예수님을 생각나게 합니다. 예수님은 십자가 앞에서 "아버지여 만일 아버지의 뜻이거든 이 잔을 내게서 옮기시옵소서."라고 기도하셨습니다(눅 22:42). 하지만 예수님은 "내 원대로 마시옵고 아버지의 원대로 되기를 원하나이다."라고 기도하셨습니다. 예수님은 하나님의 뜻을 영접하신 후에는 그 뜻에 조용히 순종하셨습니다. 바울의 동역자들도 처음에는 바울을 만류했지만, 주님의 뜻을 알고는 그 뜻에 조용히 순종합니다. 그 점에서 빌립의 집이 바울에게는 겟세마네 동산과 같습니다.

그곳에서 바울 일행은 며칠을 보내고 예루살렘으로 올라갔습니다(15). 가이사랴에 있는 몇 제자도 함께 갔습니다(16). 그들은 오래전에 제자가 된 나손의 집으로 바울 일행을 안내했습니다. 바울 일행은 그 집에서 묵었습니다.

성경은 지금까지 바울 사도가 예루살렘 이른 길을 자세히 말합니다. 그러면서 그 가는 길에서 여러 사람을 통해서 고난을 말합니다.

그리고 "가지 말라."라고 말합니다. 하지만 바울 사도는 예루살렘으로 가는 길에 고난과 죽음을 알면서도 각오합니다. 그는 앞으로 해야 할 일이나 당할 어려움 따위에 대하여 마음의 준비를 단단히 합니다. 왜냐하면 고난과 죽음은 이론이 아닌 현실로 다가오기 때문입니다. 마음의 준비를 단단히 하면 흔들리지 않고 끝까지 갈 수 있기 때문입니다.

오늘 우리에게도 각오가 필요합니까? 우리는 사도 바울이 겪었던 그런 종류의 고난이나 죽음을 문자적으로 겪지는 않습니다. 하지만 상대적 체감 온도는 비슷합니다. 우리에게 필요한 점도 각오입니다. 우리도 삶의 현장에서 만나는 크고 작은 어려움 앞에서 '나를 위하여'가 아닌 '주님을 위하여' 각오하기를 기도합니다.

33

이방인에게로 보내리라

본문 사도행전 21:17-22:30
요절 사도행전 22:21
찬송 336장, 338장

"나더러 또 이르시되 떠나가라 내가 너를 멀리 이방인에게로 보내리라 하셨느니라."

이 세상에는 정말로 많은 사람이 있습니다. 숫자도 많지만, 그 종류도 다양합니다. 그런데 하나님은 그 많은 사람 중에서 우리를 죄에서 구원하셨습니다. 우리는 어떻게 구원받았습니까? 우리를 구원하신 목적은 무엇입니까?

사도 바울 일행이 예루살렘에 도착했을 때, 그곳 형제자매들이 그들을 반갑게 맞았습니다(17). 그 이튿날 바울 일행은 예루살렘 교회의 책임자인 야보고한테 갔는데, 장로들도 함께 있었습니다(18). 바울은 그들에게 인사하고, 하나님께서 이방 사람 가운데 하셨던 사역을 낱낱이 보고했습니다(19).

교회 지도자들의 반응은 어떠했습니까? 그들은 하나님께 영광을 돌렸습니다(20). 그들은 하나님께서 바울을 쓰셔서 이방 사람 가운데 생명 사역을 이룬 줄 믿었습니다.

하지만 유대 사람 가운데 믿는 사람이 수만 명이나 있는데, 그들은 율법에 열심 있는 사람입니다. 그들은 예수님을 믿지 않은 유대인이 아니라, 예수님을 믿는 유대인입니다. 그들은 "예수님을 믿어도 율법을 지켜야 한다."라고 주장합니다. 그들은 구원 문제 앞에서 믿음보다 할례를 더 중요하게 여기는 지점으로 떨어집니다. 이것이 그들의 문제였습니다.

그때 교회 지도자들은 바울에 대하여 무슨 소문을 들었습니까? 21:21을 보십시오. "네가 이방에 있는 모든 유대인을 가르치되 모세를 배반하고 아들들에게 할례를 행하지 말고 또 관습을 지키지 말라 한다 함을 그들이 들었도다." 유대인은 "바울이 이방 사람 가운데 사는 유대인에게 모세를 배반하여 할례도 하지 말고 관습도 지키지 말라고 가르친다."라고 여겼습니다. 유대인은 바울이 정통에서 벗어났다는 겁니다. 교회 지도자들은 예수님을 믿는 유대인이 바울을 크게 오해하고 있다는 소문을 들었습니다. 지도자들은 그 소문을 심각하게 여깁니다(22).

그때 지도자들은 바울에게 무엇을 제안했습니까? 예루살렘 교회에 서원한 네 사람이 있습니다(23). 바울이 그들을 성전으로 데리고 가서 정결 예식을 함께 하고, 그들이 머리를 깎는 비용을 대신 지급하도록 제안합니다(24). 서원 의식을 마치려면 예물을 드려야 했는데, 가난한 사람은 예물을 드리지 못해서 서원 의식을 완성하지 못했습니다. 그때 다른 사람이 비용을 대신 지급할 수 있는데, 그 일을 극히 경건한 행위로 여겼습니다. 지도자들은 바울이 그 비용을 대신 내면, 유대인이 바울에 대한 오해를 풀 것으로 기대합니다.

지도자들이 이런 제안을 한 데는 바울의 사역에 문제가 없음을 알기 때문입니다. 그들은 주님을 믿는 이방 신자에게 우상의 제물과 피와 목메어 죽인 것과 음행을 피하도록 편지했습니다(25). 이방 신자는 그것을 기쁨으로 받았습니다. 지도자들은 이방 신자의 믿음에 아무 문제가 없음을 압니다. 지도자들은 다만 강성파의 오해를 풀려고 바울에게 협조를 구한 겁니다.

바울은 무엇을 했습니까? 바울은 다음날 그 네 사람과 함께 성전에서 정결 예식을 하고, 예식이 끝나는 날 신고했습니다(26). 바울은 교회 지도자들의 제안을 부담 없이 받아들였습니다. 왜냐하면 정결 예식이 예수님을 믿고 구원받는 원리, 즉 구원의 본질과는 상관이 없기 때문입니다. 그는 예수님을 믿고 구원받는 일과는 상관없는 비본질 문제 앞에서는 포용적입니다. 그는 오해를 풀고 사람을 얻고자 하기 때문입니다.

그런 그는 고린도 교회를 향해서도 이렇게 증언했습니다. "나는 유대인에게는 유대인같이 되었습니다. 왜냐하면 유대인을 얻고자 했기 때문입니다. 나는 율법 아래 있지 않으면서도 율법 아래 있는 사람에게는 율법 아래 있는 사람같이 되었습니다. 왜냐하면 율법 아래에 있는 사람을 얻고자 했기 때문입니다. 나는 율법 없이 사는 사람이 아니라 율법 안에서 사는 사람이지만, 율법 없이 사는 사람에게는 율법 없이 사는 사람같이 되었습니다. 왜냐하면 율법 없이 사는 사람을 얻고자 했기 때문입니다(고전 9:20-21).

그러나 유대인은 바울을 어떻게 대합니까? 아시아에서 온 유대 사람은 성전에서 바울을 보고 군중을 충동하여 바울을 붙잡았습니다(27). 바울이 정결 예식을 하면 유대인이 오해를 풀 줄 알았던 지도자들의 예상은 빗나갔습니다.

유대인은 바울을 어떻게 오해했습니까? 28절을 봅시다. "외치되 이스라엘 사람들아 도우라 이 사람은 각처에서 우리 백성과 율법과 이곳을 비방하여 모든 사람을 가르치는 그 자인데 또 헬라인을 데리고 성전에 들어가서 이 거룩한 곳을 더럽혔다 하니." 그들은 "바울이 민족과 율법, 그리고 성전을 거슬러서 가르친다."라고 오해했습니다. 그들은 바울이 "반유대적이고, 반율법적이고, 반성전적으로 가르쳤다."라고 비방합니다. 그들은 바울이 이방 사람을 성전 안으로 데리고 와서 거룩한 성전을 더럽혔다는 겁니다. 그들은 에베소 사람이 바울과 함께 성내에 있는 것을 전에 보았는데, 바울이 그를 성전에 데려왔다고 생각했기 때문입니다(29).

이스라엘은 성전의 거룩함을 지키기 위해서 장소를 구분했습니다. 가장 거룩한 장소인 '지성소', 그다음인 '성소', 그다음인 '제사장의 뜰', 그리고 '남성의 뜰'과 '여인의 뜰', 마지막으로 '이방인의 뜰'로 구분했습니다. 각각의 장소에는 그곳에 들어갈 자격이 있는 사람만

들어갈 수 있었습니다. 그런데 유대인은 바울이 이방 사람을 이방 사람이 들어갈 수 없는 성전 안으로 데리고 왔다는 겁니다. 그래서 거룩한 성전을 더럽혔다는 겁니다. 그들은 바울을 반율법적이고 반성전적인 사람으로 몰았습니다.

그러자 온 도시는 시끄러워지고 사람들이 몰려와 바울을 붙잡아 성전 바깥으로 끌어냈습니다(30). 성전 문이 곧 닫혔습니다. '성전 문이 닫혔다.'라는 말에는 상징적 의미가 있습니다. 성전의 기능이 닫혔다는 겁니다. 성전은 하나님을 예배하고, 그분의 말씀을 듣고, 사람을 살리는 곳입니다. 그런데 그 성전에서 사람을 붙잡아서 죽이려고 합니다. 그런 성전의 문은 닫힐 수밖에 없습니다.

그런데 유대인이 바울을 죽이려는 소식이 로마 군대의 천부장에게 올라갔습니다(31). 그는 예루살렘 치안을 맡고 있습니다. 그가 현장으로 달려가니 사람들이 바울 때리는 일을 멈췄습니다(32). 천부장은 바울을 정식으로 심문합니다(33). 하지만 흥분한 군중의 목소리에 사실관계를 따질 수 없어서 영내로 끌고 갔습니다(34). 군중은 바울을 "없애 버려라!"라며 소리치며 따랐습니다(35-36).

바울은 영내로 들어가자 천부장에게 헬라 말로 대화합니다(37). 천부장은 그가 헬라 말을 하자 놀라면서, "얼마 전에 폭동을 일으켰던 그 애굽인이냐?"라고 묻습니다(38). 바울은 자기는 유대인이고, 길리기아 다소 출신임을 밝혔습니다(39). 그리고 유대 백성에게 말하도록 허락을 구했습니다. 바울은 유대인을 향해 히브리 말로 합니다(40). 바울은 천부장에게는 헬라 말로 하고, 유대인에게는 히브리 말로 합니다.

그는 유대인에게 무엇을 말합니까? 그는 히브리 말로 자기를 변명합니다(22:1). 유대인은 바울을 '반유대인'으로 몰았는데, 그가 히브리 말을 하니 조용했습니다(2).

그는 과거에 어떤 사람이었습니까? 3절을 보십시오. "나는 유대인으로 길리기아 다소에서 났고 이 성에서 자라 가말리엘의 문하에서 우리 조상들의 율법의 엄한 교훈을 받았고 오늘 너희 모든 사람처럼 하나님께 대하여 열심이 있는 자라." 바울은 자기가 유대인이라는 사실을 가장 먼저 말합니다. 그는 태어나기는 헬라 지역이었던 다소에서 태어났지만, 유대인의 중심지 예루살렘에서 자랐습니다.

특히 그는 가말리엘의 문하에서 조상의 율법대로 엄격하게 교육받았습니다. 율법을 연구하는 학파 중에 '샴마이(Shammai)' 학파와 '힐렐(Hillel)' 학파가 있었습니다. 힐렐 학파는 성경해석과 적용에서 샴마이 학파보다 덜 엄격했습니다. 그런데도 경건을 철저하게 실천했습니다. 바울은 힐렐 학파를 이끌었던 가말리엘의 제자였습니다. 가말리엘은 힐렐의 손자였는데, 당대 최고의 율법 학자였습니다. 유대인은 바울이 율법을 무시한다고 했지만, 그는 정통파 율법 교사한테서 배운 정통파 학생입니다. 그런 그는 하나님을 위한 뜨거운 열심을 가지고 살았습니다.

그 열심이 어느 정도였습니까? 그는 예수님을 그리스도로 믿는 그 가르침을 박해하여, 그런 사람을 죽이기도 하고, 남녀를 결박하여 감옥에 넘기기도 했습니다(4). 대제사장과 장로가 그 말이 사실임을 증언할 수 있습니다(5). 왜냐하면 그는 대제사장과 장로한테서 공문을 받아서 다메섹에 있는 형제자매를 예루살렘으로 끌어다가 처벌하려고 가고 있었기 때문입니다.

그런데 정오쯤 그가 다메섹에 이르렀을 때, 갑자기 하늘로부터 밝은 빛이 그를 둘러 비췄습니다(6). 그는 땅에 엎어졌는데, "사울아, 사울아, 어찌하여 나를 박해하느냐?"라는 소리를 들었습니다(7). 그는 "주님, 누구십니까?"하고 물었고, 그분은 "나는 네가 박해하는 나사렛 예수이다."라고 하셨습니다(8). 하지만 바울과 함께 있는 사람은 그 빛은 보았으나, 말씀하시는 분의 음성은 듣지 못했습니다(9).

그때 바울이 주님께 묻습니다(10). "주님, 무엇을 해야 합니까?" 주님은 그에게 "일어나, 다메섹으로 들어가라. 네가 할 일을 알려줄 사람이 있다." 바울은 그 빛의 광채로 볼 수 없어서 그와 함께 있는 사람의 손에 끌려 다메섹으로 갔습니다(11).

그곳에서 누가 바울에게 왔습니까? 아나니아라는 사람이 있었는데, 그는 율법을 따라 경건하게 살고 유대인에게 칭찬받았습니다(12). 그가 바울 곁에 서서 "형제 사울아, 다시 보라!"라고 했습니다

(13). 바울은 그를 즉시 보았습니다.

아나니아는 또 사울에게 무엇을 말했습니까? 14절을 보십시오. "그가 또 이르되 우리 조상들의 하나님이 너를 택하여 너로 하여금 자기 뜻을 알게 하시며 그 의인을 보게 하시고 그 입에서 나오는 음성을 듣게 하셨으니." 조상들의 하나님이 바울을 택하셨습니다. 하나님은 바울이 당신의 뜻을 '알기' 바라셨습니다. 하나님은 바울이 '그 의인', 즉 예수님을 '보기' 바라셨습니다. 하나님은 바울이 그분 입에서 나오는 그 음성 '듣기' 바라셨습니다.

하나님께서 바울을 택하신 목적은 무엇입니까? 15절입니다. "네가 그를 위하여 모든 사람 앞에서 네가 보고 들은 것에 증인이 되리라." 하나님께서 바울을 택하신 목적은 바울이 그분을 위하여 그가 보고 들은 것을 모든 사람에게 증언하도록 하는 데 있었습니다. 그러므로 바울은 주저할 까닭이 없었습니다(16). 예수님을 그리스도로 믿고 세례받고 죄를 씻었습니다. 그는 율법의 철저한 교육에 따라 경건하고 엄격하게 살았습니다. 하지만 율법으로는 구원받지 못합니다. 그는 예수님을 믿고 죄 씻음을 받았습니다.

그 후에 바울이 예루살렘으로 돌아와 성전에서 기도할 때 놀라운 일이 일어났습니다(17). 주님께서 "속히 예루살렘에서 나가라. 그들은 내게 대한 너의 증언을 듣지 않는다."라고 하셨습니다(18). 이제 주님은 그에게 직접 말씀하십니다. 바울도 주님께 직접 말했습니다(19-20). "주님, 그들은 제가 여러 회당에서 주님을 믿는 사람을 잡아 감옥에 가두고 때린 일을 알고 있습니다. 또 주님의 증인 스데반이 피를 흘릴 때 제가 곁에서 찬성하고 죽인 사람의 옷을 지킨 줄도 압니다." 유대인은 바울의 과거를 잘 알아서 다른 곳으로 갈 수가 없었습니다.

그러나 주님은 무엇을 말씀하셨습니까? 21절을 읽읍시다. "나더러 또 이르시되 떠나가라 내가 너를 멀리 이방인에게로 보내리라 하셨느니라." 주님은 바울을 예루살렘에서 이방인에게로 멀리 보내십니다. 주님께서 바울을 구원하시고 택하신 목적은 유대인의 증인으로 살도록 하심이 아니었습니다. 이방인의 증인으로 삼고자 하심이었습니다. 그리고 바울은 그 주님의 목적대로 그동안 이방인의 증인으로 살았습니다. 그는 마침내 오늘에 이르렀습니다.

그의 '인생 소감'은 여기까지입니다. 그는 '인생 소감'에서 두 가지를 분명하게 말했습니다. '나는 어떻게 구원받았는가?' '내가 구원받은 목적은 무엇인가?'

바울이 유대인에게 인생 소감을 밝힌 목적은 무엇입니까? 첫째는, 유대인의 오해를 풀려는 겁니다. 그들은 바울을 '반유대적'이고, '반율법적'이고, '반성전적'인 인물로 찍었습니다. 하지만 바울은 '나는 어떻게 구원받았는가?' '내가 구원받은 목적은 무엇인가?'라는 '인생 소감'을 통해서 그들의 주장을 반박했습니다. 그러나 바울이 '인생 소감'을 발표한 데는 더 큰 뜻이 있습니다.

둘째로, "유대인도 이방인처럼 오직 예수님을 믿음으로만 구원받았다."라는 사실을 깨닫기를 바랍니다. 바울은 정통파 유대인이었고, 율법의 대가였는데도 그것으로 구원받지 못했습니다. 예수님을 믿음으로 죄를 씻었습니다. 지금 바울을 죽이려는 유대인도 율법이 아닌 예수님을 믿음으로 구원받았습니다. 지금 유대인이 영접하지 못하는 이방인도 예수님을 믿음으로 구원받았습니다.

그런데 유대인은 할례도 해야 구원을 완성한다고 강조합니다. 그러면 예수님의 십자가와 부활을 믿는 믿음은 약해집니다. 그 점을 바울은 지적합니다. 바울이 그랬던 것처럼, 유대인이 그랬던 것처럼 이방인도 오직 예수님을 믿음으로만 구원받았습니다. 바울은 자기의 삶을 통해서 누구든지 오직 예수님을 믿음으로만 구원받음을 증언합니다. 그리고 거기에는 그 어떤 것도 들어올 수 없음을 천명합니다.

오늘 우리도 예수님을 믿음으로만 구원받았습니다. 예수님은 어제나 오늘이나, 유대인에게나 이방인에게나, 그리고 오늘 우리에게도 '대체할 수 없는 유일한 신앙의 대상'입니다. 따라서 예수님을 믿으면 피부색이 어떠하든지, 문화와 관습이 어떠하든지 다 한 형제자매입니다. 서로 영접할 수 있습니다.

셋째로, "구원받은 사람에게는 구원받은 목적이 있다."라는 사실을 깨닫기를 바랍니다. 하나님께서 바울을 구원하신 목적은 이방 사람의 증인으로 살도록 하는 데 있었습니다. 하나님께서 유대인을 다른 민족보다 먼저 구원하셨습니다. 그들을 구원하신 목적은 다른 민족에게 예수님을 증언하도록 하는 데 있습니다. 바울은 유대인이 이 목적을 깨닫기를 바랍니다. 유대인은 이방 사람을 나와 다르다고 해서 거부하지 않아야 합니다. 오히려 그들을 전도의 대상, 증인의 대상, 즉 양 떼로 삼아야 합니다. 그것이 하나님께서 유대인을 먼저 구원하신 목적이고, 그 많고 많은 민족 중에서 그들을 먼저 선택하신 목적입니다.

하나님께서 그 많고 많은 사람 중에서 우리를 먼저 구원하셨습니다. 그 목적은 그 많고 많은 사람에게 예수님을 증언하도록 하는 데 있습니다. 하나님은 우리로 하나님을 뜻을 알게 하시며, 예수님을 보게 하시고, 그분의 입에서 나오는 음성을 듣고 증언하도록 하십니다.

그러므로 여기서 볼 때, '나는 어떻게 구원받았는가?' '내가 구원받은 목적은 무엇인가?'라는 주제는 언제나 함께하는 한 세트입니다. 이 둘을 따로 구분할 수 없습니다. 내가 예수님께 구원받은 줄 믿는다면, 예수님께서 나를 증인으로 세우셨음 또한 믿어야 합니다. 예수님은 오늘 나를 구원하셨고, 오늘 나를 캠퍼스 학우와 이웃의 증인으로 세우셨습니다. 우리가 이 사실을 알면 나와 삶의 모습이 다를지라도 품을 수 있습니다.

만일 유대인이 '나는 어떻게 구원받았는가?' '내가 구원받은 목적은 무엇인가?'에 관해 알았다면, 그들은 이방인을 영접할 수 있습니다. 바울을 영접할 수 있습니다. 이방인 가운데 일하신 하나님을 영접할 수 있습니다.

그러나 유대인은 바울을 어떻게 대했습니까? 그들은 바울의 말을 여기까지 듣다가 소리 질렀습니다(22). "세상에서 없애 버리자!" 유대인의 심기를 가장 불편하게 한 것은 주님이 바울을 이방인에게로 보냈다는 데 있습니다. 그들은 떠들며 옷을 벗어 던지고 티끌을 공중에 날립니다(23). 그러자 천부장이 부하들에게 바울을 병영 안으로 데려가 때리면서 조사하도록 했습니다(24).

그때 바울은 무엇을 밝힙니까? 바울은 자기를 로마 시민이라고 신분을 밝힙니다(25). 만일 그가 신분을 미리 밝혔다면 유대인에게 변명할 기회를 얻지 못했을 겁니다. 그는 유대인에게 변호하려고 신분 밝히는 일은 보류했습니다. 하지만 이제는 로마 시민으로서 정당하게 대우받고자 합니다. 천부장은 그 소식을 듣고 놀라서 바울에게 확인합니다(26-27). 천부장은 돈을 많이 들여 시민권을 얻었습니다(28). 그러나 바울은 태어나면서부터 로마 시민이었습니다. 바울의 것과 천부장의 것은 그 질이 다릅니다.

그때 바울을 심문하려던 사람이 즉시 물러났습니다(29). 천부장도 바울을 두려워했습니다. 이튿날 천부장은 유대인들이 무슨 일로 바울을 고소하는지 알아보려 했습니다(30). 천부장은 바울을 묶은 사슬을 풀어주고 공의회 앞에 세웠습니다. 바울은 로마 사람으로 공식 재판 앞에 섰습니다.

사도 바울은 예수님을 믿음으로 구원받았습니다. 그가 구원받은 목적은 이방인에게 예수님을 증언하는 데 있습니다. 우리는 어떻게 구원받았습니까? 우리가 구원받은 목적은 무엇입니까?

34
로마에서도 증언하여야 하리라

본문 사도행전 23:1-35
요절 사도행전 23:11
찬송 502장, 508장

"그날 밤에 주께서 바울 곁에 서서 이르시되 담대하라 네가 예루살렘에서 나의 일을 증언한 것 같이 로마에서도 증언하여야 하리라 하시니라."

우리가 어려서 자전거 타는 법을 배웠을 때를 기억합니다. 처음에는 넘어지는 것이 두려워서 잘 배우지 못합니다. 하지만 뒤에서 잡아주는 누군가가 있으면 금방 배웁니다. 든든한 누군가와 함께하면 두려움을 이기고 신나게 달립니다. 이런 모습을 오늘 주님과 바울 사이에서 볼 수 있습니다. 두 분 사이에 무슨 일이 있었습니까?

바울은 심문받으려고 공회로 왔습니다(1). '공회'는 '산헤드린(Sanhedrin)'이라고 하는데, 유대인의 법적, 종교적인 일을 논의하기 위해 모이는 최고 기구입니다. 의장은 대제사장이고, 그 구성원은 제사장, 장로, 서기관 등이었습니다. 예수님은 물론이고(마 26:59), 베드로와 요한(행 4:15), 그리고 스데반(행 6:12)도 공회에서 심문받았습니다. 바울은 심문을 시작할 때 공회원을 바라보면서 말했습니다. "나는 오늘까지 범사에 양심을 따라 하나님을 섬겼다." 그는 예수님의 증인으로서 하나님 앞에서 한 점 부끄러움 없이 살았습니다.

하지만 이 말을 듣고, 대제사장은 곁에 있는 사람에게 “바울의 입을 치라.”라고 명령했습니다(2). 왜냐하면 그가 볼 때 바울은 입으로 죄를 짓기 때문입니다. 그러자 바울은 “회칠한 담이여, 하나님이 당신을 치실 것이다.”라고 반응했습니다(3). ‘회칠한 담’은 겉과 속이 다른 모습입니다. 바울이 볼 때 대제사장은 겉과 속이 다릅니다. 왜냐하면 율법대로 심판한다고 앉아서 율법을 어기고 바울을 때리라고 했기 때문입니다.

그때 곁에 있는 사람이 바울에게 “그대는 대제사장을 모욕하는가?”라고 말합니다(4). 바울은 대제사장인 줄 몰랐습니다(5). 성경은 백성의 지도자를 욕하지 말라고 했습니다(출 22:28). 바울도 이 말씀을 알기에 그가 대제사장인 줄 알았다면 비방하지 않았을 겁니다.

그런데 바울은 무엇을 했습니까? 그는 공회에 일부는 사두개인이고, 일부는 바리새인인 줄 알았습니다(6). 그는 이 점을 이용하여 “나는 바리새인이요 또 바리새인의 아들이다.”라고 호소합니다. 유대인이 바울을 ‘반유대인’으로 몰기에 그는 정통 바리새인임을 강조합니다. 그는 계속해서 “나는 죽은 자의 소망 곧 부활로 말미암아 내가 심문받노라.”라고 합니다. ‘죽은 자의 소망, 즉 부활’은 당시 유대인 신앙의 핵심이었습니다. 물론 그리스도인의 그것과는 차이가 있었습니다. 그리스도인은 예수님의 부활을 모든 부활의 역사적 근거로 믿었습니다. 하지만 유대인은 그들이 전통적으로 믿는 부활 신앙이 예수님의 부활을 통해서 완성되었다고는 아직 영접하지 못했습니다. 그렇지만 그들은 부활을 믿었고, 바울도 그들의 정통 신앙과 다르지 않음을 강조합니다.

그러자 바리새파와 사두개파 사이에 다툼이 일었고, 서로 갈라졌습니다(7). 그들은 서로 다른 신학 사상으로 함께하지 못했습니다.

그들의 신학은 서로 어떻게 다릅니까? 사두개인의 기원은 다윗 시대 때 대제사장 사독입니다(삼하 8:17). 그들은 모세 오경만 인정하고, 죽은 자의 부활, 천사, 그리고 영적 세계도 부인했습니다(8). 그들은 현세 지향적, 친 로마적, 체제 유지적인 귀족 집단이었습니다. 반면 바리새인은 모세 오경 외에도 각종 전통을 믿었습니다. 죽은 자의 부활, 천사, 그리고 영적 세계도 믿었습니다. 그들은 로마에 대항했고, 민중 중심의 지도자였습니다.

그 바리새인이 바울을 어떻게 두둔했습니까? 몇 사람이 일어나서 크게 말했습니다(9). "우리가 바울을 보니 악한 것이 없다. 혹 영이나 천사가 그에게 말했으면 어찌하겠는가?" 바리새인은 영적 존재를 들고나오며 바울을 두둔했습니다. 사두개인도 물러서지 않았고, 두 세력 간에 싸움은 커졌습니다(10). 천부장은 바울의 신변을 보호하기 위해 영내로 들어가도록 했습니다.

그날 밤 바울에게 무슨 일이 있었습니까? 11절을 읽읍시다. "그날 밤에 주께서 바울 곁에 서서 이르시되 담대하라 네가 예루살렘에서 나의 일을 증언한 것 같이 로마에서도 증언하여야 하리라 하시니라." 그날 밤 주님이 바울에게 오셨습니다. 주님이 바울과 함께하셨습니다. 그리고 말씀하셨습니다.

"담대하라!" 이 말은 '용기를 가지라.' '마음을 다시 먹어라.'라는 뜻입니다. 이 말은 '두려움'을 전제합니다. 바울은 지금 두렵습니다. 그는 심문받기 때문입니다. 그는 죽음에 대한 두려움이 있습니다. 예수님의 증인으로서 역동적으로 일할 수 없음에 대한 두려움도 있습니다. 그런 그에게 주님은 "담대하라!"라고 하십니다.

왜 바울은 담대해야 합니까? 바울은 지금 예루살렘에서 예수님에 관하여 증언했습니다. 예수님을 믿는 유대인과 믿지 않은 유대인, 그리고 로마 군대의 천부장 등에 증언했습니다. 그는 예루살렘에서처럼 로마에서도 증언해야 합니다. 증언하려면 담대해야 합니다.

왜 로마에서도 증언해야 합니까? 당시 로마는 단순히 세계의 수도가 아니었습니다. 로마는 물리적 지리를 넘어섰습니다. 로마는 땅끝을 상징합니다. 예루살렘에서만 예수님을 증언해서는 안 되고 로마까지, 즉 땅끝까지 증언해야 합니다. 이것은 사도행전을 시작했을 때 제자들에게 두신 성령님의 뜻이었습니다(1:8). 주님께서 바울을 죄로부터 구원하셨을 때 그 목적을 이렇게 말씀하셨습니다. "이 사람은 내 이름을 이방인과 임금들과 이스라엘 자손들에게 전하기 위하여 택한 나의 그릇이라"(9:15).

그러면 어떻게 바울은 로마에서도 예수님을 증언할 수 있습니까? 주님께서 그와 함께하시기 때문입니다. 바울이 위험에 처할 때마다, 그가 용기를 잃을 때마다 주님이 그와 함께하십니다. 주님이 그를 위로하고 격려하고 인도하십니다. 증인의 삶은 바울이 살아가는 것이지만, 실은 증인으로 살도록 하는 분은 주님이십니다. 바울의 노력만으로 증인으로 살 수 없습니다. 로마까지 갈 수 없습니다.

왜냐하면 그 길에는 크고 작은 어려움이 있기 때문입니다. 유혹도 있고, 고난도 있기 때문입니다. 그래서 자주 두려움에 빠질 수밖에 없습니다. 하지만 주님이 함께하며 인도하심으로 증인으로 살 수 있습니다. 로마까지 갈 수 있습니다.

이 주님은 일찍이 하나님 나라로 올라가실 때 제자들에게 말씀하셨습니다. “너희는 모든 민족을 제자로 삼아라... 내가 세상 끝날까지 너희와 항상 함께 있으리라”(마 28:19, 20). 당시 제자들은 몹시 어렸고, 약했습니다. 그런데도 예수님은 큰 사명을 주셨습니다. 왜냐하면 주님이 그들과 세상 끝날까지 항상 함께하시기 때문입니다. 그러니까 그들이 홀로 사명을 감당하지 않습니다. 주님이 뒤에서 항상 받쳐주십니다. 그들은 주님과 함께 사명을 감당합니다.

이 말씀이 당시 초대교회에 주는 의미는 무엇이었을까요? 그들은 예수님의 증인으로서 현실에서 겪는 두려움이 컸습니다. 로마라는 거대한 정치적 세력은 물론이고 유대교라는 종교적 도전도 만만하지 않았습니다. 그들은 세상에서 품위 유지를 하며 사는 일은 물론이고, 먹고 사는 문제로 고민해야 했습니다.

이런 모습은 그들 조상이 바벨론 포로로 끌려갔을 때를 닮았습니다. 이탈리아 작곡가 주세페 베르디(Giuseppe Fortunino Francesco Verdi, 1813~1901)의 오페라 〈나부코(Nabucco)〉가 있습니다. ‘나부코’는 유대인을 강제로 바벨론으로 끌고 갔던 느부갓네살의 이름을 이탈리아식으로 줄여 부른 말입니다. 〈나부코〉 제3막에 “히브리 노예들의 합창”이 있습니다. 바벨론으로 끌려온 유대인이 요단강 넘어 고향 땅 예루살렘을 그리워하며 이렇게 부릅니다. “가라, 내 마음이여, 금빛 날개를 타고… 훈훈하고 다정한 바람과 향기로운 나의 옛

고향. 요단강의 푸르른 언덕과 시온성이 우리를 반겨주네. 오, 빼앗긴 위대한 내 조국, 오, 가슴 속에 사무치네… 주께서 우리를 사랑하여 굳건한 용기를 주시리라.”

바벨론 포로에서 살았던 조상이나, 로마 제국에서 노예처럼 사는 지금의 크리스천이나 연약한 존재입니다. 그런데 바벨론 포로 때 함께하셨던 그 주님께서 로마 제국에서 노예처럼 사는 그 백성과도 함께합니다. 그러므로 그들은 두려움을 이길 수 있습니다. 믿음의 길, 증인의 길을 갈 수 있습니다.

오늘 우리는 어떠합니까? 우리는 성경의 인물처럼 목숨을 잃을 만큼 위협적인 환경에서 살지 않습니다. 하지만 우리는 정치적 종교적 직접적인 박해가 아닌 사상의 도전을 거세게 받고 있습니다. 이런 시대적 영향으로 ‘신앙생활’은 멀어지고 ‘종교 생활’은 가까워지고 있습니다. 예수님을 믿는 건지, 믿지 않는 건지에 대한 구분이 명확하지 않습니다. 신앙생활의 핵심 요소인 사귐과 헌신은 조상의 이야깃거리로 전락했습니다. 이런 분위기는 믿음의 길을 걷는 우리에게 두려움을 심습니다. 예수님을 증언하는 증인의 삶을 힘들게 합니다.

어떻게 시대 분위기를 이기고 끝까지, 역동적으로 믿음의 길을 갈 수 있습니까? 나를 죄에서 구원하신 그 주님이 지금도 나와 함께하심을 믿어야 합니다. 그리고 어떤 어려운 일 앞에서도 나를 예수님의 이름을 증언하는 증인으로 쓰심을 믿어야 합니다. 사도 바울에게 “담대하라! 너는 예루살렘에서 증언한 것 같이 로마에서 증언해야 한다.”라고 하셨던 그분이 우리에게도 같은 말씀을 하신 줄 믿어야 합니다.

우리의 예루살렘과 로마는 각각 무엇입니까? ‘예루살렘’은 ‘지금, 이곳’입니다. ‘로마’는 ‘내일, 그곳’입니다. 단순히 지리적 장소를 말하지 않습니다. 오늘 내 삶의 영역에서 증인의 삶을 살 듯이 내일 내 삶의 영역에서도 증인의 삶을 살아야 합니다. 우리의 삶의 영역은 캠퍼스이면서 이웃입니다. 예수님은 우리를 증인으로 살도록 죄에서 구원하셨습니다. 그리고 예수님은 오늘도 내일도 우리와 항상 함께하십니다. 그러므로 우리는 오늘도 내일도 증인의 길을 갈 수 있습니다.

그러나 바울의 현실은 어떠합니까? 12절을 보십시오. "날이 새매 유대인들이 당을 지어 맹세하되 바울을 죽이기 전에는 먹지도 아니하고 마시지도 아니하겠다 하고." 이런 맹세는 단순한 감정이 아닌 신앙적 신념에서 나왔습니다. 무지한 열심에서 나왔습니다. 그들의 모습은 예전의 바울을 닮았습니다(8:1; 9:1). 그런 사람이 마흔 명이 넘었습니다(13). 그들은 바울을 죽이기 전에는 먹지도 마시지도 않겠다고 맹세까지 했습니다(14). 그들은 종교 지도자와 합심하여 바울을 죽일 준비를 마쳤습니다(15).

그런데 바울의 조카가 그들의 음모를 듣고 바울에게 알렸습니다(16). 바울을 보호하고 있는 천부장도 그 사실을 알았습니다(17-22). 천부장은 밤 9시에 보병 200명 기병 70명 투척병 200명이 바울을 호송하고, 바울이 타고 갈 말도 준비하도록 했습니다(23-24). 천부장은 벨릭스 총독에게 편지를 써서 바울을 보냈습니다(26). 편지의 핵심은 "바울을 조사했지만, 사형이나 구금에 처할 죄인이 아니다. 그는 로마 시민이어서 총독한테 보낸다."라는 겁니다(27-32). 총독은 바울을 다시 헤롯 궁에 가두고 지키도록 했습니다(33-35).

바울은 이런 아슬아슬한 과정을 거쳐서 로마로 향하고 있습니다. 이 모든 일 뒤에는 성령님이 계십니다. 성령님께서 바울과 함께하며 보호하고 인도하십니다.

믿음으로 사는 사람을 '순례자'로 부르기도 합니다. 문자적으로 '순례자'란 종교적인 목적으로 성지를 순례하는 사람을 말합니다. 상징적으로는 이 땅에서 하나님 나라를 향해 믿음의 길을 가는 사람을 말합니다. 그런데 순례의 길이 쉽지 않습니다. 회의도 있고, 유혹도 있고, 고난도 있습니다. 그리고 두려움도 큽니다. 하지만 우리는 그 길을 끝까지 가야 합니다.

우리는 그 길을 어떻게 갈 수 있습니까? 성령님께서 바울에게 하셨던 그 말씀을 오늘 우리에게 하신 줄 믿으면 갈 수 있습니다.

35
소망을 나도 가졌으니

본문 사도행전 **24:1-27**
요절 사도행전 **24:15**
찬송 **491**장, **493**장

"그들이 기다리는 바 하나님께 향한 소망을 나도 가졌으니 곧 의인과 악인의 부활이 있으리라 함이니이다."

기독교와 다른 종교의 가장 큰 차이를 들라면 뭘까요? 부활입니다. 다른 종교에는 그들이 "믿는 신이 죽은 사람 가운데서 살아났다."라는 내용이 없습니다. 오직 기독교만 "예수님은 십자가에서 죽으시고 죽은 사람 가운데서 사흘 만에 다시 살아나셨다."라고 증언합니다. 그 점에서 기독교는 부활의 소망을 가졌습니다. 이 말씀이 오늘 우리에게 주는 의미는 무엇입니까?

총독 벨릭스는 바울을 헤롯 궁에 가두었습니다(23:35). 닷새 뒤에 대제사장 아나니아가 몇몇 장로와 더둘로라는 변호사와 함께 왔고, 총독에게 바울을 고소했습니다(24:1). '변호사'는 '말하는 사람'인데, 그 일은 검사의 역할이었습니다. '더둘로'의 문자적 뜻은 '거짓말쟁이'입니다. 그 이름을 빗대어 그는 거짓을 말함을 보여줍니다.

더둘로는 총독에게 무슨 거짓말을 합니까? 그는 "우리가 총독 덕분에 크게 평안을 누리며 잘 살기에 크게 감사합니다."라고 총독을 치켜세웁니다(2-4). 하지만 유대는 로마 때문에 고통을 겪고 있습니다. 그는 이어서 바울에 관해서도 거짓을 말합니다. 그는 바울을 "전염병 같은 자"로 고소했습니다(5a). '전염병'은 병원균이 사람에게서 사람으로 광범위하게, 또는 급속히 퍼지는 병입니다. '전염병'은 사람에게 고통을 주고 생명을 앗아가고, 사회에 큰 혼란을 줍니다.

그러면 왜 더둘로는 바울을 전염병자로 고소했습니까? 그는 바울이 로마 정권에 대항했다고 여겼기 때문입니다(5b). 또 그는 바울을 '나사렛 도당의 주모자'로 여겼기 때문입니다. 그는 바울을 정치적으로 종교적으로 혼란을 일으키는 악한 사람으로 보았습니다. 그는 여기에 "바울이 성전을 더럽혔다."(6)라는 성전 모독죄를 덧씌웠습니다. 고소 내용만을 보면 바울은 전염병자처럼 보입니다.

더둘로는 자기 고소 내용을 총독이 직접 심문하면 알 수 있다고 힘을 줍니다(7-8). 그러자 유대 사람도 이에 합세했습니다(9).

그때 총독은 무엇을 했습니까? 그는 바울에게 변호할 기회를 주었습니다(10). 바울도 총독에게 예의를 갖추고 기쁜 마음으로 변호합니다.

바울은 어디서부터 변호를 시작합니까? 첫째로, 그는 로마에 대항하지 않았음을 사실에 근거하여 변호합니다. 그는 예루살렘에 예배하러 올라간 지 열이틀밖에 안 되었습니다(11). 이렇게 짧은 기간에는 사람을 선동하여 반란을 일으킬 수 없습니다. 그는 실제로 성전이나 회당, 그리고 거리 등에서 누군가와 논쟁하거나 선동하지도 않았습니다(12). 그러니 고소하는 사람이 바울에 대해 어떤 증거도 제시하지 못합니다(13). 따라서 '거짓말쟁이' 더둘로의 고소는 거짓말입니다.

둘째로, 그는 자신의 신앙을 공개적으로 고백하면서 변호합니다. 14절을 보십시오. "그러나 이것을 당신께 고백하리이다 나는 그들이 이단이라 하는 도를 따라 조상의 하나님을 섬기고 율법과 선지자들의 글에 기록된 것을 다 믿으며." 바울은 자기의 신앙을 감추지 않습니다. 공개적으로 시인합니다. 그가 시인하는 핵심은 조상의 하나님을 섬긴다는 겁니다. 이 점은 바울을 박해하는 유대인과 다르지 않습니다. 유대인이 문제 삼는 점은 하나님을 섬기는 방법입니다. 그들은 바울이 잘 못 된 방법으로 하나님을 섬긴다고 여겨서 박해하는 겁니다.

그러면 바울은 하나님을 어떻게 섬깁니까? 그는 유대인이 이단이라 하는 도를 따라 하나님을 섬깁니다. '이단이라 하는 도'는 예수님을 그리스도로 믿는 믿음입니다. 바울은 예수님을 그리스도로 믿는 믿음으로 하나님을 섬깁니다. 그리고 그는 율법과 선지자들의 글, 즉 구약 성경을 다 믿습니다. 바울이 예수님을 그리스도로 믿는 믿음은 구약 성경에 근거한 겁니다. 따라서 바울은 이단의 우두머리가 아닙니다. 그의 믿음은 성경에 근거한 정통입니다.

그는 또 어떻게 하나님을 섬깁니까? 15절을 읽읍시다. "그들이 기다리는바 하나님께 향한 소망을 나도 가졌으니 곧 의인과 악인의 부활이 있으리라 함이니이다." 유대인은 스스로 하나님께 향한 소망을 받아들입니다. 그런데 그 소망을 바울도 가졌습니다. 바울은 유대인과 같은 소망을 품고 있습니다.

그 소망은 무엇입니까? 그 소망은 의로운 사람과 악한 사람이 부활한다는 겁니다. 유대인은 사람이 이 땅에서 살다가 죽으면 그것으로 모든 것이 끝난다고 생각하지 않았습니다. 죽음 후에는 반드시 다시 살아난다고 믿었습니다. 그들은 또 모든 사람이 살아난다고 해서 같은 모습으로 살아난다고 믿지 않았습니다. 의인과 악인으로 살아난다고 믿었습니다. 그 소망을 바울도 품었고, 그 소망으로 하나님을 섬깁니다. 유대인의 소망과 바울의 소망이 다르지 않습니다.

그런데 왜 유대인은 바울을 박해한 겁니까? 부활의 소망은 같은데, 그 뿌리가 다르기 때문입니다. 부활 소망의 뿌리는 예수님께서 죽은 자 가운데서 다시 살아나신 역사적 사실입니다. 의인과 악인의 부활도 이 역사적 사실에 근거해야 합니다.

의인과 악인으로 부활하는데, 그 기준은 무엇입니까? 누가 의인이며 누가 악인입니까? 그 기준은 예수님입니다. 예수님을 믿는 사람이 의인이고, 믿지 않는 사람이 악인입니다. 예수님을 믿으면 의인으로 살고 의인으로 부활합니다. 예수님을 믿지 않으면 악인으로 살고 악인으로 부활합니다. 따라서 예수님의 부활을 떠나서는 부활에 대한 어떤 논의도 불가능합니다. 그런데 유대인은 이 사실을 몰랐습니다. 아니 정확히 말하면 받아들이지 않았습니다. 그래서 바울을 박해한 겁니다.

우리는 이 말씀 앞에서 무엇을 배웁니까? 첫째로, 세상에는 두 종류의 사람이 있습니다. 당시에는 유대인과 이방인이 있었고, 헬라인과 야만인이 있었습니다. 지금 어떤 사람은 "세상에는 좋은 사람과 나쁜 사람이 있다."라고 말합니다. 그러나 성경은 의인과 악인, 즉 예수님을 믿는 사람과 예수님을 믿지 않는 사람으로 구분합니다.

둘째로, 사람은 장차 반드시 부활합니다. 보통 사람은, '사람은 죽음으로 모든 것이 끝난다.'라고 생각합니다. 일부 종교에서는, "사람이 죽으면 저 세상에서 상을 받든지, 벌을 받든지 한다."라고 말합니다. 죽은 사람이 살아남, 즉 부활을 말하지 않습니다. 그러나 성경은 "사람의 부활이 장차 있다."라고 선언합니다. 예수님을 믿는 사람은 물론이고, 믿지 않는 사람도 부활합니다.

그리고 그 부활의 날은 구원과 심판의 날입니다. 의인은 구원으로 부활하지만, 악인은 심판으로 부활합니다. 예수님을 믿는 사람은 죽은 사람 가운데서 다시 살아나서 영원한 생명을 누립니다. 반면 예수님을 믿지 않는 사람은 죽은 사람 가운데서 다시 살아나서 영원한 심판을 받습니다.

구원과 심판을 언제 결정합니까? 오늘 내 삶이 결정합니다. 마지막 날 심판 때 결정하지 않습니다. 오늘 예수님을 믿는 사람은 마지막 날 생명으로 부활합니다. 하지만 오늘 예수님을 믿지 않는 사람은 마지막 날 심판으로 부활합니다. 그러므로 누구든지 지금 예수님을 믿어야 합니다.

그런데 우리 시대에서 부활의 소망을 흔드는 세력은 무엇입니까? 그것은 종교혼합주의입니다. 그들은 그럴듯한 주장을 펼칩니다. "역사적인 종교들은 다양한 삶의 자리에서 각각 다른 길을 통해 구원받는다." "다른 종교를 자기가 믿는 종교의 잣대로 평가하는 일은 잘못이다." 가장 치명적인 말은 이 말일 겁니다. "예수는 그리스도이지만, 그리스도는 예수만은 아니다." 다시 말하면 "기독교 신앙이 배타적인 예수 중심에서 보편적인 신(god) 중심으로 패러다임을 전환해야 한다."라는 뜻입니다.

여기서 우리는 잠깐 '기독교의 배타주의'에 관해 정리가 필요합니다. 기독교의 배타주의는 구원의 진리에 대한 배타성이지 사람이나 다른 종교에 대한 배타주의가 아닙니다. 기독교는 어떤 점에서는 지극히 '배려주의'입니다. 기독교의 가장 중요한 덕목을 사랑이라고 하는데, 다른 말로는 '배려'입니다. 기독교는 '배려적'이어야 합니다. '배려적'이지 않으면 기독교가 아닙니다.

그러나 기독교는 예수님께서 십자가에서 우리 죄를 위해 죽으시고, 죽은 사람 가운데서 사흘 만에 살아나셨음을 믿습니다. 그리고 그 믿음으로만 구원받음을 믿습니다. 그 믿음으로만 장차 생명으로 부활할 소망을 품습니다. 이것을 우리는 '구원의 진리'라고 부릅니다. 기독교의 배타성은 구원의 진리에 있습니다. 구원의 진리에서 기독교는 배타적이어야 합니다. 배타적이지 않으면 그것은 기독교가 아닙니다. 이 배타성을 우리는 '예수님의 유일성, 절대성'이라고 부릅니다. 그리고 우리는 "대체할 수 없는 예수님의 정체성"으로 믿고 증언합니다. 그 점에서 바울이 가졌던 부활의 소망을 오늘 우리도 품고 있습니다.

그러면 부활의 소망을 가졌던 바울은 무엇을 힘씁니까? 16절입니다. "이것으로 말미암아 나도 하나님과 사람에 대하여 항상 양심에 거리낌이 없기를 힘쓰나이다." 바울은 언제나 하나님과 사람 앞에서 거리낌 없는 양심을 가지려고 힘쓰고 있습니다. 부활의 소망은 먼 미래의 삶에 영향을 끼치는 것은 물론이고 오늘의 삶에도 영향을 끼칩니다. 부활의 소망이 없다면, 오늘 아무렇게나 삽니다. 육신의 원하는 바대로, 세상 쾌락대로 살 수밖에 없습니다. 당시 사람들이 말했던 것처럼 "죽은 사람이 다시 살아나지 못한다면, 내일 죽을 터이니 먹고 마시자."(고전 15:32)라는 삶을 삽니다. 그런 사람에게 양심을 기대할 수 없습니다.

하지만 부활의 소망이 있으면 양심이 살아있습니다. 하나님을 의식하고 사람을 의식하기 때문입니다. 그런 사람은 바울의 고백처럼 "내가 그리스도 예수 우리 주 안에서 가진바 너희에 대한 나의 자랑을 두고 단언하노니 나는 날마다 죽노라."(고전 15:31)라며 오늘의 삶에 헌신할 수 있습니다. 그 점에서 부활의 소망은 오늘의 삶을 결정합니다.

바울이 세 번째로 변호하는 바는 무엇입니까? 그는 자기가 예루살렘에 여러 해 만에 왔는데, 그것도 동족에게 구제금을 전달하고 하나님께 제물을 바치기 위함이었습니다(17). 그때 사람들이 성전에서 바울을 보았지만, 군중을 선동하거나 소란을 피운 일이 없었습니다(18). 그 자리에는 아시아에서 온 유대인 몇 사람이 있었는데, 고소할 일이 있으면 각하에게 직접 해야 했습니다(19). 아니면 바울이 공회에 섰을 때 이 사람들이 바울의 어떤 잘못을 말했는지 지금 말하도록 해야 합니다(20). 바울은 "나는 죽은 사람의 부활과 관련하여 재판받는다."라고 했을 뿐입니다(21). 바울 변호의 핵심은 "나는 오직 죽은 사람의 부활을 증언했을 뿐이다."라는 겁니다.

벨릭스는 바울의 변호를 듣고 무엇을 했습니까? 그는 바울이 전한 '그 도', 즉 죽은 사람의 부활에 관하여 자세히 알고 있어서 재판을 연기했습니다(22). 그는 바울을 지키되 어느 정도의 자유를 주었습니다(23).

며칠이 지나서 벨릭스는 유대 여자인 자기 아내와 함께 와서 바울이 증언하는 그리스도 예수를 믿는 믿음에 관하여 들었습니다(24). 그때 바울은 의와 절제와 장차 오는 심판을 강론했습니다(25). 여기서 '의'란 벨릭스가 총독으로서 모든 일을 공정하고 올바르게 처리함을 뜻합니다. '절제'란 욕망을 절제하고, 뇌물을 받지 않음을 뜻합니다. '장차 오는 심판'은 현재의 삶이 미래의 심판을 결정함을 뜻합니다. 그는 바울의 메시지를 듣고 두려워했습니다. 하지만 그는 바울한테 뇌물을 받으려고 자주 불렀습니다(26). 그는 바울의 메시지를 듣고 두려워는 하지만, 본질은 변하지 않습니다.

두 해가 지난 뒤에 베스도가 벨릭스의 후임으로 왔습니다(27). 그때까지 벨릭스는 유대인의 마음을 얻으려고 바울을 가두어 두었습니다. 바울은 2년이나 감옥에 있었습니다. 바울이 예수님의 모습이라면 벨릭스는 빌라도의 모습입니다.

왜 바울은 고난을 겪습니까? 부활의 소망을 가졌기 때문입니다. 그는 본래 예수님과 그분을 믿는 사람을 박해했었습니다. 그런데 부활하신 예수님을 만나고 존재가 바뀌고 삶이 변했습니다. 그는 부활하신 예수님을 증언하는 증인으로 삽니다. 그는 부활의 소망으로 고난을 겪습니다. 하지만 부활의 소망이 있기에 그 고난을 감당합니다. 그리고 더 적극적으로 부활의 소망을 증언합니다.

여기서 우리는 부활 소망의 양면성과 역동성을 배웁니다. 부활 소망은 사람의 본질과 삶을 바꿉니다. 부활의 증인으로 살도록 합니다. 하지만 고난도 겪게 합니다. 그러면서 그 고난을 감당할 힘도 줍니다. 더 나아가, 부활의 증인으로 살도록 합니다. 부활의 소망은 삶의 시작이고 끝입니다. 증인의 시작이고 끝입니다. 우리도 바울처럼 "소망을 나도 가졌으니"라고 고백하기를 기도합니다.

36
가이사께 상소하노라

본문 사도행전 25:1-27
요절 사도행전 25:11
찬송 425장, 430장

"만일 내가 불의를 행하여 무슨 죽을죄를 지었으면 죽기를 사양하지 아니할 것이나 만일 이 사람들이 나를 고발하는 것이 다 사실이 아니면 아무도 나를 그들에게 내줄 수 없나이다 내가 가이사께 상소하노라 한 대."

요즘 시대 분위기는 '일과 생활의 균형(Work & Life Balance)'을 뜻하는 '워라벨(wolabel)'이 인기입니다. 과거 세대는 경제적 이득을 취할 수 있다면, 가정이나 여가, 심지어 건강도 희생하면서까지 일했습니다. 하지만 지금 세대는 개인 취향을 우선하며, 자기 길을 걷습니다. 그런데 오늘 사도 바울은 어떤 길을 걷습니까? 왜 그는 그 길을 걸을까요?

베스도는 총독으로 부임한 지 삼 일 뒤에 가이사랴에서 예루살렘으로 올라갔습니다(1). '가이사랴'는 옛적에 헤롯 대왕이 로마 황제를 위하여 '가이사랴(Caesarea)'라는 이름으로 만들었습니다. 그곳에 총독의 관저가 있었고, 바울은 이곳에 2년간 갇혀 있었습니다(23:33, 35; 24:27). 베스도는 유대의 총독으로 오자 유대 지도자들과 좋은 관계를 맺으려고 먼저 예루살렘을 찾았습니다.

그때 예루살렘의 종교 지도자들은 베스도 앞에 나타나 바울을 고소했습니다(2). 그들은 베스도가 호의를 베풀어서 바울을 예루살렘으로 보내도록 애원합니다(3). 그들은 매복했다가 길에서 바울을 죽이려 함이었습니다. 베스도는 "바울은 가이사랴에 갇혀 있고, 자기도 곧 그곳으로 간다."라며 그들의 요청을 정중히 거절했습니다. 그러면서 그는 "유대의 대표가 자기와 함께 가이사랴로 가서 그곳에서 바울을 고발하라."라고 제안합니다(5).

베스도는 예루살렘에서 가이사랴로 돌아와서 재판석에 앉아서 바울을 데려오도록 말했습니다(6). 바울을 보자 예루살렘에서 온 유대인이 그를 에워쌌습니다(7). 그들은 여러 가지 무거운 죄목으로 바울을 고발하는데도, 전혀 증거를 대지 못했습니다.

그들의 고발 앞에서 바울은 무엇을 합니까? 8절입니다. "바울이 변명하여 이르되 유대인의 율법이나 성전이나 가이사에게나 내가 도무지 죄를 범하지 아니하였노라 하니." 바울은 유대인의 고발을 정면으로 부인합니다. "나는 유대의 율법, 성전, 그리고 황제를 거스르는 그 어떤 죄도 짓지 않았다."

그러나 베스도는 유대인의 호감을 사려고 바울에게 물었습니다(9). "예루살렘에 올라가서 심문받으려느냐?" 그는 유대인이 "예루살렘에서 재판하게 해달라."라고 했을 때는 "가이사랴에서 하면 된다."라고 했습니다(4-5). 그런데 지금은 말을 바꿉니다.

바울의 대답은 무엇입니까? 10절을 봅시다. "바울이 이르되 내가 가이사의 재판 자리 앞에 섰으니 마땅히 거기서 심문을 받을 것이라 당신도 잘 아시는 바와 같이 내가 유대인들에게 불의를 행한 일이 없나이다." '가이사'는 로마 황제의 칭호입니다. 바울은 로마 황제가 주관하는 법정에 이미 서 있습니다. 그는 로마 시민임을 이미 선언했기 때문입니다(22:25). 따라서 그는 예루살렘이 아닌 황제 앞에서 마땅히 재판받아야 합니다. 베스도가 아는 바와 같이 바울은 유대인에게 어떤 불의를 행한 일도 없습니다.

바울은 계속해서 무엇을 강조합니까? 11절을 읽읍시다. "만일 내가 불의를 행하여 무슨 죽을죄를 지었으면 죽기를 사양하지 아니할 것이나 만일 이 사람들이 나를 고발하는 것이 다 사실이 아니면 아무도 나를 그들에게 내줄 수 없나이다 내가 가이사께 상소하노라 한대." 바울은 죄를 지었으면 사형도 마다하지 않습니다. 그러나 유대인의 고소가 사실이 아니면 아무도 그를 유대인에게 넘길 수 없습니다. 바울은 로마 황제에게 상소합니다.

그때 베스도는 어떻게 결정했습니까? 그는 바울이 가이사에게 항소했으니 가이사에게 가도록 했습니다(12). 그것은 당시 로마법으로 정한 일이었습니다. 바울은 로마법에 따라서 마침내 로마로 갑니다. 그는 당대 최고의 권력자 앞에 섭니다.

바울로부터 무엇을 배웁니까? 말씀에 순종하는 모습입니다. 옛적에 성령님은 바울에게 말씀하셨습니다. "네가 예루살렘에서 나의 일을 증언한 것 같이 로마에서도 증언하여야 하리라"(23:11). 그는 이 말씀에 순종하여 로마로 가고자 합니다.

이 대목에서 어떤 사람은 이렇게 말합니다. "바울이 로마로 가려는 이유는 그가 유대인의 위협에서 벗어날 수 있는 유일한 길이기 때문이다." 충분한 설득력이 있습니다. 어쨌든 그는 죄수로 가야 합니다. 죄수로 가기에 생명을 보장받기는 쉽지 않습니다. 무엇보다도 로마에 죄수로 가서 과연 증인으로 살 수 있을까요? 보통은 로마에서 증인으로 살려면 죄수 위치에서 풀려나야 한다고 생각합니다. 하지만 그는 로마에 죄수로 가면 언제 풀려날지 알 수 없습니다.

그런데도 왜 그는 로마 황제한테 상소한 겁니까? 그는 왜 죄수로라도 로마로 가려는 겁니까? 그는 죄수로라도 성령님께서 하신 말씀에 순종하기 위함입니다. 그는 죄수로라도 살아나신 예수님을 증언하고자 합니다. 그는 자신의 현재 형편이 어떠하든지, 그 형편을 이용하여 증인으로 살고자 합니다. 그는 그 길이 쉽지 않은 줄 알면서도 주님의 뜻을 이루기 위해서 그 길을 가려고 합니다.

이 말씀이 당시 청중에게 주는 의미는 무엇일까요? 그들은 로마라는 거대한 세력 속에서 믿음의 길을 걸었습니다. 그들은 세상 풍조가 아닌 말씀에 순종하여 살았습니다. 그런데 그 길은 꽃길이 아니었습니다. 그렇다고 항상 가시밭길도 아니었습니다. 좋을 때도 있지만 힘들 때가 더 많았습니다. 그래서 그들은 고민했습니다. 갈등했습니다. 믿음의 길을 포기하는 사람도 있었습니다.

하지만 오늘 말씀은 그들에게 무엇을 증언합니까? 첫째는, 믿음의 길이 쉽지 않을지라도 끝까지 가자는 겁니다. "바울도 고난의 길을 걸었다. 따라서 고난의 길은 절대로 나쁜 길이 아니다. 이상한 길도 아니다. 우리가 가야 할 길이다. 우리도 바울처럼 소망 중에 가자!"

둘째는, 현재 있는 모습에서 증인의 삶을 살자는 겁니다. 로마 사회에서 당시 크리스천의 위치는 정말로 별 볼일이 없었습니다. 그럴지라도 그 위치에서 증인으로 살자는 겁니다. 바울은 죄수의 위치에서도 증인의 삶을 살았으니, 현재 크리스천은 어떤 위치에 있든지 살 수 있다는 겁니다.

우리는 무엇을 배웁니까? 첫째로, 우리도 믿음의 길이 쉽지 않을지라도 끝까지 가야 합니다. 우리 사회의 미래인 'MZ세대'는 단군 이래 가장 똑똑하고 '스펙'이 좋은 세대입니다. 그런데 그들은 역설적으로 단군 이래 부모보다 가난한 첫 세대입니다.

이런 그들에게 '데이터 교(Dataism)'는 대단히 매력적으로 다가옵니다. '데이터 교'는 종교는 있지만, 신이 통치하는 세상은 없어지고 인간의 편리함과 유익을 추구합니다. '데이터 교'는 신도 인간도 우러러보지 않습니다. 오직 데이터를 숭배할 뿐입니다. 기독교의 근본 진리는 인간은 죄인이고, 그 죄를 오직 예수님을 믿음으로만 해결할 수 있다는 겁니다. 그런데 '데이터 교'는 이 근본 진리를 무너지게 합니다.

하지만 우리는 그런 것들에 속으면 안 됩니다. 그들의 유혹에 말려들면 안 됩니다. 우리는 영혼을 소유한 하나님의 아들딸입니다. 우리는 죄인입니다. 죄는 오직 예수님을 믿음으로만 용서받습니다. 예수님은 그 무엇으로도 대체할 수 없는 절대적 구원자입니다. 우리는 이 진리의 길을 걷기가 쉽지 않을지라도 끝까지 걸어야 합니다.

둘째로, 우리는 현재 내 모습 이대로 증인으로 살아야 합니다. 세상은 메말라가고 개인 중심 사회를 가속화하고 있습니다. 하지만 그럴 때일수록 사람은 따뜻한 사랑을 그리워합니다. 그리고 사랑이 영혼을 살립니다. '하이테크(High Tech)'와 대조하는 말로 '하이터치(High Touch)'라는 말이 있습니다. 기술이 발전할수록 인간적인 따뜻한 감성, 즉 '하이터치'가 필요합니다. 특히 전통적인 신앙생활에서 벗어나서 자유로운 신앙생활을 추구하는 사람에게도 '하이터치'가 필요합니다. 청년 대학인은 '우리'라는 공동체보다는 이른바 '소속 없는 개인'으로 남고자 합니다. 그러나 그런 그들이야말로 따뜻한 사랑의 손길을 간절히 바랍니다.

이런 사랑을 실천할 수 있는 곳이 어디에 있습니까? 바로 교회 공동체에 있습니다. 교회 공동체의 존재와 사명은 사랑으로 서로를 돌보는 일입니다. 로마교회가 사랑에 힘썼을 때 로마 사회 변혁의 주체로 우뚝 섰습니다.

오늘은 누가 이런 일을 할 수 있습니까? 우리가 할 수 있습니다. 우리는 준비된 사람입니다. 우리는 나름 성경을 공부해서 성경 교사로서 자질이 있습니다. 우리는 나름으로 지성도 있고 영성도 있습니다. 이것은 우리에게만 있는 특권일 수 있습니다. 그 특권을 우리는 삶의 현장에서 예수님을 증언하는 일에 쓸 수 있습니다. 우리는 캠퍼스에서도, 이웃에서도 증인의 삶을 살 수 있습니다. 우리는 삶의 현장에서 예수님을 증언하는 사람을 '일터 사역자', 또는 '생활의 증인'이라고 합니다.

물론 어떨 때는 좀 더 좋은 사회적 지위가 필요할 수도 있습니다. 그런데 증인의 삶은 지위의 높고 낮음이 절대적이지는 않습니다. 사회적 지위가 높은 사람은 그 위치에서 증언하고, 낮은 사람은 그 위치에서 예수님을 증언하는 그것이 중요합니다. 현재 위치에서, 현재 상태에서 증인으로서 정체성을 품고 도전하는 그 일이 귀합니다. 오늘 바울은 죄수로서 재판받으면서 '생활의 증인'으로서의 본을 보여줍니다.

바울의 변명을 들은 베스도는 무엇을 했습니까? 며칠이 지난 뒤, 유대의 아그립바 왕과 버니게가 베스도에게 환영 인사를 하기 위해 가이사랴로 왔습니다(13). '아그립바 왕'은 '아그립바 2세'인데, 그의 아버지는 '헤롯 아그립바 1세'인데, 사도 야고보를 죽이고 베드로를 감옥에 가두었습니다. 그는 벌레에 먹혀 죽었습니다(행 12:2, 5, 23). '아그립바 2세'는 갈릴리와 베레아의 분봉 왕인데도 예루살렘 성전 감독권과 대제사장 임명권을 받았습니다. 아그립바는 당시 실세처럼 보입니다. 베스도는 아그립바 왕에게 바울 사건을 알립니다(14a).

그 내용은 무엇입니까? "벨릭스가 나에게 인계한 죄수가 있는데, 유대의 지도자는 그 사람을 고발하면서 유죄 판결을 청했다. 하지만 나는 그들에게 로마 사람의 관례는 피고에게 변호할 기회도 주지 않고 넘겨주는 일은 없다고 했다. 그랬더니 유대인이 이곳까지 와서 그에 대한 죄목을 말했지만, 내가 짐작한 악한 일은 하나도 없었다. 다만 그들의 종교와 죽은 예수가 살아 있다고 주장한 내용뿐이었다. 나는 이 문제를 어떻게 처리할 줄 몰라서 바울에게 예루살렘으로 가서 재판받겠냐고 물었다. 그러나 그는 황제에게 재판받고자 한다고 말했다"(14b-21).

이 말을 들은 아그립바의 반응은 어떠합니까? 그는 바울의 말을 직접 듣고자 합니다(22). 그 이튿날 그는 모든 위엄과 격식을 갖추어 각료와 함께 심문 장소로 들어갔습니다(23). 베스도는 바울을 불러서 아그립바 왕에게 다시 소개합니다(24). "여러분이 보시는 대로, 이 사람은 예루살렘에서나 여기서나 모든 유대 사람이 그를 더는 살려 두면 안 된다고 소리치면서 청원한 사람이다."

그러나 베스도는 바울을 심문했지만, 그가 사형받을 만한 아무런 일도 하지 않았음을 알았습니다(25). 그런데도 바울을 황제에게 보내기로 한 이유는 그가 황제에게 상소했기 때문입니다. 하지만 베스도는 바울에 대해 황제에게 확실히 쓸 내용이 없었습니다(26). 그래서 베스도는 아그립바 왕 앞에 데려와 심문하여 상소할 내용을 얻고자 했습니다. 왜냐하면 정확한 죄목도 없이 황제에게 보내는 일은 불합리하기 때문입니다(27).

유대인은 바울이 유대 율법과 성전, 그리고 로마 황제를 거슬렀다고 고소했습니다. 하지만 유대인은 증거를 대지 못했고, 베스도도 바울을 심문했는데도 죄를 찾지 못했습니다. 그도 그럴 것이 바울은 어떤 죄도 짓지 않았기 때문입니다. 그는 오직 예수님이 십자가에서 죽으시고 살아나셨음을 증언했기 때문입니다.

그런데도 왜 바울은 재판받습니까? 바울은 종교 지도자, 총독, 그리고 왕에게 살아나신 예수님을 증언하기 위함입니다. 장차 로마 황제에게도 증언하기 위함입니다. 그는 죄수이지만, 실은 증인입니다. 증인의 일을 위해서 죄수가 된 겁니다. 아니 죄수인데도 그 신분을 이용하여 증인으로 사는 겁니다. 그 일을 주관하신 분은 성령님입니다. 성령님께서 바울을 그 일에 쓰시고, 인도하십니다.

보통 사람이 자라나는 아이에게 많이 묻는 내용 중 하나는 뭘까요? "너는 커서 어떤 사람이 되고 싶니?" 물론 "뭐가 되고 싶다."라고 해서 그렇게 된 사람은 많지 않습니다. 이렇게 묻는 동기는 사람을 평가하는 기준이 "어떤 사람이 되었느냐"에 있기 때문입니다.

그러나 성경은 우리에게 무엇을 묻습니까? "너는 커서 어떻게 살고 싶니?" 이 말은 사람의 지위보다는 목적을 묻습니다. 우리가 '어떤 사람이 되느냐'도 중요합니다. 하지만 더 중요한 점은 '어떻게 사느냐'입니다. 우리는 어떻게 살아야 합니까?

37
나와 같이 되기를 원하나이다

본문 사도행전 26:1-32
요절 사도행전 26:29
찬송 520장, 521장

"바울이 이르되 말이 적으나 많으나 당신뿐만 아니라 오늘 내 말을 듣는 모든 사람도 다 이렇게 결박된 것 외에는 나와 같이 되기를 하나님께 원하나이다 하니라."

어떤 아버지가 아들에게 "나처럼 살아라."라고 말한다면, 반응이 어떨까요? 대부분은 "말도 안 되는 소리이다."라고 할 겁니다. 반면 어떤 사람은 "도대체 그 아버지가 어떤 사람이기에 그렇게 말할 수 있을까?"라며 아버지에게 관심을 품을 수 있습니다.

그런데 사도 바울은 총독과 왕 앞에서 확신 있게 말했습니다. "나와 같이 되기를 하나님께 원합니다." 그는 왜 그렇게 말했습니까? 이 말씀이 오늘 우리에게 주는 의미는 무엇입니까?

지금 사도 바울은 총독 베스도와 갈릴리 분봉 왕 아그립바 앞에서 심문받고 있습니다. 아그립바는 바울의 변호를 직접 듣고자 했습니다(1). 바울은 아그립바 앞에서 변호할 수 있음을 다행으로 여깁니다(2). 왜냐하면 아그립바는 유대인의 풍속과 논쟁에 정통했기 때문입니다(2).

바울은 어디서부터 변호를 시작했습니까? 유대인은 바울이 어렸을 때부터 그의 고향과 예루살렘에서 어떻게 살아왔는지를 다 알고 있습니다(4). 따라서 그들은 바울이 가장 엄격한 바리새파로 살았음을 인정할 겁니다(5). 그런 바울이 여기서 심문받는 이유는 하나님이 조상에게 하신 약속에 희망을 품었기 때문입니다(6). 그 약속은 부활에 관한 소망입니다. 조상은 밤낮으로 하나님을 인내하며 섬기면서 그 약속이 이루어지기를 바라고 있습니다(7). 바울은 조상이 품은 그 소망으로 고소당했습니다.

유대인의 문제는 무엇입니까? 8절입니다. "당신들은 하나님이 죽은 사람을 살리심을 어찌하여 못 믿을 것으로 여기나이까." 그들의 문제는 하나님께서 죽은 사람을 살리심을 믿지 못함입니다. 그들은 조상이 품었고, 그들도 품은 부활의 소망이 예수 그리스도의 부활을 통하여 이미 이루어졌다는 사실을 믿지 못합니다. 하지만 바울은 그 부활의 소망이 예수 그리스도의 부활을 통해 이루어졌음을 믿었습니다. 그런데 실은 바울도 예전에는 이 사실을 몰랐습니다.

그래서 그는 무슨 일을 했었습니까? 그도 나사렛 예수의 이름을 반대하는데 온갖 일을 다했습니다(9). 그는 예루살렘에서 그 일을 직접 감행했습니다(10). 그는 대제사장들에게서 권한을 받아 많은 성도를 감옥에 가뒀고, 그들을 죽이는 데에도 찬성했습니다. 그리고 그는 회당마다 찾아가서 그들을 처벌하면서, 강제로 신앙을 부인하도록 했습니다(11). 바울은 예수님 믿는 사람에 대한 화가 머리끝까지 치밀어 올라 외국의 여러 도시에까지 가서 그들을 괴롭혔습니다. 오늘도 그는 그 일로 대제사장에게서 권한을 받아 다메섹으로 갔습니다(12). 그는 그 일을 하나님께서 주신 사명으로 여겼습니다.

그때 무슨 일이 있었습니까? 길을 가는데, 한낮의 하늘에서부터 해 보다 더 눈 부신 빛이 바울과 그 일행을 비추었습니다(13). 그들은 모두 땅에 엎어졌습니다(14a).

그때 사울은 무슨 말을 들었습니까? 14절을 보십시오. "우리가 다 땅에 엎드러지매 내가 소리를 들으니 히브리 말로 이르되 사울아 사울아 네가 어찌하여 나를 박해하느냐 가시채를 뒷발질하기가 네게 고생이니라." '히브리 말로 이르되.'라는 말은 사울이 정통 유대인임을 강조합니다. '가시채'는 '가시 돋친 채찍'입니다. "가시채를 뒷발질하기가 네게 고생이니라."라는 말은 "가시 돋친 채찍을 발길로 차면 너만 아플 뿐이다."라는 뜻입니다. 이 말은 당시 속담이었습니다. 보통 사람은 이 말을 "하나님의 뜻을 대적하면 인생 망친다."라고 해석했습니다. 바울이 성도를 박해하는 일은 짐승이 가시 돋친 채찍을 뒷발로 차는 일과 같았고, 인생 망치는 일이었습니다.

그런데 사울은 "왜 나를 박해하느냐?"라는 말을 들었습니다. 그는 어떤 한 사람이 아닌 예수님 믿는 모든 사람을 박해했습니다.

그래서 그는 무엇을 묻습니까? 15절을 읽읍시다. "내가 대답하되 주님 누구시니이까 주께서 이르시되 나는 네가 박해하는 예수라." 바울은 "나를 박해하느냐"라고 하신 그분께 관심을 두었습니다. 그래서 묻습니다. "주님, 누구십니까?" 그분은 바울이 박해하는 예수님입니다. 바울은 예수님 믿는 사람을 박해했는데, 예수님은 "나를 박해한다."라고 말씀하십니다. 예수님은 당신을 믿는 사람을 당신과 동일시합니다. 예수님은 당신을 박해한 바울에게 직접 찾아오셨습니다.

예수님께서 바울에게 나타나신 목적은 무엇이었습니까? 16절을 보십시오. "일어나 너의 발로 서라 내가 네게 나타난 것은 곧 네가 나를 본 일과 장차 내가 네게 나타날 일에 너로 종과 증인을 삼으려 함이니." 그는 일어나야 하고, 발로 서야 합니다. 왜냐하면 예수님께서 그가 예수님을 본 일과 장차 예수님이 그에게 나타날 일에 종과 증인으로 삼았기 때문입니다. 그래서 주님은 이스라엘과 이방인으로부터 바울을 구원하여, 그들에게 다시 보냅니다(17).

왜 주님은 그를 보냅니까? 18절을 보십시오. "그 눈을 뜨게 하여 어둠에서 빛으로, 사탄의 권세에서 하나님께로 돌아오게 하고 죄 사함과 나를 믿어 거룩하게 된 무리 가운데서 기업을 얻게 하리라 하더이다." 예수님께서 바울을 구원하여, 유대인과 이방 사람한테 보내는 목적은 그들이 눈을 떠서 어둠에서 빛으로, 사탄의 권세에서 하나님께로 돌아오도록 함입니다. 또 그들이 죄를 용서받고 예수님을 믿어 거룩하게 된 사람이 차지할 기업을 얻도록 함입니다.

바울은 그 사명을 어떻게 감당합니까? 그는 하늘에서 보이신 그것을 거스르지 않았습니다(19). 그는 먼저 다메섹, 예루살렘에 있는 사람, 유대 온 땅, 그리고 이방 사람에게까지 "회개하고 하나님께로 돌아와서 회개에 합당한 일을 하라."라고 선포합니다(20). '합당한 일을 하라.'라는 말은 예수님의 죽음과 부활을 믿고, 그분을 증언하는 삶을 살라는 겁니다. 바울은 자기가 믿고 전하는 그 일을 다른 사람도 하도록 선포합니다.

유대인은 그런 바울을 어떻게 대했습니까? 그들은 바울을 성전에서 잡아 죽이고자 합니다(21). 그러나 그는 오늘까지 하나님의 도우심을 받아 서 있습니다(22). 그리하여 그는 낮은 사람에게나 높은 사람에게나 선지자와 모세가 말했던 한 가지만을 말했습니다. 바울의 증언은 선지자와 모세가 말했던 내용에 근거했습니다.

그 핵심은 무엇입니까? 23절을 보십시오. "곧 그리스도가 고난을 받으실 것과 죽은 자 가운데서 먼저 다시 살아나사 이스라엘과 이방인들에게 빛을 전하시리라 함이니이다 하니라." 선지자와 모세가 말했던 핵심은 "그리스도가 고난을 받으시고 죽은 자 가운데서 먼저 살아나셔서 이스라엘과 이방인에게 빛을 선포한다."라는 겁니다. 그리스도의 고난과 죽으심, 그리고 살아나심은 구약성경의 핵심입니다. 물론 신약성경의 핵심이기도 합니다. 바울은 그 핵심을 증언합니다.

바울의 증언을 들은 총독은 어떻게 반응합니까? 24절입니다. "바울이 이같이 변명하매 베스도가 크게 소리 내어 이르되 바울아 네가 미쳤도다 네 많은 학문이 너를 미치게 한다 하니." 그는 바울에게 '미쳤다.'라고 합니다. 그의 많은 학문이 그를 미치게 한다는 겁니다.

왜 그는 '미쳤다.'라고 할까요? 유대인과 로마인이 십자가에서 처형한 예수님이 다시 살아나셨다고 말하기 때문입니다. 다시 살아나신 그분이 유대인은 물론이고 이방인에게 빛을 선포한다고 말하기 때문입니다. 베스도가 볼 때, 정신이 온전한 사람이라면 이런 내용을 말할 수도 없고, 믿을 수도 없기 때문입니다.

그러나 바울은 무엇이라고 말합니까? 25절입니다. "바울이 이르되 베스도 각하여 내가 미친 것이 아니요 참되고 온전한 말을 하나이다." 바울은 미치지 않았습니다. 그는 맑은 정신으로 참말을 하고 있습니다.

그리고 바울은 대화 상대를 총독에서 왕으로 바꿉니다. 왜냐하면 아그립바는 유대의 전문가여서 바울이 말하는 내용을 알고 있기 때문입니다(26). 바울은 왕에게 거리낌 없이 말합니다. 바울이 말한 내용, 즉 그리스도께서 고난받고 죽으시고 살아나심은 한쪽 구석에서 일어난 일이 아닙니다. 또 바울은 아그립바가 선지자를 믿는 줄 알았습니다(27). 아니 왕이 선지자를 믿기를 바랐습니다. 왕이 예수님의 고난과 죽으심, 그리고 부활을 믿기를 바랐습니다.

그러자 아그립바는 어떻게 반응합니까? 28절입니다. "아그립바가 바울에게 이르되 네가 적은 말로 나를 권하여 그리스도인이 되게 하려 하는도다." '적은 말'이란 '짧은 시간에'라는 뜻입니다. 아그립바는 바울이 짧은 시간에 자기를 설득하여 그리스도인으로 만들려고 한다는 겁니다.

어떻게 바울은 왕에게 다시 도전했습니까? 29절을 읽읍시다. "바울이 이르되 말이 적으나 많으나 당신뿐만 아니라 오늘 내 말을 듣는 모든 사람도 다 이렇게 결박된 것 외에는 나와 같이 되기를 하나님께 원하나이다 하니라." 바울은 말이 짧든 길든, 왕뿐만 아니라 오늘 그의 말을 듣는 모든 사람도 결박된 것 외에는 자기와 같이 되기를 하나님께 원합니다. 이 말씀에서 우리는 세 가지를 생각할 수 있습니다.

첫째로, "나와 같이 되기를 원한다."라고 했는데, 어떤 '나'입니까? 영적인 눈을 떠서 어둠에서 빛으로, 사탄의 권세에서 하나님께로 돌아온 나입니다. 죄를 용서받고 믿음으로 거룩하게 되어 하나님 나라를 상속받은 나입니다. 그런 삶을 다른 사람에게 살도록 예수 그리스도를 증언하는 나입니다. 물론 지금 자기가 죄수라는 신분은 예외입니다.

둘째로, 나와 같이 되기를 원하는 '대상'은 누구입니까? 총독, 왕, 그리고 모든 사람입니다. 그는 신분과 인종을 뛰어넘어, 사람이라면 누구든지 자기처럼 살기를 바랍니다. 보통 사람은 물론이고 총독도, 왕도, 그리고 유대인은 물론이고 로마인도 예수님을 믿고 증인으로 살기를 바랍니다. 그래야 어둠에서 빛으로, 사탄의 권세에서 하나님께로 돌아올 수 있습니다. 그래야 죄를 용서받고 믿음으로 거룩하게 되어 하나님 나라를 상속받을 수 있습니다.

셋째로, 왜 '하나님께 원한다.'라고 합니까? 바울이 원한다고 해서 왕이나 총독이 바울처럼 예수님을 믿을 수도, 예수님의 증인으로 살 수도 없기 때문입니다. 한 사람이 눈을 떠서 어둠에서 빛으로, 사탄의 권세에서 하나님께로 돌아오려면, 성령님이 함께하시고 도와주셔야 합니다. 그래서 그는 하나님께 기도합니다.

이런 바울로부터 무엇을 배웁니까? 첫째는, 인간의 가치와 목적을 보는 렌즈입니다. 현대의 많은 사람은 돈과 권력, 그리고 명예를 얻고 누리는 일을 인간의 가치와 목적으로 여깁니다. 그래서 청년 대학인은 물론이고 나이 먹은 사람도 돈과 권력, 그리고 명예를 얻기 위해 애씁니다. 물론 우리의 삶에서 이 세 가지는 매우 중요합니다. 하지만 그것이 인간의 가치와 목적의 최고로 자리를 잡으면 문제입니다. 그러면 예수님을 믿기가 쉽지 않기 때문입니다. 그래서 바울은 인간의 가치와 목적을, 예수님을 믿는 데 두었습니다. 예수님을 믿으면 빛과 죄 용서, 그리고 하나님 나라의 기업을 누릴 수 있기 때문입니다.

예전에 "나는 위대한 과학자보다 신실한 크리스천이 되고 싶다." 라고 말한 분이 있었습니다. 그의 '스펙(specification)'은 대단했습니다. 하지만 그는 안타깝게도 사랑하는 아들을 먼저 보내야 했습니다. 그때 그는 죽음 앞에서 인간의 절대 무력을 맛보았습니다. 그런데 그 순간 그는 예수님을 깊이 만났습니다. 그때부터 그는 위대한 과학자보다 신실한 크리스천으로 살고자 했습니다. 그리고 모든 사람이 예수님을 믿는 사람으로 살기를 바랐습니다.

둘째는, 예수님의 사람을 '벼슬'로 여기는 높은 자긍심을 배웁니다. 바울은 "결박된 것 외에는 나와 같이 되기를 원한다."라고 했습니다. 그렇게 말하는 그의 실존은 죄수입니다. 죄수인 그가 아무리 "이렇게 묶인 일 외에는 다 나와 같이 되기를 원한다."라고 할지라도, 얼마나 설득력이 있을까요? 한낱 죄수의 몸부림이나 허세로 들릴 수 있습니다. 하지만 그는 진심이었습니다. 그는 예수님을 믿고, 증인으로 사는 삶을 대단한 '벼슬'로 여길 만큼 자긍심이 강했습니다. 예수님의 증인이라는 하늘의 신분이 죄수라는 세상의 신분을 뛰어넘게 했습니다.

조선 시대 최고의 국가 고시였던 '문과(대과)'에 합격하면 '장원 급제'라고 불렀습니다. '장원 급제'는 젊은이에게 최고의 '벼슬'이었습니다. 그 후에는 '고시 열풍'이 불었습니다. 고등학교만 나올지라도, 또는 명문 대학을 졸업하지 않을지라도 고시에 합격만 하면 새 인생을 살았기 때문입니다. '고시 합격'은 또 하나의 '벼슬'이었습니다.

옛적에 믿음의 선배는 주일이 오면 만사 제치고 교회 가는 일에 힘썼습니다. 그러면 주변에서 묻습니다. "무슨 벼슬이라도 하는 거니?" 한때 예수님 믿는 일을 '벼슬'로 여긴 적이 있었습니다. 오늘 우리의 자긍심은 어떠합니까? 내가 예수님을 믿고, 예수님의 증인으로 사는 삶을 '벼슬'로 여깁니까? 우리가 '벼슬'로 여긴다면, 주위 사람을 향해 "나와 같이 예수님 믿기를 하나님께 바랍니다."라고 할 수 있습니다.

바울의 자긍심 앞에서 사람들의 반응은 어떠했습니까? 왕과 총독과 버니게, 그리고 그들과 함께 앉아 있는 사람들이 다 일어났습니다(30). 그들은 밖으로 나가면서 말합니다(31). "이 사람은 사형당하거나, 갇힐 만한 짓은 아무것도 하지 않았다." 아그립바도 베스도에게 말했습니다(32). "그가 황제에게 상소하지 않았으면, 놓아 줄 수도 있을 것이다."

"나와 같이 되기를 하나님께 원하나이다."라는 바울의 외침이 우리에게 울림으로 다가오기를 기도합니다.

38

그대로 되리라고 믿노라

본문 사도행전 27:1-44
요절 사도행전 27:25
찬송 546장, 543장

"그러므로 여러분이여 안심하라 나는 내게 말씀하신 그대로 되리라고 하나님을 믿노라."

우리의 삶에서 아무리 강조해도 지나치지 않은 말 중 하나는 무엇일까요? 믿음입니다. 믿음으로 산 대표적 인물은 누구입니까? 사도 바울입니다. 오늘 말씀은, 사도 바울의 믿음에 관해 증언합니다. 그의 믿음은 어떤 믿음입니까? 그 믿음이 오늘 우리에게 주는 의미는 무엇입니까?

바울은 마침내 로마로 갑니다. 하지만 그는 죄수의 몸으로 군인, 상인, 그리고 다른 죄수와 함께 배를 타고 갑니다(1). 그는 로마에 예수님을 증언하러 가지만, 실은 아무도 알아주지 않은 죄수 신분입니다. 그런데 그 죄수 바울을 로마 황제 친위 부대의 백부장 율리오가 호송합니다.

바울 일행은 아드라뭇데노에서 온 배를 타고 떠났습니다(2). 그 배는 아시아 지방의 여러 항구를 거쳐 가는 배였습니다. 데살로니가 출신의 마케도니아 사람인 아리스다고가 함께 했습니다. 이튿날 그들은 시돈에 도착했습니다(3). 율리오는 바울에게 친절하여 친구도 만나서 대접받도록 허락했습니다.

그들은 그곳을 떠나서 맞바람을 피하여 구브르 해안으로 항해했습니다(4). 그들은 무라에 도착했습니다(5). 그곳에서 그들은 이탈리아로 가는 알렉산드리아 배로 옮겨 탔습니다(6). 그들은 여러 날 동안 천천히 항해하여 겨우 니도 앞바다에 이르렀습니다(7). 하지만 그들은 맞바람 때문에 더는 갈 수 없어서 살모네 앞바다를 항해했습니다. 그들은 겨우 항해하여 '아름다운 항구'에 닿았습니다(8). 그들은 그곳에서 여러 날을 보냈습니다(9). 금식하는 때도 이미 끝난 시기여서 항해하기가 매우 어려웠습니다.

그때 바울이 그들에게 무엇을 말합니까? 10절입니다. "말하되 여러분이여 내가 보니 이번 항해가 하물과 배만 아니라 우리 생명에도 타격과 많은 손해를 끼치리라 하되." 바울은 그들에게 "항해하지 않아야 한다."라고 조언합니다.

그러나 백부장은 누구의 말을 더 믿습니까? 그는 바울의 말보다는 선장과 선주의 말을 더 믿습니다(11).

왜 백부장은 선장과 선주의 말을 더 믿습니까? 첫째로, 그들은 그 항구가 겨울을 지내기가 불편하여 뵈닉스에서 겨울을 나기로 정했기 때문입니다(12). 둘째로, 남풍이 순하게 불어서 해변을 끼고 항해할 수 있기 때문입니다(13). 백부장이 바울의 말보다 선장과 선주의 말을 더 믿는 이유는 현실 때문이었습니다.

그러나 그들의 현실은 어떻게 바뀌었습니까? 얼마 안 가서 유라굴로라는 태풍이 불어닥쳤습니다(14). 배는 태풍에 휩쓸려 바람을 뚫고 더 나아가지 못하고 표류했습니다(15). 그러다가 가우다라는 작은 섬 남쪽까지 밀려왔을 때, 겨우 거룻배(돛 없는 작은 배)를 잡아 선원들이 끌어올리고 밧줄로 선체를 둘러 감았습니다(16-17). 그대로 가다가는 모래톱에 걸릴지 두려워 돛을 내리고 바람에 밀려다녔습니다.

이튿날도 폭풍에 시달리자, 선원들이 짐을 바다에 던지고(18), 사흘째 되는 날에는 배의 장비까지 바다에 던져버렸습니다(19). 그들이 할 수 있는 일은 배의 무게를 줄이는 것뿐이었습니다. 그들의 실력,

경험, 그리고 전문성은 대자연의 위력 앞에서 나뭇잎처럼 떨어졌습니다. 바울의 말대로 화물에 큰 손실이 생겼습니다. 여러 날 동안 해와 별도 보이지 않고 사나운 폭풍만 계속되어 구원의 소망이 사라졌습니다(20).

그때 바울은 무슨 말을 했습니까? 21절을 보십시오. “여러 사람이 오래 먹지 못하였으매 바울이 가운데 서서 말하되 여러분이여 내 말을 듣고 그레데에서 떠나지 아니하여 이 타격과 손상을 면하였더라면 좋을 뻔하였느니라.” 바울은 그들에게 지금의 상황이 자기 말을 듣지 않은 결과임을 분명하게 밝힙니다. 그들이 이 사실을 알아야 이제라도 바울의 말을 들을 수 있기 때문입니다. 하지만 바울은 그들을 먼저 안심시킵니다(22). 그들은 한 사람도 생명을 잃지 않고 배만 부서질 겁니다.

바울이 그들에게 그렇게 말하는 근거는 무엇입니까? 어젯밤에 바울이 속해 있고, 그가 섬기는 하나님의 사자가 바울에게 말하면서 나타났기 때문입니다(23). 바울이 그들을 권고하는 근거는 하나님의 사자가 그에게 한 말에 있습니다.

하나님의 사자는 바울에게 무엇을 말했습니까? 24절입니다. “바울아 두려워하지 말라 네가 가이사 앞에 서야 하겠고 또 하나님께서 너와 함께 항해하는 자를 다 네게 주셨다 하였으니.” 성령님은 바울이 두려워하지 말기를 바랍니다. 왜냐하면 바울은 가이사 앞에 반드시 서야 하기 때문입니다. 또 하나님께서 바울과 한배를 탄 사람을 바울에게 다 맡기셨기 때문입니다. 성령님은 바울에게 이 사실을 말씀하셨습니다.

바울은 이 말씀 앞에서 어떻게 합니까? 25절을 읽읍시다. “그러므로 여러분이여 안심하라 나는 내게 말씀하신 그대로 되리라고 하나님을 믿노라.” 바울은 이 말씀에 기초하여 한배에 탄 사람에게 용기를 잃지 않도록 격려합니다. 왜냐하면 그는 자기에게 말씀하신 그대로 되리라고 하나님을 믿기 때문입니다.

‘나는 내게 말씀하신 그대로 되리라고 하나님을 믿는다.’라고 말하는 바울로부터 무엇을 배웁니까? 하나님의 말씀을 믿는 믿음을 배웁니다. 하나님은 바울에게 두 가지를 말씀하셨습니다. '너는 가이사 앞에 서야 하겠다.' '너와 함께 항해하는 자를 다 네게 주셨다.' 바울은 이 말씀을 하나님께서 그대로 이루실 줄 믿습니다. 그가 가이사 앞에서 서려면 그는 바다에서 죽지 않아야 합니다. 그는 하나님께서 자기를 바다에서 구원하셔서 로마로 인도할 줄 믿습니다. 또 하나님은 자기뿐만 아니라, 한배에 타고 있는 사람도 살릴 줄도 믿습니다. 왜냐하면 그는 하나님은 말씀하신 대로 하시는 분임을 믿기 때문입니다. 그는 하나님은 신실하신 분임을 믿습니다. 바울은 그 하나님을 믿고 자기도 절망에서 희망을, 죽음에서 구원받을 소망을 품었습니다. 그는 한배에 타고 있는 사람에게도 소망을 심습니다. 구원의 소망은 믿음에서 나옵니다.

이 말씀이 당시 교회에 주는 의미는 무엇입니까? 그들은 로마 제국 앞에서 믿음의 길을 걷는 그것이 마치 폭풍 속을 지나는 배와 같았습니다. 그들은 언제 침몰할지 알 수 없는 위기의 순간을 살고 있었습니다. 초대교회의 현실은 어둠뿐이고 절망뿐이었습니다. 하지만 성경은 그들에게 말씀하신 그대로 이루시는 하나님께 대한 믿음을 심습니다. 말씀하신 그것을 반드시 이루시는 하나님을 믿기를 바랍니다. 믿음이 있으면 어떤 절망 속에서도 소망을 품고, 죽음에서 구원받을 수 있습니다.

그렇다면 오늘 우리도 이 하나님을 믿고 소망을 품을 수 있습니다. 우리의 삶도 바다를 항해하는 배처럼 폭풍을 만날 때가 있습니다. 개인 문제, 인생 문제 등으로 어둠 속을 방황할 때가 있습니다. 그러나 중요한 문제는 폭풍이 아닙니다. 환경이 아닙니다. 믿음이 문제입니다. 말씀대로 이루시는 하나님을 믿는 믿음이 중요합니다. 오늘 우리도 믿음이 있으면 어둠에서 빛을, 절망에서 희망을 볼 수 있습니다.

캠퍼스 복음 사역과 이웃 사역을 섬기는 일에서도 마찬가지입니다. 현실만 보면 소망보다는 낙심이 다가올 수 있습니다. 하지만 우리에게 약속하시고, 그 약속을 그대로 이루시는 주님을 믿으면 희망을 품을 수 있습니다. 우리의 2세들에 대해서도 소망을 노래할 수 있습니다. 하나님은 말씀하신 대로 우리를 세상에서 구원하실 뿐만 아니라, 캠퍼스와 이웃을 우리에게 맡기신 줄 믿기 때문입니다.

세계 제2차 대전이 끝난 후, 독일 유대인 수용소 벽에는 이런 시가 있었다는군요. “나는 비록 햇빛이 비치지 않을지라도, 해가 있음을 믿노라/ 내가 비록 그 사랑을 느끼지 못할지라도, 사랑이 있음을 믿노라/ 나는 비록 그분이 침묵하실지라도, 하나님이 계심을 믿노라.” 이 시인은 어떻게 어둠 속에서 빛에 관해 말하고, 소망을 노래할 수 있었을까요? 말씀하신 그대로 되리라는 믿음이 있었기 때문입니다. 우리는 다윗의 고백을 듣습니다. “내가 사망의 음침한 골짜기로 다닐지라도 해를 두려워하지 않을 것은 주께서 나와 함께 하심이라 주의 지팡이와 막대기가 나를 안위하시나이다”(시 23:4).

물론 바울이 믿음을 가졌다고 해서 현실이 하루아침에 달라지지는 않았습니다. 바울이 탄 배는 밀려서 어느 섬에 닿을 겁니다(26). 그들은 열나흘째 되던 날 밤에도 여전히 표류했습니다(27-28). 그들은 배가 암초에 걸릴까 염려하여 배 뒤편에 닻을 내리고 날이 밝기를 기다렸습니다(29). 그런데 선원들이 도망치려고 뱃머리에서 닻을 내리려는 체하며 바다에 거룻배를 띄웠습니다(30).

그때 바울은 백부장에게 무슨 말을 했습니까? 31절입니다. “바울이 백부장과 군인들에게 이르되 이 사람들이 배에 있지 아니하면 너희가 구원을 얻지 못하리라 하니.” 선원들은 항해 전문가이기에 배 안에 있어야 합니다. 만일 그들이 배에 없으면 배 안에 있는 사람이 구원 얻지 못합니다.

이런 바울을 통해 무엇을 배웁니까? 성령님은 바울에게 배에 있는 모든 사람의 안전을 맡겼습니다. 그들의 생명은 바울의 손에 달렸습니다. 하지만 바울은 자기 혼자 생명을 구원하는 일을 하지 않습니다. 아니 할 수도 없습니다. 그에게는 항해 전문가가 필요합니다. 그는 항해 전문가와 동역하려고 합니다.

그러자 군인들이 밧줄을 끊어 거룻배를 떠내려 보냈습니다(32). 그들은 바울의 말에 즉시 순종했습니다. 바울에 대한 자세가 예전과는 사뭇 달라졌습니다.

38, 27:1-44 그대로 되리라고 믿노라

날이 새어 갈 때 바울은 또 무슨 권고를 했습니까? 그들은 열나흘 동안이나 먹지 못하고 굶고 있습니다(33). 바울은 그들에게 음식 먹기를 권합니다(34). 그들은 머리카락 하나라도 잃지 않을 겁니다. 그는 빵을 들어 모든 사람 앞에서 하나님께 감사했습니다(35). 그리고 빵을 먹기 시작했습니다. 그들도 다 안심하고 받아먹었습니다(36). 그 배에 탄 사람은 모두 이백칠십육 명이었습니다(37). 그들은 식량을 바다에 던져서 배를 가볍게 했습니다(38).

날이 밝았을 때 선원들은 어느 땅인지 모르지만, 모래사장이 있는 항만을 발견하고 그곳에 배를 대려고 했습니다(39). 그들은 닻을 끊어 바다에 버리고 키를 묶었던 밧줄을 늦추었습니다(40). 그런데 배가 두 물살이 합치는 그곳으로 말려들어 모래톱에 좌초되었습니다(41).

그때 군인들은 죄수들이 헤엄쳐 도망갈지 해서 그들을 죽이려고 했습니다(42). 그러나 백부장은 바울을 살릴 생각으로 군인들의 뜻을 막았습니다(43). 헤엄칠 수 있는 사람은 먼저 뛰어내려 육지로 올라가도록 했습니다(43). 남은 사람은 널빤지나 부서진 배 조각을 타고 뭍으로 나가도록 했습니다(44). 그리하여 모두 뭍으로 올라와 구원받았습니다.

이 사건을 통해 무엇을 배웁니까? '누구의 말을 들을 것인가?'에 관해서 배웁니다. 처음에 백부장은 바울의 말을 듣지 않고 선장과 선주의 말을 들었습니다. 그랬을 때 그들은 어둠과 절망을 맛보았습니다. 죽음에 이르는 병을 앓았습니다. 하지만 백부장이 바울의 말을 들었을 때 어둠은 빛으로, 절망은 희망으로 바뀌었습니다. '죽음에 이르는 병'은 생명으로 나타났습니다. 배에 있던 모든 사람이 구원받았습니다. '바울의 말'은 곧 하나님의 말씀입니다.

이 가르침은 당시 교회는 물론이고, 오늘 우리에게도 적실하게 적용할 수 있습니다. 왜냐하면 "누구의 말을 들을 것인가?"라는 문제는 오늘 우리에게도 심각하게 다가오기 때문입니다. 누구의 말을 듣느냐에 따라서 내 삶의 과정은 물론이고 결과도 다르기 때문입니다.

이런 말이 유행하는 줄 알지요? "살면서 세 명의 여자 말만 잘 들으면 잘 나갈 수 있다. 첫 번째 여자는 엄마이고, 두 번째 여자는 아내이고, 세 번째 여자는 내비게이션에서 안내하는 여자이다." 사실 이 세 여자의 말 중 어느 하나도 가볍게 여길 수 없을 정도로 무게감이 있습니다. 그렇다고 해서 세 여자의 말이 항상 옳은 절대 진리는 아닙니다.

우리가 처음부터 끝까지 들어야 할 절대 진리의 말은 무엇입니까? 하나님의 말씀입니다. 하나님은 말씀하시고, 그 말씀대로 하시는 분입니다. 따라서 그분의 말씀을 들으면 어둠에서 빛을, 절망에서 희망을, 죽음에서 생명을 얻습니다. 우리의 삶의 현장에서 앞에서 말한 세 여자의 말은 물론이고, 다른 사람의 말도 많습니다. 하지만 우리는 그 많은 말들 속에서 하나님의 말씀을 듣는 일에 힘써야 합니다.

어떻게 하나님의 말씀을 들을 수 있습니까? 하나님께 대한 믿음이 있어야 합니다. 그 믿음이 바로 바울의 믿음입니다. "나는 내게 말씀하신 그대로 되리라고 하나님을 믿노라." 이 믿음을 우리의 믿음으로 고백하기를 기도합니다.

39
아침부터 저녁까지 강론하여

본문 사도행전 28:1-31
요절 사도행전 28:23
찬송 520장, 505장

"그들이 날짜를 정하고 그가 유숙하는 집에 많이 오니 바울이 아침부터 저녁까지 강론하여 하나님의 나라를 증언하고 모세의 율법과 선지자의 말을 가지고 예수에 대하여 권하더라."

사도행전은 성령님께서 당신의 증인을 통해서 예수님의 부활을 예루살렘과 유대와 사마리아와 땅끝까지 이르도록 하는 데 있습니다. 성령님은 사도 바울을 마침내 로마에 이르도록 하셨습니다. 그런 그는 로마에서 무엇을 했습니까?

바울 일행은 안전하게 목숨을 구한 뒤에야, 비로소 그 섬이 멜리데임을 알았습니다(1). 그곳 사람은 바울 일행에게 특별한 친절을 베풀었습니다(2). 비가 오고 날씨가 추워지자 불을 피워 그들을 영접했습니다. 그때 바울이 한 묶음의 나무를 모아 불에 넣었더니 독사가 나와 그의 손을 물었습니다(3). 그곳 사람은 뱀이 바울의 손에 매달려 있음을 보았습니다(4). 그들은 '공의의 여신'이 바울의 죄를 벌하는 것으로 여겼습니다.

그러나 바울은 그 뱀을 불에 떨어버리자 아무런 해도 입지 않았습니다(5). 사람들은 바울의 손이 부어오르거나 갑자기 쓰러져 죽을 줄로 알았습니다(6). 하지만 오래 기다려도 아무렇지 않자 생각을 바꿔 바울을 “신이다.”라고 했습니다. 왜냐하면 독사에게 물렸는데도 죽지 않았기 때문입니다. 이것은 신만이 가능한 일이기 때문입니다. 성령 하나님께서 바울을 보호해 주신 겁니다. 바울은 로마 황제 앞에 서야 하기 때문입니다.

그때 그 섬에서 가장 높은 보블리오가 바울 일행을 따뜻하게 영접하여 사흘이나 머물도록 했습니다(7). 그런데 보블리오의 아버지가 열병과 이질에 걸려 앓고 있었습니다(8). 바울이 들어가 기도하고 손을 얹어 낫게 했습니다. 그러자 그 섬의 다른 병자도 이 소식을 듣고 와서 고침을 받았습니다(9). 그들은 여러 가지로 바울 일행을 깍듯이 대접하고, 떠날 때는 필요한 물건까지 배에 실어 주었습니다(10). 바울은 그들로부터 극진한 대우를 받았습니다.

석 달 후에 바울 일행은 그 섬에서 겨울을 지낸 알렉산드리아의 배를 타고 떠났습니다(11). 그 배의 머리 장식은 디오스구로였습니다. ‘디오스구로’는 ‘쌍둥이 형제’라는 뜻입니다. 그리스 신 제우스(Zeus, Jupiter)의 쌍둥이 아들인 ‘카스토르(Castor)’와 ‘폴룩스(Pollux)’를 말합니다. 이 ‘쌍둥이 형제’는 곤경에 처한 선원을 돕는 신으로 알려졌습니다.

바울 일행은 그런 배를 타고 수라구사에 입항하여 사흘 동안 머물렀습니다(12). 그들은 레기온에 이르렀고, 남풍이 불자 이튿날 보디올에 도착했습니다(13). ‘보디올’은 이탈리아 항구도시입니다. 바울 일행은 그곳에서 일주일 동안 머물도록 초청받았습니다(14). 이렇게 바울 일행은 드디어 로마 안으로 왔습니다. 바울은 그토록 오랫동안 오고자 했던(롬 1:10-13) 그 로마에 왔습니다.

당시 로마는 어떤 곳이었습니까? 고대 로마의 수사학자 세네카(Seneca)는 로마를 “악의 소굴”로 불렀고, 고대 로마의 시인 유베날리스(Decimus Iunius Iuvenalis)는 로마를 “더러운 하수구”로 불렀습니다. 요한계시록은 로마를 “땅의 음녀들과 가증한 것들의 어미”(계 17:5)로 묘사했습니다.

하지만 로마인에게 로마는 세계의 중심지였습니다. 그 로마를 네로(Nero)가 다스리고 있었습니다. 로마 인구의 2백만 명 중 1백만 명이 노예였습니다. 1백만 명의 시민 중 약 7백 명은 원로원 의원과 기사 계급이었습니다. 소수의 사람이 로마의 모든 부와 권세를 장악하고 있었습니다. 로마를 여행한 사람은 보통 두 가지를 기대했습니다. 하나는 빵이고, 하나는 원형 경기장에서 펼쳐지는 각종 경기를 관람하는 것이었습니다. 사람들은 빵을 구하여 굶주린 배를 채우고, 원형 극장으로 몰려가서 검투사의 싸움을 구경하며 즐겼습니다.

그런데 이곳에도 이미 누가 있었습니까? 15절을 보십시오. "그곳 형제들이 우리 소식을 듣고 압비오 광장과 트레이스 타베르네까지 맞으러 오니 바울이 그들을 보고 하나님께 감사하고 담대한 마음을 얻으니라." '그곳 형제들'은 예수님을 믿는 형제자매입니다. '음녀의 도시'로 불린 로마에도 바울이 오기 전에 이미 예수님을 믿는 사람이 있었습니다. 그들은 바울이 온다는 소식을 듣고 압비오 광장과 트레이스 타베르네까지 맞으러 왔습니다. '트레이스'는 '셋(tree)'이고, '타베르네'는 '여인숙'입니다. '트레이스 타베르네'는 '세 개의 호텔'입니다. 바울은 자기를 먼 곳까지 마중하러 온 형제자매를 보고 하나님께 감사하며 용기를 얻었습니다.

바울은 로마에서 어떻게 지냈습니까? 바울은 그곳에서 자기를 지키는 병사 한 사람과 함께 따로 지내도록 허락받았습니다(16). 그는 일반 잡범과는 다른 대우를 받았습니다.

바울은 그곳에서 먼저 무엇을 했습니까? 그는 로마에 도착한 지 사흘 후에 유대인 지도자를 초청했습니다(17). 그리고 자기가 왜 이곳에 죄수로 왔는지를 설명했습니다. 그는 유대인의 관습을 거스른 일을 하지 않았습니다. 그런데도 그는 예루살렘에서 로마 사람의 손에 죄수로 넘겨졌습니다. 로마 사람이 그를 심문했지만, 죽일 죄목이 없어서 석방하려고 했습니다(18). 하지만 유대 사람이 반대하는 바람에, 하는 수 없이 그는 황제에게 상소했습니다(19). 바울은 절대로 자기 민족을 고발하려는 것이 아니었습니다.

그러면 바울이 죄수가 된 진짜 이유는 무엇이었습니까? 20절입니다. "이러므로 너희를 보고 함께 이야기하려고 청하였으니 이스라엘의 소망으로 말미암아 내가 이 쇠사슬에 매인 바 되었노라." 바울이 죄수가 된 진짜 이유는 이스라엘의 소망 때문이었습니다. 그 소망은 죽은 자의 부활입니다(23:6; 24:15; 26:7). 이스라엘은 의인과 악인이 부활할 소망을 품었습니다. 바울도 그 소망을 품었습니다. 그리고 그 소망이 예수 그리스도를 통해 이루어졌음을 증언했습니다. 그가 로마까지 온 진짜 이유도 그 소망을 증언하기 위함입니다.

바울의 말을 들은 유대 지도자들의 반응은 어떠했습니까? 그들은 유대로부터 바울에 관한 편지를 받지 않았고, 나쁜 말을 듣지도 않았습니다(21). 그런데 그들은 바울의 생각을 듣고자 합니다(22). 왜냐하면 나사렛 예수 그리스도를 믿는 사람의 모임이 어디서든지 반대 받는 줄 알기 때문입니다.

바울은 그들에게 무엇을 합니까? 23절을 읽읍시다. "그들이 날짜를 정하고 그가 유숙하는 집에 많이 오니 바울이 아침부터 저녁까지 강론하여 하나님의 나라를 증언하고 모세의 율법과 선지자의 말을 가지고 예수에 대하여 권하더라." 그들이 날짜를 정하고 그가 묵는 곳으로 더 많이 왔습니다. 바울은 그들에게 하나님의 나라를 증언하면서, 모세의 율법과 선지자의 말에 근거해서 예수님에 대하여 자세히 설명합니다. '모세의 율법과 선지자의 말'은 구약성경입니다. 그는 성경의 그리스도와 역사적인 예수님을 연결하고 있습니다. 성경에 근거하지 않은 가르침이나 성경을 이용한 가르침은 뿌리 없는 나무처럼 금방 시듭니다. 그래서 바울은 성경에 근거해서 하나님의 나라와 예수님을 가르칩니다.

하나님의 나라와 예수님과는 어떤 연관이 있습니까? 예수님을 통하여 하나님의 은혜로운 통치가 인간 역사에 개입했습니다. 하나님의 나라는 예수님의 죽으심과 부활을 통하여 시작했습니다. 누구든지 예수님을 믿으면 하나님의 나라가 그에게 임합니다.

그러면 자기에게 찾아온 몇 사람에게 성경을 가르치는 일이 거대한 로마 선교에는 무슨 의미가 있을까요? 과연 그 시대와 세상을 변화시키는 일에 영향을 미칠 수 있을까요? 사회를 변혁시키고 영향력을 끼치려면 소수보다는 다수가 필요할 수 있습니다. 한 사람이

핏대를 올리는 것보다는 열 사람의 침묵시위가 더 효과적일 때가 있습니다. 그렇다고 해서 반드시 다수의 힘만으로 세상이 변혁된다고 주장할 수도 없습니다.

최근 중국에서 날아오는 황사와 미세먼지로 인한 피해가 심각합니다. 그 원인 중 하나가 중국의 사막화입니다. 그런데 그 사막화를 큰 나무 몇 그루 심어서는 막지 못합니다. 오히려 많은 들풀을 심으면 막을 수 있습니다.

바울이 아침부터 저녁까지 강론한 사역은 당장에는 큰 열매를 거두지 못할 수 있습니다. 하지만 그 일은 마치 사막화를 막기 위해 심어야 하는 들풀과도 같았습니다. 왜냐하면 바울 사역 후 약 250년 후인 313년에 로마는 기독교 국가로 변혁했습니다.

이 사실을 통해서 우리는 무엇을 배웁니까? 첫째로, 내가 지금 처한 환경에서 할 수 있는 일을 해야 합니다. 우리는 캠퍼스 사역과 이웃 사역이라는 비전을 품고 있습니다. 하지만 우리의 현실은 그 일을 감당할 만큼 여유롭지 못합니다. 우리는 물리적으로 아침부터 저녁까지 성경을 가르칠 수도 없습니다. 하지만 잠깐이나마 내 주위에 있는 한 사람에게 예수님을 증언할 수는 있습니다.

둘째는, 내가 할 수 있는 그 일이 우리의 캠퍼스와 이웃이 변화하는 데 '들풀'처럼 쓰임 받을 수 있습니다. 보통의 사람은 자신의 일터에서, 또는 학교에서 정해진 시간표대로 나름 바쁘게 삽니다. 그런 중에 일부 사람은 세상 돌아가는 이야기, 연예인 이야기 등으로 시간을 보내기도 합니다. 이렇게 하루를 보내고 한 주를 보내다 보면 한 해가 저뭅니다. 하지만 우리는 예수님 부활의 증인으로 살려고 합니다. 이런 우리의 모습은 정말로 작은 일처럼 보입니다. 하지만 하나님께서 그 일을 영적 사막화를 막는 일에 한 포기 '들풀'처럼 쓰실 줄 믿습니다.

사도 바울은 아침부터 저녁까지 자기에게 오는 사람에게 예수님을 증언했습니다. 그 일은 현재 자기가 있는 그곳에서 할 수 있는 최선이었습니다.

그 결과는 어떠했습니까? 그 말을 믿는 사람도 있고, 믿지 않는 사람도 있습니다(24). 그들은 서로 의견이 맞지 않아 흩어집니다(25). 그때 바울은 말했습니다. "성령님이 이사야를 통하여 조상에게 하신 말씀은 적절하다."

하나님이 이사야에게 무슨 말씀을 하셨습니까? "그 백성이 듣기는 들어도 깨닫지 못하고, 보기는 보아도 알지 못한다. 그들의 마음이 무디어지고 귀가 먹고 눈이 감기었다. 왜냐하면 그들이 눈으로 보지 못하게 하고 귀로 듣지 못하고 마음으로 깨닫지 못하고 돌아서지 못하게 하여, 하나님이 그들을 고쳐주지 않고자 하셨기 때문이다"(26-27). 지금 바울의 메시지를 듣고도 믿지 않은 사람은 바로 이사야 시대 때의 사람과 같습니다.

그런즉 그들은 무엇을 알아야 합니까? 그들은 하나님께서 그 구원을 이방인에게로 보낸 줄 알아야 합니다(28). 유대인이 거부한 그 복음을 이방인은 듣습니다.

바울은 믿지 않은 유대인이 있을지라도 계속해서 무엇을 합니까? 30절을 보십시오. "바울이 온 이태를 자기 셋집에 머물면서 자기에게 오는 사람을 다 영접하고." '셋집'은 '임대료를 내고 사는 집'입니다. 그는 자기가 얻은 셋집에서 꼭 두 해 동안 지냅니다. 그 세를 빌립보 교회에서 헌금하여 지원했습니다(빌 4:18). 그는 그곳에서 오는 사람을 다 영접합니다.

그는 그들을 어떻게 영접합니까? 31절입니다. "하나님의 나라를 전파하며 주 예수 그리스도에 관한 모든 것을 담대하게 거침없이 가르치더라." 바울은 하나님 나라를 전파하면서, 예수 그리스도에 관한 모든 내용을 담대하고 거침없이 가르치면서 그들을 영접합니다.

'거침없이 가르친다.'라는 사실을 통하여 무엇을 배웁니까? 바울의 가르침을 들으러 왔다고 해서 그 사람 모두가 다 믿는 것은 아니었습니다. 바울의 말을 믿는 사람도 있고, 믿지 않은 사람도 있었습니다. 하지만 그는 결과는 주님께 맡기고 자기가 할 수 있는 일에 최선을 다합니다. 그는 찾아온 사람에게는 거침없이 가르치면서 영접합니다. 비록 그의 발은 묶였을지라도 그의 입은 열려 있습니다. 그는 로마에 재판받으러 왔지만, 재판보다는 예수님을 증언하는 일에 집중합니다.

그가 예수님을 증언했던 이곳은 열 평 정도의 집이었습니다. 그는 오는 사람에게 담대하게 거침없이 가르쳤고, 한편으로는 에베소서, 골로새서, 빌레몬서를 기록했습니다. 그를 고소했던 유대인이 나타나지 않아서 재판받지 않고 2년 후에 풀려났습니다. 그는 약 7년 동안 전도했는데, 다시 체포되었습니다. 그때는 사형이 결정된 상태여서 힘든 시기를 보냈습니다. 그는 추위와 외로움으로 말년을 보냈습니다. 그는 67년 봄 로마 외곽 오스티안(Ostian Road) 언덕에서 목 베임을 당했습니다.

그런데 사도행전은 바울의 죽음을 말하지 않습니다. 오히려 그가 주님 예수 그리스도에 관한 일을 가르쳤다는 사실로 끝납니다.

우리는 무엇을 배웁니까? 첫째로, 복음 사역의 주체는 성령님입니다. 예루살렘에서부터 시작된 복음은 그동안 많은 어려움을 겪었습니다. 하지만 복음은 로마에 상륙했습니다. 그 어떤 방해도 성령님께서 이끄시는 복음 전파의 사역을 막지 못했습니다. 오히려 온갖 박해는 복음의 증인이 땅끝을 향하여 달려가게 하는 가속페달의 역할을 했습니다.

한국교회는 물론이고 세계교회는 내적 외적으로 도전받고 있습니다. 이런 도전 앞에서 교회에 대한 전망을 비관적으로 말하기도 합니다. 하지만 전능하신 성령님께서 복음 사역을 이끄십니다. 따라서 복음 사역은 희망이 있습니다. 교회는 황무지에서 장미를 피울 수 있습니다.

둘째로, 증인으로서의 계승자는 바로 오늘 우리입니다. 누가는 사도행전의 처음 독자인 데오빌로를 비롯한 누가의 공동체가 증인으로서의 바울의 삶을 계승하기를 원합니다. 동시에 사도행전의 메시지를 들은 오늘 우리가 그 계승자로 살기를 바랍니다. 왜냐하면 복음이 로마에 도착한 것으로 모든 사역이 끝나지 않았기 때문입니다.

복음은 계속해서 땅끝까지 전파되어야 합니다. 이 사역의 주체이신 성령님은 오늘 우리를 통하여 좀 더 많은 사람이 주님의 품으로 돌아오기를 바랍니다. 오늘 우리를 통해서 사도행전 '29장'의 페이지를 기록하기를 기대합니다.

그 일을 어디에서부터 시작해야 합니까? 바울이 '아침부터 저녁까지' 증언했던 그 '스피릿'을 배우는 데서부터 시작해야 합니다. 내가 있는 이곳에서, 내가 할 수 있는 그 일을 할 수 있기를 기도합니다.

참고서

김회권.『(하나님 나라 신학으로 읽는) 사도행전』. 서울: 복 있는 사람, 2007.

박형룡.『사도행전』. 서울: 성광문화사, 1983.

유상섭.『분석 사도행전I』. 서울: 생명의말씀사, 2002.

............『분석 사도행전II』. 서울: 생명의말씀사, 2002.

이상원.『자기 십자가를 지고』. 서울: 솔로몬, 2001.

정훈택.『복음을 따라서』. 서울: 한국로고스연구원, 1996.

최홍석.『성령행전』. 서울: 솔로몬, 2000.

한규삼.『세상을 바꾼 부흥 공동체』. 서울: 아가페, 2000.

Guthrie, Donald. *New Testament Introduction.* 김병국 · 정광욱 옮김. 『신약서론』. 서울: 크리스챤 다이제스트, 2000.

Jervell, Jacob. *Theology of The Acts of the Apostles.* 윤철원 옮김. 『사도행전 신학』. 서울: 한들출판사, 2000.

Keener, Craig S. *The Bible Background Commentary-NT.* 정옥배 · 김현희 · 유선명 옮김. 『성경배경주석-신약』. 서울: 한국기독학생회 출판부, 2001.

Morgan, G. Campbell. *Acts.* 이용복 · 조계광 옮김. 『사도행전강해』. 서울: 아가페, 1992.

Powell, Mark A. *What are they saying about Acts.* 이운연 역. 『사도행전 신학』. 서울: 기독교문서선교회, 2000.

Stott, John. *The Message of Acts: To the ends of the earth.* 정옥배 옮김. 『사도행전 강해: 땅끝까지 이르러』. 서울: IVP, 2002.

참고서

Wenahm, David · Walton, Steve. *Exploring the New Testament: A Guide to the Gospels and Acts.* 박대영 옮김. 『성경이해 1: 복음서와 사도행전』. 서울: 성서유니온선교회, 2007.

Wright, Tom. *Act for Everyone* I. 양혜원 옮김. 『모든 사람을 위한 사도행전 I부』. 서울: IVP, 2012.

Barrett, C.K. *The Acts of the Apostles: A Shorter Commentary.* England: T&T Clark, 2002.

Fernando, Ajith. Acts: *The NIV Application Commentary.* Grand Rapids: Zondervan, 1998.

Keener, Craig S. *Acts: An Exegetical Commentary v.1 Introduction and 1:1-2:47.* Grand Rapids: Baker Academic, 2012.

Parsons, Mikeal Carl. *Acts: Paideia.* Grand Rapids: Baker Academic, 2008.

Witherington III, Ben. *The Acts of The Apostles; A Socio-Rhetorical Commentary.* Grand Rapids: Eerdmans Publishing Co., 1998.

이병철 편저. 『성경원어해석 대사전: 바이블렉스 10.0』. 서울: 브니엘 성경연구소, 2021.